Christian Uhle

KÜNSTLICHE INTELLIGENZ UND ECHTES LEBEN

Philosophische Orientierung
für eine gute Zukunft

S. FISCHER

MIX
Papier | Fördert gute Waldnutzung
FSC® C083411

Erschienen bei S. FISCHER
3. Auflage, 2025

Typografie und Satz: Iris Farnschläder, Hamburg
Druck und Bindung: CPI books GmbH, Leck
ISBN 978-3-10-397604-5

Kontaktadresse nach EU-Produktsicherheitsverordnung:
produktsicherheit@fischerverlage.de

Inhalt

AUFBRUCH IN EINE NEUE WELT

Ich erinnere mich noch gut an den Tag, als der Papst starb. Es war das Jahr 2005 und ich mitten in der aufregenden Blüte der Jugend irgendwo zwischen Colorado und Las Vegas. Über meine Schule hatte ich mit fünfzehn anderen Schülerinnen und Schülern an einem Austausch teilgenommen; es war die mit Abstand weiteste Reise, die ich bis dahin unternommen hatte. Unsere Tage platzten vor Eindrücken geradezu aus allen Nähten: das hautnahe Erleben einer Kultur, die wir bis dahin nur aus dem Fernsehen kannten, die beeindruckende Natur und natürlich der geballte Klatsch und Tratsch von mehr als einem Dutzend Jugendlicher weit weg von zu Hause …

Mitten in dieser Zeit hätte die Nachricht des Todes von Papst Johannes Paul II. kaum eine Chance gehabt, einen Platz in meiner Erinnerung einzunehmen. Doch ein Mitschüler war zutiefst mitgenommen von dem Verlust und brach den Austausch kurzerhand ab, um für die Beerdigung nach Rom zu fliegen und dort seine Familie zu treffen. Für mich damals wie heute unvorstellbar.

Wir haben nie darüber gesprochen, wie es dort war, auf dem Petersplatz, die Andacht, die Stimmung unter den Gläubigen, die geteilte Emotionalität. Aber ich habe ein Foto gesehen von der versammelten Menge, die gemeinsam den Blick nach vorne richtet, auf diesem riesigen und geschichtsträchtigen Platz. Es gibt kein aktives Miteinander, jeder blickt für sich nach vorne. Und doch spüre ich auf diesem Foto ein Verschmelzen der einzelnen Menschen zu einem gemeinsamen Organismus, verbunden durch Trauer und Gebet.

Dieses Foto ist für mich zu einem Symbol der Digitalisierung geworden – oder besser gesagt: der Zeit davor. Es steht sinnbildlich für all die geteilten Erfahrungen und Erinnerungen, für all die Konzerte und Sonnenuntergänge, bevor wir ein Smartphone in der Hand hielten. 2005 war die Andacht. Seitdem hat sich viel verändert.

Vergleicht man diese Situation mit der Wahl von Papst Franziskus im Jahr 2013, sieht man Fotos des gleichen Platzes und einer ähnlichen Menschenmenge. Nur ein Detail ist anders – und dadurch so viel. Fast alle halten ein kleines Gerät hoch, halten den historischen Moment fest, an dem sie gerade teilhaben. Auf dem Foto ist ein ganzer Ozean von Bildschirmen zu sehen. Schauen die Gläubigen eigentlich nach vorne? Oder erleben sie das Ereignis gerade auf ihrem Handydisplay?

Acht Jahre liegen zwischen den Fotos, das ist nicht viel, das ist noch nicht einmal eine Generation. Gleicher Ort, gleiche Religion, eine andere Gesellschaft. Was hat sich verändert in diesen Jahren? Was ist passiert?

Auf jeden Fall sind einige Unternehmen sehr reich geworden. 2007 brachte Apple mit dem iPhone das erste Smartphone auf den Markt. Bis Ende 2023 wurden insgesamt mehr als 17 Milliarden Geräte verkauft – mehr als doppelt so viele, wie es Menschen auf diesem Planeten gibt.[1] Der Gesamtumsatz der Verkäufe wird auf über 400 Milliarden Dollar jährlich geschätzt.[2] Diese beeindruckenden Dimensionen haben große Auswirkungen auf uns alle. Denn die Digitalisierung prägt unser Leben nicht nur in den

Momenten, in denen wir ein Smartphone in der Hand halten. Unsere gesellschaftlichen Grundstrukturen werden zunehmend dadurch geprägt. Wir erleben nichts Geringeres als eine neue Ära unserer Ökonomien: Der industriell geprägte Kapitalismus mit den Schlüsselindustrien rund um Öl, Kohle, Stahl, Maschinen, Automobile wird zunehmend abgelöst durch einen digital geprägten Kapitalismus, in dessen Zentrum Prozessoren, Software, Apps, Plattformen, Algorithmen und digitale Dienstleistungen stehen. Auf diese Weise entstehen neue wirtschaftliche und gesellschaftliche Machtverhältnisse, neue Jobs, neue Gewinner und Verlierer. Der inhaltliche Fokuswechsel des Kapitalismus und damit auch unserer Vorstellungen davon, was Innovation und Fortschritt eigentlich bedeuten, verändert außerdem den Zeitgeist unserer Arbeitswelten. Werte wie Selbstbestimmung und Flexibilität sind populärer geworden, sie bekommen nun Platz, der früher in den engen Taktungen und rigiden Strukturen von Fabriken und deren Verwaltungen nicht bestand. Das beeinflusst uns alle – direkt oder indirekt. Denn wir führen unser Leben nicht im luftleeren Raum, sondern innerhalb dieser Gesellschaft. Hier knüpfen wir Beziehungen, hier arbeiten wir, hier suchen wir nach Sinn und Glück. Wenn sich der Kontext ändert, dann macht das etwas mit uns.

Das Netz, in dem wir stehen

Wenn ich mir Fotos anschaue vom Petersplatz und die wogende Menge aufblitzender Displays sehe, dann frage ich mich, wie die Digitalisierung unser Erleben von besonderen Momenten verändert hat. Diese Situation ist nur ein Beispiel von unzähligen Ereignissen, bei denen Menschen in Massen ihre Geräte hochreißen und kaum noch durch die eigenen Augen blicken.

Wie ändert sich unsere Wahrnehmung eines Ereignisses, wenn wir nicht nur durch unsere eigenen Augen schauen, sondern gleichzeitig eine zweite Perspektive einnehmen durch Linsen, Filter und Bildschirme? Was macht es mit uns, wenn wir in einem spektakulären Sonnenuntergang gedanklich bereits einen Post sehen, bewertet mit Likes? Wenn wir auf einem Konzert nicht nur Musik hören und tanzen, sondern parallel die ersten Kommentare auf unsere Storys lesen?

Wenn dies unsere Beziehung zu Ereignissen verändert, dann ändert sich in Teilen auch unsere Art, durchs Leben zu gehen – unser »In-der-Welt-Sein«, wie es in der phänomenologischen Philosophie ausgedrückt wird. Unsere Perspektive ändert sich, wir achten auf andere Details, nähern uns der Situation etwas anders. Solche Veränderungen verlaufen interessanterweise gleichzeitig schnell, tiefgreifend und trotzdem subtil. Denn gerade weil sie unsere grundsätzlichen Verwurzelungen in der Welt neu ausrichten, sind sie schwer zu fassen. »Wir können das Netz, in dem wir stehen, nicht zuziehen«, schrieb Walter Benjamin in einem berühmten Aufsatz[3] und meinte damit genau das: Wenn Strukturen besonders prägend und elementar sind für unser In-der-Welt-Sein, dann sind diese Strukturen besonders schwierig zu erkennen. Sie sind keine Gegenstände, die wir vor uns sehen, sondern die Brille, durch die wir auf die Welt blicken.

Die Digitalisierung ist eine Transformation dieser Tiefenstruktur. Außergewöhnlich an dieser Umwälzung ist die Kombination aus Breite, Tiefe und Geschwindigkeit. In der Breite sind sämtliche Lebensbereiche betroffen – und dies häufig tiefgreifend. Außerdem vollzieht sich die Veränderung in besonders hohem Tempo: Während einige Institutionen ihre Formulare gerade erst digitalisieren und Unternehmen über Home-Office-Regelungen diskutieren, werden bereits Quantencomputer und vollautonome Drohnen entwickelt.

Bei all dieser Dynamik haben wir vermutlich noch gar nicht verstanden, was das Smartphone mit uns und unserer Gesellschaft gemacht hat. Dank Navigationsapps bewegen wir uns anders durch die Umgebung, fahren durch Straßen, die wir sonst nie gesehen hätten und nehmen Städte anders war. Wir gehen auf Veranstaltungen, von denen wir ohne Social Media und digitale Werbung nie erfahren hätten. Wir hören Musik, die unsere Stimmung beeinflusst und auf die wir ohne Algorithmen nie gekommen wären. Wir halten einen Kontakt zu Menschen, der früher unmöglich gewesen wäre, gehen dadurch Freundschaften ein, die sonst nicht entstanden wären. Durch Online-Dating lieben sich Menschen, die sich sonst nie begegnet wären, bekommen manchmal sogar Kinder miteinander, so dass neues Leben und ein veränderter Genpool entstehen. Da verändert sich Gesellschaft in ihren basalen biologischen Grundfesten.

All das haben wir kaum begriffen, und doch stehen bereits die nächsten Entwicklungen vor der Tür und lassen kaum Gelegenheit, das bisher Geschehene erstmal in Ruhe zu verarbeiten. In der absehbaren Zukunft werden viele Menschen einen eigenen digitalen Assistenten nutzen, der sie vom Moment des Aufstehens bis zum Schlafengehen durch den Tag begleitet, der immer für sie da ist, der alles weiß und der ihnen das Gefühl gibt, verstanden zu werden und niemals mehr allein zu sein. Was gestern wie Science-Fiction klang, ist durch die Veröffentlichung von ChatGPT geradezu über Nacht zu einer fast greifbaren Möglichkeit geworden. Und ist beim Lesen dieses Buches vielleicht schon Realität.

Das Smartphone und ChatGPT sind besonders eindrückliche und vieldiskutierte Fälle, doch sie sind nur die Spitze des Eisbergs der digitalen Transformation. Zum Beispiel entwickelt sich der 3D-Druck sprunghaft weiter und verändert Fertigungen und Wertschöpfungsketten: Ersatzteile, komplizierte Formen, lebensrettende medizinische Implantate können prinzipiell überall in kürzester Zeit gedruckt werden. Sogar der Wohnungsbau ist davon betroffen, indem Drucker komplette Häuser in Rekordzeit und zu einem Bruchteil der üblichen Kosten errichten. Während hier die physische Sphäre transformiert wird, ermöglichen digitale Brillen das Eintauchen in virtuelle und erweiterte Realitäten: 2023 hat Apple eine eigene Brille vorgestellt, durch die Nutzende eine Mischung aus echter Umgebung und virtuellen Elementen sehen können. Die ganze Welt verwandelt sich so in einen digitalen Raum und bisherige Modelle wie die Microsoft HoloLens bekommen eine mächtige Konkurrenz. Auch in der Medizin ist vieles in Bewegung, KI ermöglicht die Diagnose von Krankheiten, noch bevor Symptome auftreten. Und in der Landwirtschaft überwachen Drohnen die Felder und liefern Daten in Echtzeit, während autonom gesteuerte Traktoren die Saat ausliefern. Die Art und Weise, wie wir Nahrung produzieren und verteilen, wird neu definiert.

Diese Liste ließe sich seitenlang fortsetzen, man denke an autonome Waffensysteme, Kryptowährungen, NFTs in der Kunstwelt, KI-generierte Musikstücke, selbstfahrende Autos, adaptive Verkehrssteuerungen, das Internet der Dinge, smarte Straßenlaternen, intelligente Stromnetze, Gesichtserkennung, maßgeschneiderte Werbung im Einzelhandel, datenbasierte Analysen im Leistungssport, digital überwachte Ökosysteme, realistische Deepfake-Videos und so weiter.

All das ist bereits Realität oder könnte es demnächst sein. Manches klingt eindeutig wünschenswert, etwa bessere Diagnosen von Krankheiten. Anderes klingt möglicherweise dystopisch, zum Beispiel eine Gesichtserkennung in Echtzeit, die in der EU nur in Ausnahmefällen erlaubt ist.[4]

Es ist faszinierend und beängstigend zugleich, wie viel bereits passiert ist und wie viel noch auf uns zukommt in den nächsten Jahren. In der Gesamtschau wird deutlich: Die Transformation steht erst ganz am Anfang. Wir können uns zwar kaum noch eine Welt vorstellen ohne Computer, Internet und Smartphones – aber das sind nur die ersten Kapitel dieses Zeitalters. Die Geschichte geht weiter, und es sieht so aus, als würden wir derzeit an der Schwelle zu einem neuen Kapitel stehen.

Für sehr lange Zeit waren die Schlüsselbegriffe, an die man als Erstes dachte, wenn es um Digitalisierung ging: Computer, Programme, Internet. Diese Aufzählung ist nicht zufällig, sie folgt einer Logik. Der Computer war die zentrale Hardware der ersten Welle, die darauf laufenden Programme waren die Software und das Internet der Modus der Vernetzung. Bis heute existiert all das natürlich immer noch. Aber wenn man Menschen nach ihren ersten Assoziationen zu »Digitalisierung« fragt, hört man tendenziell eher Begriffe wie Smartphone, Apps, Social Media. Auch hier haben wir ein Triplett aus der prägenden Hardware der letzten fünfzehn Jahre, der Art von Software sowie einem bestimmten Modus des Vernetztseins. Natürlich lösen sich diese Stufen nicht ab, sondern bauen aufeinander auf und bilden verschiedene Schwerpunkte, die gemeinsam eine eigene Phase der Digitalisierung prägen. Wenn wir uns aktuelle Entwicklungen anschauen, drängt sich der Verdacht auf, dass die kommenden Jahre von einem neuen Triplett bestimmt sein werden – dass wir also in eine neue Phase eintreten. Nicht das Smartphone ist der zentrale Wachstumstreiber, sondern Künstliche Intelligenz. Sie kann sowohl in bestehende Anwendungen integriert werden, kann als neue Gesprächspartnerin zur Verfügung stehen und auch eine neue Generation von Robotern ermöglichen. Diese müssen nicht so menschenähnlich aussehen wie in Filmen, sondern sind häufig mit Sensoren ausgestattete kleine Geräte, die teils unsichtbar in die Umgebung integriert werden. Zusätzlich zum allgemeinen Internet auf dem PC und zur Dauerkommunikation mit dem Smartphone breitet sich nun ein weiterer Modus der Vernetzung aus: Das Internet der Dinge beschreibt die Vernetzung nicht nur von Menschen mit Menschen, sondern auch von Dingen mit Dingen, etwa im Smart Home, wo zum Beispiel Fenster mit Thermostaten kommunizieren können.

Im Verlauf dieser drei Stufen sind digitale Technologien stetig enger an uns herangerückt – und prägen unser Leben immer umfassender. Während ein PC noch einen festen Platz zu Hause oder im Büro hat, wird das Smartphone zum ständigen Begleiter. Doch so allgegenwärtig es auch ist: Wir müssen es aus unserer Tasche holen und aktiv bedienen. In der nun bevorstehenden Phase wird das seltener nötig. Denn mit KIs können wir nebenher sprechen, können diese Software also mit freien Händen nutzen. Zusätzlich kommunizieren im Hintergrund Autos mit Ampeln und unsere Kleidung mit der Waschmaschine. Kurz gesagt: Das Internet ist nicht mehr in unserer Hand, sondern überall um uns herum. Wie auch bei den vorherigen Stufen hat dies weitreichende kulturelle, soziale und wirtschaftliche Veränderungen zur Folge.

1. Stufe: die Computer-Ära

Hardware: Personal Computer

Meilenstein: Apple I (1976) und IBM PC (1981)

Software: Programme

Meilenstein: Windows 3.0 (1990)

Vernetzung: Internet

Meilenstein: World Wide Web (1991)
»Wo« ist die Digitalisierung?
Auf dem Schreibtisch (stationär)

2. Stufe: die Smartphone-Ära
Hardware: Smartphone
Meilenstein: iPhone 1 (2007)
Software: Apps
Meilenstein: Apple App Store (2008)
Vernetzung: Mobiles Internet und Social Media
Meilenstein: Facebook (2004)
»Wo« ist die Digitalisierung?
In meiner Hand immer dabei (mobil)

3. Stufe: die KI-Ära
Hardware: KI-gestützte Robotik (umfasst Smarte Produkte)
Software: Künstliche Intelligenz
Meilenstein: ChatGPT (2022)
Vernetzung: Internet der Dinge
»Wo« ist die Digitalisierung?
Überall um mich herum (ubiquitär)

Wozu dieses Buch?

Längst wird deutlich: Digitalisierung ist kein Thema allein für Computerfreaks, sondern betrifft uns alle – ob wir wollen oder nicht. Es ist eine Entwicklung, die unser aller Zukunft prägen wird. Ein so weitreichender Prozess sollte wohlüberlegt, gemeinsam und demokratisch gestaltet werden. Dieses Buch möchte

Anregungen geben, wie über Digitalisierung und Künstliche Intelligenz nachgedacht werden kann. Daraus folgt nicht unmittelbar, was genau zu tun ist – das muss jede und jeder von uns selbst entscheiden. Aber wenn wir das eigene Leben in der Welt, unsere Rolle darin und die Entwicklungen in der Gesellschaft besser verstehen, kann dies auch bei der Orientierung im Alltag helfen.

Auf diesem Weg begegnen wir zahlreichen Grundsatzfragen, die somit immer auch philosophische Fragen sind. Deshalb werden wir an vielen Stellen einen Blick in die Philosophie werfen. Gerade in Zeiten sehr schneller und tiefgreifender Transformationen lohnt es sich innezuhalten und zu philosophieren.

Die Frage ist drängend: Wie verändert Künstliche Intelligenz unser Leben und unsere Gesellschaften? Allerdings ist diese Frage auch tückisch. Denn sie klingt, als wäre KI etwas, das außerhalb unserer Gesellschaft steht und wie eine übergeordnete Macht auf uns einwirkt. Das stimmt nicht. Künstliche Intelligenz verändert nicht als äußere aktive Kraft unsere Gesellschaft, sondern sie ist selbst ein Produkt unserer Gesellschaft. Das mag wie ein Detail klingen, ermöglicht aber einen präziseren Blick und bildet daher einen Ausgangspunkt für das gesamte Buch: Technologie fällt nicht vom Himmel, und sie ist niemals neutral. Technologie wird von Menschen gemacht. Daraus ergeben sich zentrale Fragen: Welche gesellschaftlichen Werte und Vorstellungen kommen in den KI-Anwendungen zum Ausdruck? Welche Menschenbilder, welche Ansichten über das Leben, welche Wünsche und Sehnsüchte leiten die digitalen Technologien und ihren Einsatz? Welche sozialen Machtverhältnisse spiegeln sich in der Gestaltung und den Visionen neuer Technologien wider?

Zwischen Gesellschaft und Künstlicher Intelligenz besteht ein Wirkungszusammenhang, der in beide Richtungen geht. Beides prägt sich wechselseitig oder sogar noch tiefgreifender: Beides bedingt einander. Was Digitalisierung und KI ausmacht, lässt sich nicht unabhängig von gesellschaftlichen Werten, Annahmen und Narrativen bestimmen. Und umgekehrt: Was unser Menschsein und unser Leben ausmacht, lässt sich nicht länger unabhängig von digitalen Technologien bestimmen.

Technologie als Versprechen

Jede Technik ist durchtränkt von Wertevorstellungen und Hoffnungen. Manchmal lösen sie eine regelrechte Begeisterung aus. Aber woher stammt diese Faszination? Warum assoziieren wir »Fortschritt« so sehr mit technologischen Entwicklungen? Warum denken viele Menschen zuerst an die technischen Möglichkeiten, wenn sie sich überlegen, wie die Welt in dreißig Jahren aussieht?

Technologie hat einen Nimbus, einen Zauber, sie verschiebt die Grenzen des Möglichen. Eben noch musste man wochenlang auf einen Brief aus Amerika warten, heute ist die E-Mail in Sekundenschnelle verschickt. Und eine Minute später ist das Staunen bereits verschwunden und wir halten all das für völlig normal. Dann brauchen wir fliegende Autos oder täuschend echte virtuelle Realitäten, um noch beeindruckt zu sein. ChatGPT markiert einen Meilenstein in der Menschheitsgeschichte und doch habe ich viele Personen um mich herum erlebt, die schon wenige Wochen nach der Einführung so selbstverständlich damit umgingen wie mit einem Regenschirm.

Aber es ist nicht nur das. Neue Technologien erzeugen nicht nur eine kurze, vergängliche Euphorie, weil sie den Horizont des

Bekannten übersteigen. Sie sind auch mit ausgesprochenen oder unausgesprochenen Versprechen eines besseren Lebens verbunden. Innovationen glänzen verheißungsvoll, sie sind wie Vorboten einer goldenen Zukunft. In Werbespots oder Zukunftsvisionen werden diese Versprechen unmittelbar sichtbar. An anderen Stellen schwingen sie unausgesprochen mit und bilden die unbewusste, narrative Tiefenstruktur des sogenannten Fortschritts.[5]

Wir können die Entwicklung besser verstehen und bewusster gestalten, wenn wir diesen Treibstoff unter die Lupe nehmen: Welche Hoffnungen und Versprechen werden uns da gemacht – ausgesprochen oder versteckt? Mit welchen Bedürfnissen und Sehnsüchten spielen sie? Und werden diese Versprechen eingelöst oder drohen sie möglicherweise sogar nach hinten loszugehen?

In diesem Buch möchte ich fünf solcher Technologieversprechen – und insbesondere solchen eines sinnerfüllten Lebens – nachgehen, sie explizit machen, versuchen einzuordnen und überlegen, ob sie realistisch sind und wir tatsächlich auf eine bessere Zukunft hinsteuern oder ob es leere, trügerische Versprechen sind, die uns an der Nase herumführen.

Insofern ist der Anspruch dieses Buches weder, eine kohärente Theorie unserer von KI geprägten Gesellschaft zu entwickeln, noch vollständig alle Facetten des Themas KI zu beleuchten. Vielmehr geht es darum, den Blick auf eine Reihe ausgewählter Aspekte zu richten, die mir häufig zu kurz zu kommen scheinen: Werden Künstliche Intelligenzen und digitale Services dazu führen, dass mehr Menschen ihr Leben als sinnvoll erfahren? Wie können wir die Entwicklung diesbezüglich in eine positive Richtung lenken?

Diesen Fragen werden wir uns annehmen, indem wir einer Reihe konkreter Sinnversprechen nachgehen:

Endlich mehr Zeit für dich! – Im ersten Kapitel gehen wir einem Versprechen auf den Grund, das mit vielen Technologien verbunden ist: mehr Freiräume für das, was wirklich wichtig ist. Geht die Rechnung auf, oder werden wir durch die vielen Innovationen nur noch gestresster?

Du bist nicht allein! – Insbesondere Social Media, aber auch Übersetzungstechnologien und KI-basiertes Online-Dating versprechen, Menschen miteinander zu verbinden. Welche Formen von Sinn und Verbundenheit entstehen hier wirklich?

Ein neuer Freund und Helfer! – Im dritten Kapitel tauchen wir tiefer ein in die neuen Entwicklungen auf dem Gebiet der Künstlichen Intelligenz. Wie verändern sich soziale Strukturen und unser Sinnempfinden, wenn wir nicht nur mit Menschen, sondern zunehmend auch mit KIs sprechen?

Die Welt ist dir zu Diensten! – Das Internet der Dinge ist die Vision einer Welt, in der alle Gegenstände miteinander vernetzt sind. Hier zeichnet sich eine grundsätzlich neue Beziehung des Menschen zu seiner Umwelt ab – wird sie eine sinnhafte Einbettung fördern oder zu noch mehr Entfremdung führen?

Sinn statt Hamsterrad! – Arbeitswelten werden immer stärker durch digitale Technologien strukturiert. Künstliche Intelligenz beschleunigt den Wandel hin zu New Work. Aber werden wir am Ende wirklich mehr Sinn im Job erfahren? Oder erzeugt diese Entwicklung vor allem mehr Verliererinnen und Verlierer?

Als philosophische Gedankenreise ist dieses Buch eine Einladung zum Hinterfragen und Mitdenken. Ein solcher Prozess kann gerade bei einem so dynamischen Gegenstand wie der KI-Transformation nie abgeschlossen sein. Aber das macht das Leben ja so spannend, es gibt immer wieder Neues zu entdecken.

1

ENDLICH MEHR ZEIT FÜR DICH!

»Warum bist du hier?«, sprach er sie an, zugewandt und mit offenem Blick.

Die salzige Meeresluft spielte sanft mit ihren kurzen Haaren, eine Welle brach an den Felsen und in ihr nachdenkliches Schweigen hinein. Nackt saßen sie dort, die warme Sonne glitzerte auf ihrer nassen Haut. Keiner der beiden jungen Menschen beachtete die Homaten, die regungslos hinter ihnen standen.

»Ich heiße Mi«, antwortete sie und sah ihn lange an.

Vielleicht spürten sie bereits in diesem Augenblick, dass dies der Anfang einer innigen Beziehung werden sollte. Die Luft lag voller Möglichkeiten. Ihr ganzes Leben hatten sie noch vor sich an diesem 21. Mai 2500 – ein langes, gesundes, unbeschwertes Leben in einer Welt, in der niemand arbeiten musste, in der für alles gesorgt war und es an nichts mangelte.

Was für eine phantastische Vorstellung.

Mit dieser Szene beginnt der einzigartige Roman von Ludwig Dexheimer: *Das Automatenzeitalter*. Vor fast hundert Jahren verfasste er seine Utopie einer besseren, friedvollen und hochtechnisierten Zukunft.[1]

Was tun Menschen in einer Welt ohne jegliche Verpflichtungen und Sorgen? Worüber sprechen sie? In der Vorstellung des Autors laden sie ihre Freunde zum Dinner ein, diskutieren stundenlang über Kunst und Wissenschaft und unternehmen Reisen. Das junge Paar Mi und Lu fügt sich nahtlos in diesen Zeitgeist ein. Fast jede Woche fliegen sie in ihren ultraschnellen Luftyachten an ferne Orte, besuchen kurz Indien und sind zum Abendessen zurück in ihren Villen in Europa. Dort ist der Haushalt immer schon erledigt, denn jeder Quadratzentimeter ihrer Häuser ist vollgestopft mit Technik, jeder menschliche Handgriff wurde ersetzt. Selbst allerkleinste Aufgaben werden ihnen abgenommen. Nach dem Duschen genügt ein einziger Befehl und schon werden die Bewohnerinnen und Bewohner von mechanischen Armen angekleidet.

Wer kann derart luxuriös leben? Sind Mi und Lu zwei verwöhnte Rich Kids des 26. Jahrhunderts, die sich auf Kosten der hungernden Massen vergnügen? In dem Roman von Ludwig Dexheimer wäre das undenkbar. Jeder Mensch unter dem Himmel bekommt eine identisch große Villa, eine Luftyacht und drei Homaten. Alles Weitere steht zur freien Verfügung: Das feinste Essen, Kleidung und selbst Aufenthalte in Luxushotels können von jeder Person zu jeder Zeit bestellt werden. Geld wurde komplett abgeschafft.

Es ist erstaunlich, wie egalitär, liberal, pazifistisch und radikal diese Zukunftsvision ist, die der deutsche Chemiker 1930 veröffentlichte. Entgegen dem faschistischen Zeitgeist wollte er eine Welt ohne Nationen entwerfen, ohne Hass und ohne Geschlechterrollen.[2] Ungewöhnlich ist auch, dass er diese Welt nicht als unerreichbare Utopie ansah, sondern als völlig realistische und ernstgemeinte Zukunftsprognose. Dexheimer war ein unerschütterlicher Optimist und glaubte fest daran, dass sich die Menschheit zum Besseren entwickelt. Für ihn war klar, dass es irgendwann keinen Hunger und keine Ungerechtigkeit mehr gibt, keine Wut, keine Gewalt, keinen Egoismus und keine Verzweiflung. Dieser positive Blick auf die Zukunft speiste sich aus einer zentralen Quelle der Hoffnung: dem technischen Fortschritt.

Vor allem die vollständige Automatisierung von Produktion, Logistik, Reinigung und vielen weiteren Bereichen ermöglicht den Romanfiguren ein komfortables, sorgenfreies Leben. Niemand muss mehr arbeiten – alle unangenehmen Aufgaben sind maschinisiert oder werden von Homaten übernommen: von Robotern mit einer Künstlichen Intelligenz. Sie halten den Menschen im Alltag den Rücken frei: »Was wären wir ohne die Technik? Sklaven und Handlanger! Sie erst hat es uns ermöglicht, dass wir uns ausschließlich höheren, geistigen Tätigkeiten widmen können«, schwärmt ein Freund von Mi und Lu. Deshalb haben die Menschen im *Automatenzeitalter* viel Zeit. Ihre Woche wirkt wie eine nie endende Aneinanderreihung von Sonntagen.[3]

In dieser Geschichte kommen zentrale Versprechen von Technologie zum Ausdruck: Unser Leben soll besser werden. Und »besser« heißt hier vor allem komfortabler und bequemer. Lästige Aufgaben werden vereinfacht, beschleunigt oder sogar ganz ersetzt. Dadurch wachsen die Freiräume für sinnvolle Tätigkeiten. Im *Automatenzeitalter* wird diese Logik ins Extrem gezogen und besonders greifbar.

Springen wir zurück in unsere Gegenwart, dann können wir überall ähnliche Botschaften entdecken: weniger benötigte Zeit für das, was man tun *muss*, mehr freie Zeit für das, was man tun *will*.

So wirbt Waze, ein Konkurrent von Google Maps, explizit damit, durch die Nutzung der App wertvolle Zeit zu sparen.[4] Und es stimmt ja, wenn wir dank Navigation die kürzeste Route nehmen und Staus vermeiden, sind das bare Minuten, die wir früher ankommen. Auch vernetzte Systeme werden mit ähnlichen Narrativen verknüpft, so schwärmt das Branchenmagazin *Con-*

trol: »Zeit ist die wertvollste Ressource unseres Lebens und als Sterbliche können wir sie niemals zurückerlangen. Es ist selten, dass wir eine Gelegenheit bekommen, auf einen Schlag große Mengen an Zeit zu sparen. Genau darum geht es jedoch bei der Automatisierung.«[5] Und Samsung bewirbt ein Smartphone damit, dass es uns hilft, »das meiste aus jeder Minute herauszuholen, im Büro wie auch außerhalb davon«.[6]

Digitale Innovationen werden also häufig mit dem Versprechen verkauft, uns zu entlasten und mehr Zeit zu schenken für das, was wirklich zählt. Dank Mähroboter muss der Rasen nicht mehr mit eigenem Körpereinsatz auf die Wunschlänge gebracht werden – wir können uns währenddessen zurücklehnen, einkaufen oder ein Buch lesen.[7] Viele andere Innovationen schlagen in eine ähnliche Kerbe: Kontaktdaten werden im Hintergrund automatisch synchronisiert und müssen nicht mehr händisch übertragen werden. Das neue Paar Schuhe ist dank Online-Shopping nur ein paar Klicks entfernt und von der Couch aus bestellbar. Virtuelle Besprechungen machen viele Dienstreisen überflüssig und wenn doch Reisen notwendig sind, können Hotels und Bahnfahrten von unterwegs gebucht werden. Auch Überweisungen werden per App abgewickelt – das langwierige Ausfüllen von Formularen entfällt. Sogar der Gang zur Ärztin entfällt teilweise dank Telemedizin: »Tschüss Wartezimmer. Hallo Online-Arzt«, wirbt eine große Plattform.[8] Und nun werden immer bessere Assistenzen angeboten, die auf Künstlicher Intelligenz basieren und uns bei privaten oder beruflichen Aufgaben unterstützen können. Vielleicht bringen uns in nicht allzu ferner Zukunft sogar selbstfahrende Autos ans Ziel – dann würde viel Lebenszeit plötzlich verfügbar, in der wir bisher ein Lenkrad in der Hand halten mussten. Überall locken Entlastung, Vereinfachung, Komfort und Zeitersparnis. Eine verheißungsvolle Aussicht.

Ich genieße die ruhige Stunde vor dem Arbeitstag. Diese Zeit gehört mir allein. Die anderen sind schon aus dem Haus und in meinem ganz eigenen Rhythmus trinke ich meinen schwarzen Kaffee, lasse mir einige Nachrichten vorlesen und schaue zwischendurch einfach aus dem Fenster. Es fühlt sich gut an, dem sanften Wiegen der Blätter zuzusehen, während im Hintergrund alles erledigt wird und meine hundert Mails durch eine KI beantwortet werden. Plötzlich klingelt es an der Tür.

»Was ist das?«, frage ich mehr zu mir selbst.

»Ein Geschenk für Birgit. Ihr seid heute Abend auf ihrem Geburtstag eingeladen«, antwortet die sanfte Stimme meiner Künstlichen Assistenz. Sehr gut! Daran hatte ich gar nicht gedacht.

Die Hoffnung, durch neue Technologien mehr Komfort, Bequemlichkeit und Freizeit zu gewinnen, ist nicht erst durch die Digitalisierung in die Welt gekommen. Im Gegenteil, seit jeher sind die meisten Technologien mit dieser Hoffnung verbunden: Egal ob Auto, Gasheizung oder Pürierstab – immer geht es darum, effizienter, bequemer und schneller zum Ziel zu kommen. Allein durch die Waschmaschine sparen wir irrsinnig viel Zeit und Aufwand. Während bei einem Haushalt von vier Personen wöchentlich circa 5 Stunden für die Handwäsche benötigt werden, sind es mit einer Waschmaschine nur eine Stunde. Damit werden etwa 220 Stunden im Jahr gespart.[9] Hinzu kommen all die weiteren Haushaltsgeräte. So wirbt Bosch für einen Geschirrspüler: »Warum Zeit damit verschwenden, das Geschirr zu waschen, wenn Bosch Geschirrspüler ohne Aufwand für perfekte Sauberkeit sorgt, so dass du mehr Zeit mit deiner Familie verbringen kannst.«[10]

Wenn wir über Digitalisierung und Künstliche Intelligenz

nachdenken, dann ist es hilfreich, sich diese grundlegenden Eigenschaften von Technik bewusst zu machen. Was ist Technik überhaupt? Und warum entwickeln wir sie?

Der spanische Philosoph José Ortega y Gasset stellte die Versprechen von Einfachheit und Zeitersparnis in den Mittelpunkt seiner Definition: »Technik ist die Anstrengung, uns Anstrengung zu ersparen.«[11]

So gesehen stoßen die utopistischen Darstellungen aus dem *Automatenzeitalter* direkt ins Herz der gesellschaftlichen Technisierung. Die mit digitalen Innovationen verknüpften Botschaften eines angenehmeren Lebens sind kein kleiner Nebenaspekt, sondern hängen unmittelbar damit zusammen, was Technik im Kern ausmacht.[12] Daher werden wir unsere philosophischen Überlegungen mit diesem zentralen Aspekt beginnen.

Was ist Technik? – Eine philosophische Perspektive

Ein Leben ohne große Anstrengungen klingt erstmal verlockend, aber warum eigentlich? Steht dahinter der plumpe Wunsch nach Bequemlichkeit? Ist die Geschichte der Technik mit anderen Worten eine Geschichte der Faulheit? Besteht deshalb so viel Aufregung um Künstliche Intelligenz – weil wir Couch-Potatos sind und darin insgeheim unsere Erlösung sehen?

Wenn man sich den ein oder anderen Werbespot anschaut, in dem sich Menschen dank digitaler Services lässig zurücklehnen, sieht es fast so aus. Aber es ist hilfreich, aktuelle Innovationen in einem größeren Zusammenhang zu sehen. Seit der Homo sapiens auf dieser Erde ist, benutzt er Werkzeuge und entwickelt Techniken, um seine Ziele effektiver zu erreichen. Lange bevor es Computer und bequeme Sofas gab, erleichterte es ein spitzer Stein, einen Knochen aufzubrechen, um an das nährstoffreiche Mark zu gelangen. Ohne technische Hilfsmittel ist dies unmöglich oder zumindest sehr *anstrengend*. Sich das Leben an dieser Stelle einfacher zu machen, ist weder Faulheit noch Luxussucht, sondern eine Frage des nackten Überlebens. Die »Anstrengung, dem Menschen Anstrengung zu ersparen« bedeutet also nicht unbedingt verwöhnte Bequemlichkeit. Der grundsätzliche Ansatz, die Welt um sich herum durch Technik unter Kontrolle zu bekommen, ist für ein zerbrechliches Lebewesen wie den Homo sapiens geradezu notwendig.

Trotzdem bleibt die Frage, was Technik mit uns macht – und ob es unbegrenzt wünschenswert ist, sich Anstrengung zu ersparen. Gehört es nicht auch zu einem sinnerfüllten Leben, manche Dinge selbst zu tun? Spüren wir in kleinen Anstrengungen nicht auch unsere eigene Lebendigkeit? Auf gesellschaftlicher Ebene wirft all das ebenfalls zahlreiche Fragen auf: Welche Strukturen kommen in den Versprechen eines einfacheren Lebens zum Ausdruck? Wie prägt das wiederum die Menschen? Und wird unser Leben durch den technischen Fortschritt tatsächlich komfortabler? Auf den nächsten Seiten werden wir einen Blick in die Technikphilosophie werfen, um einige Puzzleteile zu sammeln, was Technik ausmacht und wie sie auf uns wirkt.

Die Theorie von Leszek Kołakowski bietet hierfür einen guten Ausgangspunkt. Der polnische Philosoph sieht die menschliche Existenz mit zwei elementaren Herausforderungen verbunden: *praktisch* mit der Welt umzugehen und sich *emotional* in ihr geborgen zu fühlen. Das ist eine ebenso simple wie hilfreiche Analyse. Denn der Mensch ist in eine Welt geworfen, die kaum berechenbar erscheint. Sie ist voller Hürden, Gefahren und Unwägbarkeiten. Denken wir zum Beispiel an Gewitter: grelle Blitze, ohrenbetäubende Donner, peitschender Regen – unsere Vorfahren hat das vermutlich in helle Aufregung versetzt. Sie sahen sich einerseits vor der Aufgabe, mit diesen Naturgewalten in irgendeiner Form *praktisch* umzugehen und Handlungsstrategien zu entwickeln – zum Beispiel in einer Höhle Unterschlupf zu suchen oder ein schützendes Dach zu bauen. Gleichzeitig waren diese plötzlichen Ereignisse *emotional* beunruhigend und bedrohten das Gefühl, in der Welt zu Hause zu sein. Um dieses Gefühl wiederherzustellen, erzählten Menschen Geschichten, in welchen die heftigen Gewitter erklärt wurden. So begannen sie, ihren Erfahrungen einen Sinn abzugewinnen und vermieden das Gefühl, in einer unverständlichen, fremden, willkürlichen Welt zu leben.

Laut Kołakowski folgt Technik der ersten dieser beiden Strategien: Durch Technik geht der Mensch praktisch mit seiner Welt um und schafft es, sie teilweise unter Kontrolle zu bekommen. Es geht also darum, die Welt um sich herum *beherrschbarer* zu machen und ihr weniger ausgeliefert zu sein. Das ist grundsätzlich eine gute Idee. Aber kann dieser Ansatz auch zu weit getrieben werden? Und wie verändert es unser Lebensgefühl, wenn immer mehr Bereiche von einer solchen Logik der Beherrschung durchzogen werden?

Im *Automatenzeitalter* ist die Herrschaft des Menschen über seine Welt perfekt geworden. Dank Technik ist hier wirklich alles unter Kontrolle. Nur an einer einzigen Stelle des Romans flackert plötzlich der Anflug einer Sinnkrise auf: »Es ist eine langweilige Welt, Lu. Alles ist automatisch geworden und geht seinen gleichmäßig geregelten Gang«, meint Mi nachdenklich. »Kein Krieg, keine Revolution, keine Eifersuchts- und Liebestragödien, keine Hungersnot unterbricht das ewige Einerlei. Kein Justizmord, über den man sich entrüsten, keine Heldentat, die man bewundern könnte, weil jede Gelegenheit dazu fehlt. Ich glaube, auch wir Menschen von heute sind Automaten geworden.«

Dieser letzte Satz ist spannend und nimmt eine einflussreiche Analyse vorweg, die in dieser Klarheit erst Jahre später in der Philosophie formuliert wurde. Grundgedanke dieser Analyse ist: Wenn wir die Welt technisch betrachten, drohen auch wir selbst technischer zu werden. Der technische Blick sieht die Welt als ein systemisches Ding an, das uns zur Verfügung steht und an unsere Bedürfnisse angepasst werden kann. Wenn dieser Blick dominant wird, kann es passieren, dass wir uns selbst den Dingen annähern. Denn unser Lebensgefühl wird wesentlich dadurch geprägt, wie wir mit unserer Welt in Beziehung treten.

Technik als Weltbeziehung

Technik ist genau eine solche Art und Weise, mit der Welt in Beziehung zu treten – und das verändert nicht nur unsere Außenwelt, sondern auch uns selbst. Dieser Zusammenhang wird insbesondere in der phänomenologischen Philosophie beleuchtet.[13] Ihr Grundgedanke ist erstmal simpel, bei näherer Betrachtung aber folgenreich: Technik vermittelt zwischen Mensch und Welt – und steht insofern *zwischen* diesen beiden Elementen. Eine Brille zum Beispiel steht zwischen meinem Auge und der Außenwelt. Auch eine Axt wirkt als Mittel zwischen mir und dem Holz. Ein Fahrrad ist zwischen mir und der Straße, und ein Dach befindet sich zwischen mir und dem Regen. In all diesen

Fällen lässt sich die Beziehung durch eine kurze Formel beschreiben:

Ich–Technik–Welt

Spannend ist nun die Frage, wie Technik unsere Weltbeziehungen verändert. Offenbar ist die Beziehung Ich–Axt–Holz eine andere als Ich–Kettensäge–Holz. Die unterschiedliche Technologie verändert meine Beziehung zum Holz, wie ich es wahrnehme und empfinde, was es mir bedeutet und wie ich mich selbst im Umgang damit erlebe. Durch die Kettensäge erscheint es mir zum Beispiel viel weicher. Und weil ich einen Baum auf diese Weise leichter fällen kann, steigt möglicherweise auch meine Selbstwirksamkeitserfahrung und es sinkt meine Demut gegenüber dem Wald.

Ich–Technik–Welt, diese drei Elemente beeinflussen sich also gegenseitig. Dieses Verhältnis geht so tief, dass in der Phänomenologie davon gesprochen wird, dass sich Ich, Technik und Welt gegenseitig *hervorbringen*. Vielleicht klingt das in Bezug auf die Kettensäge etwas übertrieben, aber schauen wir uns ein weiteres Beispiel an, das tiefer in den Alltag hineinreicht: Seit ich acht Jahre alt bin, beginnt jeder meiner Tage mit dem gleichen Griff zur Seite – zu meiner Brille. Innerhalb eines Augenblicks verschiebt sich mein gesamtes Sichtfeld. Wo eben noch verschwommene Farbkleckse waren, werden plötzlich Gegenstände sichtbar. Nach dem Frühstück wechsle ich dann zu Kontaktlinsen und meine Welt stellt sich endgültig scharf. Alles ganz normal, keine große Sache.

Aber eigentlich ist es eine gewaltige Sache. Dieses kleine Gestell und diese zwei Gläser ändern alles: meine Art, mich körperlich durch den Raum zu bewegen und die Welt um mich herum zu begreifen. Meine Art, andere Menschen anzuschauen, auf sie zuzugehen und mit ihnen in Kontakt zu treten. Insofern auch die

Art, wie andere Personen mich wiederum wahrnehmen, wie sie auf mich reagieren und welches Gefühl sie mir vermitteln. Meine ganze Welt, mein ganzes Lebensgefühl, mein ganzes Ich und meine Identität wären anders, wenn ich meinen minus sechs Dioptrien hilflos ausgeliefert wäre.

Ich–Brille–Welt, ein einziges Zwischenglied verändert meine gesamte Weltbeziehung. Jeder einzelne Tag vom Aufstehen bis zum Schlafengehen verläuft komplett anders. Insofern sind Brillen und Kontaktlinsen Technologien von schier unfassbarer Reichweite. Trotzdem denken wir selten darüber nach und finden diese Möglichkeit meist selbstverständlich. Darin eben besteht die Kraft besonders umwälzender Technologien: Sie verändern unser Leben derart grundsätzlich, dass wir sie kaum noch wahrnehmen.

So ergeht es uns mit einer ganzen Reihe konkreter Technologien – und so ergeht es uns mit der Technisierung unseres Lebens insgesamt. Unser Alltag ist zutiefst durchzogen von Werkzeugen, angefangen von Messern und Gabeln über Spülmaschinen, Schlüssel, Stifte, Computer, Fahrräder, Heizungen, Herdplatten bis hin zu Uhren, Kalendern, Schuhen, Kaffeemaschinen oder Telefonen. Gerade weil die Relation Ich–Technik–Welt so verbreitet ist, prägt sie unser Lebensgefühl auf eine Weise, die uns selten bewusst wird. Was macht Technik mit uns?

Wenn unser Blick und Zugriff auf die Welt insgesamt technischer wird, dann werden wir stärker zu einem Homo Faber: Wir analysieren und versuchen, pragmatisch und effizient zu sein; Verliebtheit ist für uns ein Hormontaumel, Luft ist eine Mischung aus Gasen, Körper sind Systeme – genauso wie Wälder. Es werden Flüsse begradigt und Autos gebaut, Inseln und Strände mit Preisschildern versehen, Skihallen in die Wüste gebaut, Tiere in Fabriken geschlachtet, Kalkulationen erstellt und Berichte geschrieben. Die ganze Welt wird als ein mechanisches System gesehen, das man nutzen und verbessern kann.

Wenn es aber das Ziel ist, das eigene Leben beherrschbar zu machen, bleibt weniger Raum, um sich innerlich berühren zu lassen. Stattdessen beginnt man selbst zu funktionieren und bewegt sich wie eine geölte Maschine durch den Tag, plant und optimiert. »Wie geht's?« – »Gut, und selbst?« In solchen Momenten ähneln wir Sprachrobotern, die Antworten erfolgen geradezu vorprogrammiert.

Auch wenn nur wenige Personen komplett von dieser Perspektive durchdrungen sind, ist sie zumindest doch verbreitet. Denn der technische Zugriff auf die Welt ist ein zentrales Merkmal unserer industrialisierten Gesellschaften – und das macht uns selbst technischer.

Technik als innere Einstellung

Ein technisches Zeitalter ist also nicht bloß durch den äußerlich sichtbaren Umstand gekennzeichnet, dass Menschen viele technologische Gegenstände benutzen. Vielmehr prägt Technik auch die Weise, durch das Leben zu gehen und soziale Beziehungen zu gestalten. In der phänomenologischen Philosophie wurde das besonders herausgearbeitet. Hier wurde immer wieder die grundsätzliche Frage gestellt: Was ist Technik?

Technik ist nicht nur etwas, das ich sehen kann. Technik ist eine innere Einstellung, eine Grundhaltung gegenüber der eigenen Welt, die darauf abzielt, Dinge unter Kontrolle zu bringen, sie sich anzueignen und nach den eigenen Vorstellungen zu formen. Technik ist eine Grundstruktur unserer Gesellschaften.

Diese Struktur hat große Parallelen zu dem, was der Philosoph und Psychoanalytiker Erich Fromm als »das Haben« bezeichnet hat.[14] Er geht davon aus, dass wir grundsätzlich auf zwei Arten durchs Leben gehen können: Aus der Haltung des *Habens* heraus versuchen wir, die Welt an unsere eigenen Bedürfnisse anzupassen, sehen sie als unsere Ressource, als ein Ding, das uns zur Verfügung steht und das wir gewissermaßen besitzen können. Aus der Haltung des *Seins* hingegen öffnen wir uns der Welt, lassen uns berühren und auf sie ein. Wenn man zum Beispiel einen Text in der Haltung des Habens liest, geht es darum, sich Informationen anzueignen und diese anschließend zu besitzen. Liest man denselben Text in der Haltung des Seins, lässt man die Gedanken tiefer auf sich wirken, man wird automatisch langsamer lesen und geht als veränderter Mensch aus diesem Prozess.

Dieser Unterschied wird häufig auch sprachlich deutlich: *Bist* du ein kommunikativer Mensch oder *hast* du gute Kommunikationsfähigkeiten? *Bist* du lustig oder *hast* du Humor? In der Haltung des Habens wird die eigene Persönlichkeit zum »Asset«, zum Marktkapital. Sinn aber erfahren wir, wenn wir in der Haltung des Seins mit anderen in Beziehung treten und uns auf die Welt einlassen.

Und so ist dies die vielleicht größte Gefahr einer Technisierung: die Gefahr eines inneren Sinnverlusts.

Diese Gefahr besteht nicht direkt, sondern indirekt. Wir stürzen nicht in eine Sinnkrise, nur weil wir eine elektrische Zahnbürste benutzen. Der Zusammenhang ist subtiler: Wenn Technik unsere Lebensbereiche immer tiefer durchdringt, dann kann unsere eigene Perspektive technischer werden und eine Haltung des Habens gefördert werden, die zwar pragmatisch und effizient ist, aber weniger feinfühlig gegenüber den Mitmenschen und dem Zauber in dieser Welt.

Die Folge ist dann eine innere Entfremdung gegenüber der Welt, das Gespür für die eigene Eingebundenheit bekommt Risse. In gewisser Hinsicht liegt das in der Natur der Sache, denn das Verhältnis *Ich–Technik–Welt* ist ein distanziertes Verhältnis. Da steht etwas zwischen mir und der Welt. Da habe ich keinen direkten Kontakt, spüre nicht unmittelbar. Eine Gabel distanziert mich von dem Essen, ich taste es nicht. Ein Schuh distanziert mich von dem Boden, er fühlt sich immer gleich an. Ein Bildschirm distanziert mich von meinem Gegenüber: Anstatt direkt in sein Gesicht zu schauen, blicke ich auf Pixel, blicke auf ein Bild.

All das im Einzelnen zu verteufeln, wäre naiv und fehlgeleitet. Ein nostalgisches »Zurück in die Höhle!« kann keine adäquate Antwort für unser Zeitalter sein. Insbesondere wenn wir an konkrete Beispiele denken – Gabeln, Schuhe, Computer – wird deutlich, dass sie wichtige Funktionen erfüllen. Insofern gilt die Kritik weniger solchen Einzelfällen als vielmehr der Gesamtstruktur: Technik sollte nicht zu einem allumfassenden Paradigma werden. Das ist der Knackpunkt. Technik ist nicht an sich problematisch, aber wenn sie zu tief in unsere Perspektiven einsickert, werden wir irgendwann selbst zu Robotern; wenn wir die ganze Welt als System betrachten, werden wir irgendwann selbst zu Systemen. Die Frage ist daher, ob wir Technik betreiben oder ob unser ganzes Leben technisch wird.

Technik ist der Versuch, die Welt beherrschbarer zu machen. Wir sollten darauf achten, dass dadurch tatsächlich diejenigen Freiräume eröffnet werden, die wir uns erhoffen – und Technik nicht umgekehrt beginnt, uns zu beherrschen.

Durch welchen Wald gehst du?

Wenn wir an die kommenden Innovationen denken, wird deutlich, dass die Technisierung erst am Anfang steht. Und doch sind die psychosozialen Auswirkungen dieser Entwicklung schon heute deutlich. In vielen europäischen Ländern gehen Menschen durch ganz andere Wälder als vor der industriellen Revolution im 18. Jahrhundert – und zwar objektiv, weil sie maschinell beforstet werden, wie auch subjektiv, wenn sie durch andere Augen gesehen werden. Diese veränderte Perspektive wird deutlich am technischen Begriff des »Ökosystems«. Dies ist keine neutrale Beschreibung; es gibt keine objektive Antwort auf die Frage, was ein Wald ist. Wir können Unterschiedliches in dem Wald sehen, können ihn von unterschiedlichen Seiten betrachten – eine Poetin wird einen anderen Wald sehen als eine Biologin. Keine von beiden wird neutral sein, und keine wird in ihren Beschreibungen mehr recht haben als die andere. Aber während die Biologie weithin anerkannt ist und es in der Tat wichtig ist, Ökosysteme zu analysieren, sollten wir gleichzeitig schauen, dass uns in einer solchen Gesellschaft nicht der poetische Blick auf die Welt verlorengeht, der Blick für den Zauber.[15]

Der Gegenwartssoziologe Hartmut Rosa sieht in dieser Entwicklung einen drohenden *Resonanzverlust*. Nicht wenn wir die Welt unterwerfen, sondern wenn wir sie uns »anverwandeln« – ihr in der Haltung des *Seins* begegnen –, können wir Resonanz und Sinn erfahren. Denn dann entsteht eine lebendige Beziehung, bei der wir selbst in ganzem Umfang als Menschen beteiligt sind. Auch Roboter können Systeme analysieren und Nägel in Wände schlagen. Als Mensch aber sind wir empfindsame Wesen mit einem reichen Innenleben, wir können ganzheitlich in Beziehung treten, mit Kopf, Herz und Hand.

Sprung in die Freiheit?

Wenn wir über Künstliche Intelligenz und digitale Anwendungen sprechen, dann geht es dabei wesentlich um *Technologien*. Auf den letzten Seiten haben wir uns daher mit der Frage auseinandergesetzt, was Technik eigentlich ist und ausmacht – und wie sie auf uns wirkt. Natürlich haben verschiedene Technologien ihre eigenen Besonderheiten, aber es gibt doch einige Gemeinsamkeiten und Grundlinien.

Der Mensch ist in eine Welt geworfen, die oft unbequem ist, häufig sogar gefährlich. Technik zielt darauf ab, diese Welt umzuformen und stärker an menschliche Bedürfnisse anzupassen. Auf diese Weise werden uns Mühsal und Anstrengung erspart, unser Leben wird sicherer, angenehmer und vorhersehbarer. All das ist eine pragmatische Herangehensweise, die weniger darauf abzielt, sich emotional mit dem Schicksal zu versöhnen, sondern handlungsorientiert und sichtbar auf die Welt einzuwirken. Allerdings verändert sich dadurch unsere Art, durchs Leben zu gehen und auf die Welt zu schauen. In welcher Form? Hier kommt es auf die Details an. Technik kann unser Sinngefühl sowohl stärken als auch schwächen.

Die eigene Umgebung in Teilen kontrollierbar zu machen, kann es durchaus ermöglichen, sich im eigenen Dasein besser aufgehoben zu fühlen: Wenn wir in einem Haus wohnen, statt unter freiem Himmel, führt diese Abschottung von der Natur nicht unbedingt zu Entfremdungen. Im Gegenteil können Wände das Gefühl fördern, in dieser Welt geborgen und zu Hause zu sein.

Obwohl Technik *zwischen* uns und der Welt steht, kann unsere Beziehung zur Welt dadurch also gestärkt werden. Meine Brillen und Kontaktlinsen befinden sich zwar zwischen mir und meinen Mitmenschen und Umgebungen, gerade dadurch aber schärfen sie meinen Blick auf die Welt und erlauben mir eine viel tiefere und sicherere Verankerung im eigenen Dasein. So kann Technik meine Autonomie steigern, ich fühle mich weniger ausgeliefert und habe mehr Möglichkeiten, Sinnbeziehungen zu knüpfen. Gleiches gilt für ein Fahrrad, das meine Mobilität erhöht und mir besser ermöglicht, Freundinnen und Freunde zu treffen. In vielen Fällen können wir das Verhältnis Ich–Technik–Welt also positiv deuten: Technik ist dann keine Trennwand, sondern eine Brücke zur Welt.

Die innere Logik der Technik aber folgt dem *Haben* und nicht dem *Sein*. Deshalb droht eine innere Entfremdung, wenn unser gesamter Blick auf die Welt technisch wird. Dann wird der Wald zum Ökosystem und die Natur zur Ressource, dann werden persönliche Fähigkeiten zum Kapital und Gespräche zum Informationsaustausch. Es gibt weniger direkte Berührungen zwischen Ich und Welt.

Endlich Zeit für dich! Endlich Zeit für das Wesentliche! – Diese zentralen Versprechen von digitalen Innovationen stehen also in einem größeren Zusammenhang. Hier wird uns nicht nur Bequemlichkeit versprochen, sondern auch mehr Sinn im Leben. Mit Techniken des Habens sollen wir entlastet werden, um mehr Raum für das Sein zu gewinnen. Denn mehr Zeit und Energie für das Wesentliche, das heißt: weniger Zeitverschwendung, mehr Zeit für erfüllende und sinnvolle Beschäftigungen. Ganz wie im *Automatenzeitalter*, wo jeder Mensch von morgens bis abends der eigenen Selbstverwirklichung nachgehen kann. Hier kommt eine Vision zum Ausdruck: der Mensch als ein *befreites Wesen*, befreit von den Fesseln nerviger Aufgaben, befreit von unliebsamen Anstrengungen, insgesamt befreit von jeglicher Notwendigkeit.

Schon in der Beschreibung des paradiesischen Lebens im Garten Eden finden wir sehr ähnliche Wunschvorstellungen. Es ist erstaunlich, wie alt der menschliche Traum eines Lebens ohne Verpflichtungen und Anstrengungen ist.

Ein Versprechen mit Haken

Ob privat oder am Arbeitsplatz – dank autonomer Staubsauger, digitaler Tools und smarter Helferlein gewinnen wir angeblich mehr Zeit für Freundinnen oder Kunden. Das klingt gut. Aber ist es auch realistisch? Werden diese Versprechen eingelöst? Werden wir in zehn Jahren dank KI, automatisierter Produktion und neuer Services effizient, fokussiert und entspannt durch den Tag schweben? Werden wir weniger Zeit mit nervigen Aufgaben im Haushalt und Büro verbringen und stattdessen mehr Zeit mit unseren Liebsten genießen?

Im Grunde klingt das erstmal plausibel. Wenn alles effizienter wird, dann müsste unser Leben in der Tat entspannter werden. Werden alle Aufgaben immer schneller erledigt oder sogar komplett automatisiert, dann müssten wir bald sehr viel freie Zeit zur Verfügung haben.

Doch etwas ist seltsam: In den letzten Jahrzehnten ist die Technisierung unserer Lebenswelten bereits stark vorangeschritten, gleichzeitig ist das subjektive Stresslevel immer weiter gestiegen. Wenn frühere Visionärinnen und Visionäre hätten sehen können, mit welch spektakulären Technologien wir heute hantieren, wären sie vor Begeisterung ganz aus dem Häuschen gewesen. In den letzten hundert Jahren wurden derart viele bahnbrechende Innovationen auf den Markt gebracht, dass wir doch längst den utopischen Zustand erreicht haben müssten, von dem die Menschheit so lange träumt! Wenn wir bedenken, wie zeitaufwendig allein das Heizen oder Waschen früher war, wohingegen wir heutzutage nur ein paar Knöpfe drücken – müsste das Paradies nicht bereits zum Greifen nah sein? Müssten wir nicht alle total entspannt sein, zumindest in den wohlhabenden Ländern Europas?

Tatsächlich ist das nicht der Fall. Das Stressniveau steigt – und zwar nicht nur bei ärmeren Menschen, die sich weniger Technik, Komfort und Freizeit leisten können. Im Gegenteil, in Deutschland sind ausgerechnet Menschen mit höherem Haushaltseinkommen statistisch gestresster als diejenigen mit einem geringen Einkommen.[16] Das liegt möglicherweise daran, dass in Haushalten mit höherem Einkommen oft zwei Personen leben, die beide voll arbeiten. Jedenfalls schützt Geld nicht vor Stress. Und auch über die Altersgrenzen hinweg nimmt der Stress allgemein zu – allein in den letzten zehn Jahren um zwölf Prozent.[17] Mehr als ein Viertel der Menschen in Deutschland ist mittlerweile häufig gestresst. Auch in den Ländern des globalen Nordens besteht diese Entwicklung, etwa in den USA.[18]

Insgesamt ist laut einer Studie der Techniker Krankenkasse mehr als die Hälfte der Bevölkerung der Überzeugung, dass das Leben heute stressiger ist als vor 15 bis 20 Jahren. Diese Überzeugung sollten wir ernst nehmen. Wie können wir sie erklären?

Die Gründe sind vielfältig und abhängig von komplexen gesellschaftlichen Strukturen. Einige Stressfaktoren wurden in der Studie jedoch klar identifiziert:

- zu viel Arbeit
- Termindruck und Hetze

– Unterbrechungen und Störungen
– Informationsüberflutung

Das ist ein gravierendes Problem, nicht nur für das Lebensglück, sondern auch für die eigene Gesundheit. Stress fördert Herz-Kreislauf-Erkrankungen, Krebs, Leber- und Lungenerkrankungen.[19] Die Lebenserwartung sinkt, Erschöpfung, Rückenleiden, Erkältungen nehmen zu. Insgesamt geht es den häufig Gestressten gesundheitlich signifikant schlechter als den selten Gestressten.[20]

Wie können wir diese dramatische Situation zum Besseren wenden? Werden uns digitale Tools und Künstliche Intelligenzen helfen? Werden wir weniger »Hetze« erleiden, wenn wir Aufgaben schneller erledigen können, und uns deshalb mehr Zeit zur Verfügung steht, im Job wie auch privat? Derzeit hat fast jede dritte Person in Deutschland das Gefühl, dass Familie und Freunde aufgrund der Belastung oft zu kurz kommen.[21] Rund 25 Millionen Menschen empfinden eine dauerhafte Zeitnot und fühlen sich gehetzt.[22] Mehr Zeit für das Wesentliche zu haben, ist also ein verlockendes Versprechen. Wie können wir es wahr werden lassen? Haben wir noch nicht genug Technik? Oder ist gerade die Technisierung ein Teil des Problems?

Rebounds – Wenn der Schuss nach hinten losgeht

Es ist ein sonniger, klarer Tag. Wer hinaufblickt zu den gewaltigen Bürogebäuden, die in den Himmel ragen wie Kirchtürme aus Stahl und Glas, könnte meinen, die Fenster funkelten und tanzten in der Sonne. Und wie die Sonne scheint – hier in Dubai.

Hoch oben, in einem dieser Wolkenkratzer, wendet sich ein Mann lächelnd seinem Smartphone zu. Wer auf diesem Stockwerk ein Büro hat, der hat es nach ganz oben geschafft. Was macht dieser gutaussehende Mitvierziger auf seinem Handy? Irgendetwas bestellt er. Dann geht er los, entspannt und doch mit einer gewissen Zielstrebigkeit. Dieser Mann weiß, wo er hinwill.

Er betritt das Dach des Wolkenkratzers; in diesem Moment landet hier ein futuristisches Gefährt: wie ein Helikopter – weiß, leise, federleicht. Offenbar fliegt er völlig autonom. Mit einem schwer zu deutenden Lächeln steigt der Geschäftsmann in die überdimensionale Drohne. Wie von Zauberhand setzt sie sich in Bewegung, und seine Gesichtszüge entspannen sich vollends, als er über die Großstadt schwebt, nach einem erfolgreichen Tag, wie jeden Tag, in Richtung Sonnenuntergang.

So sehen wir es in einem Werbespot des deutschen Herstellers Volocopter, der schon in naher Zukunft autonom fliegende Personendrohnen auf den Markt bringen will. Mehr als 2000 Testflüge hat das Flugtaxi bereits absolviert, das wirtschaftliche Potenzial ist gewaltig. Mittlerweile wird das deutsche Unternehmen mit rund 1,7 Milliarden Euro bewertet, zu den Investoren gehören unter anderem Daimler.[23] Der Slogan: »Wir erwecken urbane Luftmobilität zum Leben.«

Ist diese Vision realistisch? Rein technisch betrachtet, schon. Solche Gefährte werden möglich sein, gesteuert von Künstlicher Intelligenz. Ein anderer Punkt jedoch gibt Anlass zum Zweifeln: Ist es realistisch, dass unser charismatischer Geschäftsmann derart entspannt in seiner Drohne sitzt? Wenn wir uns anschauen, wie Technik bisher in gesellschaftliche Strukturen integriert wurde, lautet die Antwort: leider nein. Denn die neu gewonnene Zeit durch dieses schnelle Transportmittel wird voraussichtlich weniger zum Entspannen genutzt werden als vielmehr dafür, noch mehr auf die Kette zu bekommen.

Wahrscheinlich wird der Mann dank Drohne noch mehr Meetings in den Tag hineinquetschen als vorher. Das mag in der Anfangsphase ein freiwilliger Schachzug sein, doch die Konkurrenz schläft nicht und steigt ebenfalls auf Drohnen um. Bald verschaffen die zusätzlichen Meetings keinen Vorsprung mehr, sondern avancieren zum Standard. Vor meinem geistigen Auge sehe ich den Geschäftsmann vor mir, wie er aus dem Gebäude hetzt. Kaum hat er sich in die Drohne gesetzt, klappt er hastig den Laptop auf, um noch schnell eine Präsentation fertig zu machen …

Das Versprechen, durch Technik mehr Zeit für das Wesentliche zu gewinnen, geht in der Realität selten auf; stattdessen wird der Alltag häufig schnelllebiger. Dieses Phänomen wird in der Forschung als zeitlicher Reboundeffekt bezeichnet.

Ein Reboundeffekt tritt auf, wenn ein Prozess effizienter wird und gerade deshalb der Output erhöht wird.[24] Ein Beispiel hierfür stammt aus dem Bereich der Mobilität: In den letzten zwei Jahrhunderten haben sich die Möglichkeiten, von A nach B zu kommen, spektakulär erweitert. Fahrräder auf asphaltierten Strecken, Straßenbahnen und natürlich die Erfindung des Autos sorgen dafür, dass Menschen viel schneller an ihr Ziel kommen als zu Fuß oder mit dem Pferd. Haben wir deshalb mehr Zeit zur Verfügung? Nein, wir verbringen ähnlich viele Stunden mit unserer Fortbewegung wie unsere Vorfahren. Der Unterschied liegt woanders: die Strecken, die wir heute zurücklegen, sind sehr viel länger als früher. In den Verkehrswissenschaften wird dieses Phänomen als konstantes Reisezeitbudget bezeichnet. Mit anderen Worten: Egal wie schnell unsere Transportmittel sind, wir sind trotzdem nicht kürzer unterwegs.[25]

Wenn wir genau hinschauen, können wir überall solche Rebounds entdecken – nicht nur zeitliche. Stellen wir uns vor, mein Kühlschrank ist eine alte Kiste und ich bekomme nun ein neues, energiesparendes Modell geschenkt. Wird sich mein ökologischer Fußabdruck verringern? Dieser Gedanke ist naheliegend, denn ich verbrauche weniger Strom als vorher. Allerdings spare ich dadurch auch Stromkosten und das ist der entscheidende Punkt: Wenn ich das gesparte Geld spende, um Bäume zu pflanzen, dann habe ich der Umwelt sogar doppelt geholfen: durch den geringeren Stromverbrauch und die gepflanzten Bäume. Kaufe ich mir am Ende des Jahres von dem gesparten Geld jedoch einen Billigflug nach London, ist der Schuss nach hinten losgegangen. Dann hat der energiesparende Kühlschrank dazu geführt, dass ich insgesamt mehr Energie verbrauche als vorher.

Energiesparende Kühlschränke sind isoliert betrachtet also weder gut noch schlecht für die Umwelt, sondern bieten Potenziale in beide Richtungen. Ob der Gesamteffekt positiv oder negativ ist, hängt davon ab, wie diese Technologien ins System integriert werden. Gleiches gilt für viele digitale Technologien.

Wenn man sich Werbespots von Rasenmährobotern anschaut, sieht man häufig eine Person im Hintergrund, die es sich in ihren Gartenmöbeln gemütlich macht. Endlich kannst du dich zurücklehnen, die Arbeit wird jetzt für dich erledigt – das ist hier das Versprechen. Aber wird es in der Realität so aussehen?

Für viele Menschen ist das Rasenmähen eine fast schon meditative Tätigkeit. Wenn sie in der durch Roboter »gewonnenen« Zeit künftig noch mehr Dinge erledigen, sind sie am Ende vielleicht gestresster als vorher. Ein bereits heute frappierendes Beispiel für solche Rebounds sind E-Mails oder Messenger-Nachrichten. Diese sind viel schneller und unkomplizierter verschickt als jeder Brief. Gerade deshalb steigt jedoch die Menge an Nachrichten, was viele wiederum belastet. Eine Technologie, die unser

Leben eigentlich entlasten sollte, kann es in der Praxis anstrengender machen. Wenn dies geschieht, ist der Schuss nach hinten losgegangen.[26]

Auch selbstfahrende Autos könnten ähnliche Effekte haben. Aktuell verbringen Menschen in Deutschland zusammengerechnet mehrere Milliarden Stunden jährlich damit, ein Steuer in der Hand zu halten und geradeaus zu schauen. Hier könnten durch KI-Steuerung eines Tages gewaltige Massen an Zeit freigesetzt werden. Die Gefahr ist jedoch, dass wir all die gewonnene Zeit nutzen, um immer mehr Dinge zu erledigen, Erlebnissen nachzujagen und Verpflichtungen einzugehen. Wenn wir während der Fahrt arbeiten, konsumieren und dreißig Nachrichten schreiben, könnten wir durch das selbstfahrende Auto gestresster am Ziel ankommen als heute – und das, obwohl wir uns nicht mehr im Berufsverkehr aufzuregen brauchen. Ähnliches gilt für KIs, die unsere Kalender verwalten, Heimroboter, die für uns putzen, oder smarte Formulare, die uns die Bürokratie erleichtern. Überall locken Erleichterung, Entlastung und gewonnene Zeit. Ob sich diese Hoffnung erfüllen wird, bleibt abzuwarten und wird auch von uns selbst abhängen.

Deshalb sollten wir genau hinschauen, *wofür* wir eigentlich Zeit sparen oder unser Leben erleichtern wollen. Genau das kommt aber häufig zu kurz. Dann gerät der Sinn unter die Räder: Wir sparen und optimieren, beschleunigen und vereinfachen ohne jede Vorstellung davon, wozu eigentlich. Stattdessen gibt es nur eine vage Vorstellung eines »besseren« Lebens, die uns antreibt und verführt. Von allen Seiten glitzern uns Versprechen entgegen, diesem Ziel etwas näher zu kommen. Doch wenn wir tatsächlich darüber reflektieren würden, *wofür* wir Zeit sparen wollen – was wirklich zählt im Leben –, dann würden wir feststellen, dass es dafür all die Apps nicht braucht. Sehr häufig könnten wir schon heute unsere Prioritäten bewusster setzen und vorhandene Freiräume besser nutzen.

Im Rausch der Geschwindigkeit

Reboundeffekte sind ein Grund, warum technologische Fortschritte nicht immer zu einer Entlastung führen, sondern oft sogar das Gegenteil bewirken. Gerade weil uns allerlei digitale Helfer zur Verfügung stehen, machen wir uns mehr Druck denn je.

In der Folge kommt es in vielen Bereichen zu einer Beschleunigung des Lebens. Dieses Phänomen wurde vor allem in der Soziologie intensiv untersucht, im Fokus steht dabei die Epoche der gesellschaftlichen Moderne. Dieser soziologische Zeitabschnitt begann mit der industriellen Revolution und der Aufklärung im 18. Jahrhundert und dauert bis heute an, wenngleich mittlerweile von der »Spätmoderne« gesprochen wird.[27] Es ist erstaunlich, dass der Soziologe Georg Simmel bereits im Jahr 1895 erkannte, dass die Epoche der Moderne mit einem erhöhten Lebenstempo einherging.[28] Die große Technisierung unserer Welt – die Industrialisierung – führte also von Anfang an zu einer zeitlichen Verdichtung und einem Anstieg des Stresslevels.

Im Grunde ist das kein Wunder. Denn die moderne Technisierung und Ökonomisierung folgen der Logik des Habens. Diese Logik ist unmittelbar mit einem Drang nach Steigerung verknüpft. Erich Fromm brachte diesen Zusammenhang auf den Punkt: »Wenn Haben mein Ziel ist, *bin* ich umso mehr, je mehr ich *habe*.«[29] Das heißt, der Ansatz einer umfassenden Technisierung verlangt geradezu nach permanenter Steigerung. Heutzutage wird das leicht sichtbar, denn obwohl der Homo sapiens eine ungeahnte Macht über die natürliche Welt ausüben kann, ist sein Hunger nie gestillt. Mit höchster Intensität wird daran gearbeitet, noch mächtigere Technologien zu entwickeln und sogar zum Mars zu reisen.

Höher, schneller, weiter! Leider steigt die Lebensqualität nicht gleichermaßen. Das Wachstum und die Steigerungslogik haben viele Vorteile, aber eben auch Schattenseiten, darunter das hohe Stressniveau. Häufig entsteht der berechtigte Eindruck: Wer nicht weiterkommt, wird abgehängt; Stillstand bedeutet automatisch Verlust. Der Soziologe Hartmut Rosa vergleicht diese gesellschaftliche Architektur mit einer nach unten laufenden Rolltreppe: Wer stehen bleibt, fährt abwärts.[30] Denn zahlreiche Subsysteme basieren auf einer »dynamischen Stabilisierung«. Gemeint ist damit, dass Steigerung, Beschleunigung und Wachstum – also eine Dynamik – notwendig sind, um das System zu stabilisieren.[31] Der französische Philosoph Paul Virilio prägte 1990 den treffenden Begriff des »Rasenden Stillstands«, um diese paradoxe Zeitformation zu beschreiben: Wir rennen in die Zukunft und kommen doch nicht vom Fleck.

Es ist naheliegend, dass die fortschreitende Digitalisierung diese ziellose Beschleunigung noch verschärft. Denn wie bei keiner vorherigen Technologiewelle ist ihre innere Logik mit Geschwindigkeit verknüpft. Vielleicht erinnern sich manche noch, wie die Megahertz-Zahlen der Computer in den Nullerjahren immer neue Höhen erklommen: von 40 auf 100 und schließlich auf 300 Megahertz. Damals war diese Entwicklung spektakulär, heute hat jedes halbwegs gute Smartphone Mehrkernprozessoren, die es auf mehrere tausend Megahertz bringen. Megahertz, das ist ein Maß für die *Geschwindigkeit der Informationsverarbeitung*. Sie nimmt zu – und zwar exponentiell. Die Generierung, Speicherung, Verarbeitung und Verbreitung von Informationen werden schneller und schneller und schneller. In der Informatik wird diese exponentielle Steigerung als Moore'sches Gesetz bezeichnet.

Diese permanente Beschleunigung der Informationsverarbeitung hat unglaublich viele Folgeeffekte. Nicht nur fahren Computer heute schneller hoch als vor zwanzig Jahren – es sind vor allem ganz neue Anwendungen möglich. Nur weil die Rechenleistung so stark zugenommen hat, konnte zum Beispiel ChatGPT entwickelt und veröffentlicht werden. Das wiederum beschleunigt bestehende Arbeitsprozesse nicht bloß, sondern verändert sie in ihren Strukturen mitunter grundlegend. Der exponentielle Ausbau der digitalen Infrastruktur – Bandbreite des Internets, Auflösung von Bildschirmen, Speicherplatz von Festplatten und so weiter – ist also ein wesentlicher Treiber für einen technologischen und gesellschaftlichen Wandel.

Obwohl während der Hochphase der Covid-19-Pandemie so häufig exponentielle Dynamiken thematisiert wurden, ist es weiterhin enorm schwierig für unseren Verstand, solche Entwicklungen zu begreifen. Das gilt auch für die Entwicklungen von Künstlicher Intelligenz. Ein Grund dafür ist, dass sich die Fortschritte auf verschiedenen Feldern gegenseitig hochschaukeln: Erst die exponentielle Steigerung von Prozessorgeschwindigkeiten hat GPT ermöglicht. Solche KIs können bald den Inhalt von Millionen wissenschaftlicher Studien in sämtlichen Sprachen lesen, verstehen, erinnern und verknüpfen. Damit wird es Sprünge in der Forschung geben, die wir inhaltlich noch nicht erahnen können und die wiederum Entwicklungen auf anderen Feldern anstoßen und den gesellschaftlichen Wandel weiter vorantreiben werden.

Insofern lassen sich Beschleunigungen auf mindestens zwei Ebenen feststellen. Erstens wird der individuelle Alltag beschleunigt, zweitens vollzieht sich der gesellschaftliche Wandel in zunehmendem Tempo. Zwar haben sich Gesellschaften immer schon verändert – Königreiche kamen und gingen. Doch im Gegensatz zum Mittelalter wird der gesellschaftliche Wandel heutzutage sehr stark durch den technologischen, digitalen Wandel vorangetrieben – und dieser hat eine exponentielle Dynamik. Insofern ist es eine Tatsache und nicht bloß ein Gefühl: Die Welt verändert sich immer schneller. Soziale Praktiken sind in rasanter Transformation. Niemals zuvor in der Geschichte haben sich Arbeitswelten, Kommunikation, Dating und Identitäten so schnell verändert wie derzeit.[32]

Auf der Überholspur

Die wunderbaren Versprechen digitaler Innovationen, ein entspanntes Leben führen zu können, sollten uns skeptisch machen. In einigen Fällen mögen sie tatsächlich wahr werden, aber auf gesellschaftlicher Ebene deuten die Zeichen in eine andere Richtung. Das Lebenstempo könnte sich in digital geprägten Gesellschaften sogar noch weiter erhöhen. Außerdem verändern sich durch die Technologien auch gesellschaftliche Strukturen immer schneller – was eine starke Anpassungsleistung der darin lebenden Menschen erfordert. Eine paradiesische Ruhe wirkt damit fern.

Vor allem Informationsflüsse beschleunigen sich rasant. Tageszeitungen werden von Livetickern im Internet abgelöst und die kurzen Videos auf Social Media normalisieren ein Sehverhalten, das früher als Zappen bezeichnet wurde. Im Sekundentakt springen wir von Inhalt zu Inhalt. Telefonate werden teils von E-

Mails und Kurznachrichten abgelöst, an den Börsen werden Papiere in Hochfrequenz gehandelt, das mobile Internet wird auf 5G aufgerüstet, mit KI werden Newsletter in kürzester Zeit erstellt und aufwendige Illustrationen in Sekunden erzeugt. Immer schneller wird alles immer schneller. Das verändert auch den Zeitgeist. In digital geprägten Ökonomien werden Start-ups gefeiert, die besonders agil aufgestellt sind. Große Fabriken sind nicht länger die leuchtenden Flaggschiffe des Kapitalismus, sondern wirken veraltet, behäbig und unterlegen gegenüber den dynamischen Strukturen in Co-Working-Spaces und hippen Lofts, wo neue Ideen in Design-Thinking-Sprints im Minutentakt generiert werden.

Schlanke, schnelle, anpassungsfähige, leichte Strukturen werden zum Leitbild. Wer sich nicht permanent neu erfindet, findet sich rasch auf der Verliererseite wieder. Auf diese Weise wird strukturell und individuell das Tempo erhöht. Es ist beachtlich, auf wie vielen Ebenen gleichzeitig beschleunigt wird: Das Agilitätsmantra in der Unternehmenswelt, die tausend Kurznachrichten auf Messenger-Diensten zwischendurch, die beeindruckend steigende Rechenleistung von Prozessoren – all das bildet einen Gesamtzusammenhang, eine soziotechnische Grundstruktur, die durch Beschleunigung gekennzeichnet ist.

Ob uns die nächste Stufe der Digitalisierung rund um Künstliche Intelligenz wirklich dem *Automatenzeitalter* näherbringt, ist derzeit also fragwürdig. In dem Science-Fiction-Roman spazieren die Menschen des Jahres 2500 komplett entspannt durch ihr Leben. Stundenlang essen, trinken und diskutieren sie vor sich hin, während Maschinen alles Notwendige erledigen. Zu gut, um wahr zu sein? Aktuell muss man leider sagen: Ja. Und das Problem ist weniger die Technologie selbst, sondern die Art, wie sie konkret gestaltet, genutzt und gesellschaftlich integriert wird.

Die begeisterten Ausführungen von ChatGPT-Chef Sam Altman lassen in dieser Hinsicht tief blicken: »Wenn KI überall integriert wird, werden wir Superkräfte auf Knopfdruck haben. Wir werden in der Lage sein, mehr zu tun, mehr zu erschaffen und mehr zu haben.«[33]

Es gibt nicht viele Studien, die den Zusammenhang zwischen Digitalisierung und Lebenstempo gezielt erforschen. Eine der wenigen stammt vom Soziologen und Digitalisierungsexperten Tilman Santarius. Auf Grundlage seiner Daten kommt er zum Schluss: »Je digitalisierter Menschen sind, desto schneller ist ihr Lebenstempo.«[34] Dass die Technologien auf diese Weise eingesetzt werden, ist kein Zufall: Wenn Zeit als Ressource betrachtet wird, als etwas, das genutzt, investiert und optimiert werden muss, liegt es geradezu auf der Hand, das eigene Leben zu beschleunigen, um die eigenen Ziele effizienter zu erreichen. Bei diesem Streben in die Zukunft hinein droht die Gegenwart auf der Strecke zu bleiben. In ihr aber leben wir – und so laufen wir Gefahr, das eigene Leben zu verpassen.

Es ist nicht leicht, sich von dieser Haltung frei zu machen. In vielen Bereichen wird uns diese Logik aufgedrängt, manchmal bleibt sogar kaum eine andere Wahl. Zum Beispiel kann kaum eine Arbeitnehmerin die durch die Verlagerung von Briefverkehr auf E-Mail gewonnene Zeit nutzen, um ihre Aufgaben ruhiger und langsamer auszuführen oder früher nach Hause zu gehen. Wie wir mit den technologischen Möglichkeiten umgehen, ist nicht nur eine Frage unserer persönlichen Entscheidung, sondern wird sehr häufig durch die Strukturen bedingt, in denen wir uns bewegen. Dass Technologie so häufig nicht zu echten Entlastungen führt, liegt nicht nur am individuellen Gebrauch, sondern auch an den Umsetzungen in Organisationen und Unternehmen und an den Architekturen moderner Gesellschaften.

Seit der Einführung des Smartphones ist das Stresslevel gestiegen, nicht gesunken. Das hat sicher vielfältige Gründe. Aber wenn wir den bisherigen Überlegungen folgen, dann sind Technologien innerhalb dieses komplexen Zusammenhangs in ihrer *Grundtendenz* ein Teil des Problems – nicht ein Teil der Lösung.

Sowohl individuell als auch strukturell können wir neue Wege erkunden, wie Technologien tatsächlich unsere Freiräume erweitern, anstatt das Leben weiter zu beschleunigen. Für eine gute gesellschaftliche Zukunft wäre das entscheidend. Heute lässt der ständige Zustrom von Informationen und Reizen oft zu wenig Zeit, um diesen Input wirklich aufzunehmen und in unseren mentalen Rahmen einzusortieren. Auf diese Weise droht eine Form von Unmündigkeit durch Überforderung und Ablenkung. Es bleibt einfach zu wenig Raum und Muße, um tiefergehend nachzudenken. Das ist in vielerlei Hinsicht problematisch, es macht uns anfälliger für Manipulationen, für Irrtümer und eine Lebensweise, bei der wir unsere Ziele aus den Augen verlieren. Aber nicht nur unser eigenes Wohlbefinden kann leiden. Eine rastlose Lebensweise hat auch Auswirkungen auf unsere Umwelt: Konsum auf Knopfdruck und ständige Verfügbarkeit bedeuten auch eine höhere Umweltbelastung durch Produktion, Transport und Verbrauch. Wie können wir die Potenziale neuer Technologien besser nutzen?

Von Puzzlesteinen zum ganzen Bild

Wenn wir über die Auswirkungen von Technologien nachdenken, ist es entscheidend, den gesamten Kontext zu betrachten. Genau das geschieht aber zu selten. Stattdessen werden kommende Innovationen *ceteris paribus* betrachtet, also ohne Berücksichtigung von strukturellen Folgeeffekten. Nehmen wir das Beispiel digitalisierter Mobilität: In deutschen Großstädten besteht 20 bis 30 Prozent des Verkehrs darin, Parkplätze zu suchen. Eine digitale Zuweisung von Parkplätzen könnte die Verkehrsbelastung also deutlich reduzieren.[35] Allerdings würde der Autoverkehr in Städten durch die wegfallende Parkplatzsuche auch attraktiver werden. Menschen würden daher möglicherweise noch häufiger das Auto benutzen als vorher und in der Summe hätten wir mehr Verkehr als heute.

An diesem Beispiel lässt sich eine allgemeine Struktur ableiten: Für komplexe Probleme gibt es fast nie eine simple technische Lösung. Wenn man nur auf technische Innovationen setzt und versucht, das Verkehrsaufkommen durch digital vergebene Parkplätze zu reduzieren, geht der Schuss nach hinten los. Natürlich hat eine solche Innovation ein positives Potenzial, aber dieses lässt sich nur realisieren im Zusammenspiel mit strukturellen – häufig politischen – Maßnahmen und auch Verhaltensänderungen. Erst in einem klugen Gesamtkonzept zur Verringerung des Autoverkehrs werden digitale Lösungen für die Parkplatzsuche einen positiven Beitrag leisten können.

Das Gleiche gilt in fast allen anderen Bereichen – ob privat, in Unternehmen oder in der Gesellschaft. Neue Technologien können nur Bausteine sein, aber fast nie eine Lösung. Genau das versprechen wir uns aber häufig vom technischen Fortschritt. Es herrscht eine fast schon religiös anmutende Hoffnung auf einen *Technofix*, und es ist nachvollziehbar, was der Charme daran ist: Wenn wir unsere Probleme technisch lösen könnten, müssten wir nicht umdenken, nicht an uns arbeiten, uns nicht verändern und anpassen, uns nicht auf neue Strukturen und Regeln einlassen. Wir könnten einfach weitermachen wie bisher. Irgendjemand entwickelt eine neue App und zack – Problem gelöst.

Der Glaube an einen Technofix ist nicht nur im Nachhaltigkeitsbereich problematisch. Wenn wir die Versprechen von mehr Zeit in den Blick nehmen, dann wird deutlich, dass sich diese Versprechen nur in einem Zusammenspiel mit nicht technologischen Änderungen einlösen lassen. Viel entscheidender als ein technischer ist ein sozialer Wandel, der mehr Menschen mehr Freiräume gibt für das, was ihnen wichtig ist.

In den nächsten Jahren sind gewaltige Effizienzsteigerungen wahrscheinlich. Im Alltag werden Menschen zunehmend von digitalen Assistenten mit Künstlicher Intelligenz unterstützt, in Unternehmen können Prozesse beschleunigt werden, Formulare werden automatisch ausgefüllt und Präsentationen in Minuten erstellt. Insgesamt werden viele, viele Stunden menschlicher Lebenszeit freigesetzt. Mit welchen Auswirkungen? Verschiedene Szenarien sind vorstellbar.

Es ist denkbar, dass wir dadurch entspannter werden – dass wir endlich mehr Zeit haben, um in Ruhe kluge Konzepte zu entwickeln, mit Kollegen über unsere Gefühle zu sprechen, zu meditieren, Bücher zu lesen oder mit unseren Kindern zu spielen. Es ist ebenso denkbar, dass wir noch gestresster werden als heute: Journalistinnen und Journalisten müssen acht statt zwei Artikel an einem Tag schreiben – KI kann ja dabei unterstützen; Menschen quetschen noch mehr To-dos in eine Woche; in Unternehmen müssen die Mitarbeitenden noch mehr Projekte parallel bearbeiten.

In der Realität wird es möglicherweise eine Überlappung dieser Szenarien geben; im echten Leben gibt es selten Schwarz und Weiß, sondern ein Spektrum, eine Mehrschichtigkeit und Gleichzeitigkeit. Die paradigmatische Gegenüberstellung verschiedener Szenarien kann uns aber helfen, die grundsätzlichen Dynamiken besser zu verstehen und ein Bewusstsein dafür zu entwickeln, dass die Zukunft nicht vorgezeichnet ist. Wir können sie gestalten.

Mut zur Gestaltung

Wir können die Zukunft gestalten – vielleicht klingt diese Aussage selbstverständlich. Umso erstaunlicher ist es, wie häufig das Gegenteil suggeriert wird. Als wäre die Zukunft – und insbesondere der technische Fortschritt – etwas, das über uns hineinbricht. Als wäre die Technisierung unserer Lebensbereiche ein unvermeidliches Schicksal. Aus dieser Sicht müssen zum Beispiel Unternehmen auf die fortschreitende Digitalisierung *reagieren*, indem sie sich anpassen und mitmachen. Aber wenn alle nur reagieren, wer agiert dann? Entscheiden wirklich nur eine Handvoll von Techkonzernen, wie das Leben der gesamten Menschheit in Zukunft aussieht?

Diese Sicht verschleiert, dass jedes einzelne Unternehmen, das seine Strukturen digitalisiert, selbst wiederum den digitalen Wandel mitformt. Dafür existiert aber kaum ein Bewusstsein – kaum jemand fühlt sich wirklich verantwortlich für »die Digitalisierung«. Alle reagieren bloß auf einen Wandel, um selbst nicht unterzugehen. Selbst große Konzerne mit starker Marktmacht fühlen sich häufig wie Getriebene.

Dahinter steht eine häufig unbewusste Annahme, die in der Soziologie auch als *Technikdeterminismus* bezeichnet wird. Es ist die Annahme, dass die technologische Entwicklung eine Art Eigenleben hat, das sich kaum aufhalten oder auch nur steuern lässt. Als wäre der technische Pfad bereits determiniert, also vorgezeichnet, und nicht veränderbar. In dieser Vorstellung ist Technologie wie eine unausweichliche Welle, die auf uns zurollt, eine Naturgewalt, die sich unserer Kontrolle entzieht.

Diese Perspektive kommt auch in unseren Redeweisen zum Ausdruck. Auf Businesskonferenzen werden unzählige Vorträge darüber gehalten, »was auf uns zukommt«, »wie die Kunden von morgen ticken werden« – kurz: wie die Welt morgen aussehen wird.

Aussehen »wird« – diese Redeweise lenkt unsere Aufmerksamkeit auf die Kernfragen: In welcher Zukunft werden wir leben? Wie wird Künstliche Intelligenz unser Leben und unsere Gesellschaft verändern? Ich will diesen Fragen nicht jede Berechtigung absprechen und auch in diesem Buch werden sie immer wieder aufgeworfen. Aber viel wichtiger sind die Fragen, in welcher Zukunft wir leben wollen und wie wir Künstliche Intelligenz in unser Leben und unsere Gesellschaft integrieren wollen.

Die Redeweise einer Zukunft, die sein »wird«, drückt bereits grammatikalisch aus, dass wir diese Zukunft nicht wirklich gestalten können. Als wäre sie bereits festgeschrieben. Der Technikphilosoph Armin Grunwald bezeichnet diese Zeitform als *konstatives Futur*.[36] Die Zukunft wird konstatierend beschrieben und sie wird versucht vorherzusagen. Die Zukunft kann aber nicht sicher vorhergesagt werden. Und das liegt nicht daran, dass wir zu wenig Wissen über die Zukunft haben – sondern daran, dass die Zukunft offen und gestaltbar ist.

Die Zeitform des *normativen Futurs* mit der Leitfrage: »In welcher Welt *wollen* wir morgen leben?« verlagert automatisch den Fokus auf unsere Gestaltungsmöglichkeiten und Wertevorstellungen. Diese Zeitform fragt danach, wie wir uns eine wünschenswerte Zukunft vorstellen und nicht bloß eine wahrscheinliche. Diese Zeitform eröffnet den Raum, darüber nachzudenken, welche Schritte wir unternehmen können, um eine wünschenswerte Zukunft zu ermöglichen.

Die häufig unausgesprochene Annahme eines Technikdeterminismus lähmt sowohl einzelne Unternehmen als auch unsere Demokratie. Technologie ist immer von Menschen geschaffen und kann daher von Menschen geformt werden. Es ist entscheidend, dass der technische Wandel gestaltet und dabei vor allem: an Zielen ausgerichtet wird.

Mehr Technologie ist nicht automatisch besser, auch wenn uns dies permanent suggeriert wird. In einer sehr griffigen Formel bringt der ehemalige Telefónica-Chef Thorsten Dirks dies auf den Punkt: »Wenn Sie einen Scheißprozess digitalisieren, dann haben Sie einen scheiß digitalen Prozess.«[37] Mit anderen Worten: Technologie allein löst unsere Probleme nicht. Wir müssen ganzheitlicher denken.

In welcher Welt wollen wir leben? Diese Frage sollten wir uns also zuerst stellen. Erst danach folgt die Frage, wie Technologie uns auf diesem Weg helfen kann. Aus dieser Sicht können digitale Innovationen ein Mittel darstellen, nicht aber selbst Ziel und Zweck sein.

Wenn man auf diese Weise darüber nachdenkt, klingt all das möglicherweise selbstverständlich. Und doch geht dieses Bewusstsein an vielen Stellen unter. Selbst große Unternehmen oder Bildungsträger vermitteln häufig den Eindruck, dass ihr Grundprinzip ist: Hauptsache, wir nutzen KI irgendwie; Hauptsache, wir setzen mehr Digitalisierung um, das ist jetzt superwichtig. – Aber warum? Mit welcher konkreten Zielsetzung? Und warum sind die Ziele nicht bereits ohne neue Technologien erreicht worden? Welche komplexen Probleme sollen hier einfach und schnell gelöst werden? Was ist die eigentliche Problemwurzel, die man lieber nicht anpacken möchte?

Eine deutsche Partei hat diese Denkweise im Wahlkampf in den knackigen Slogan gegossen: »Digital first, Bedenken second«. – Nein, bitte nicht. Wir sollten uns zuerst Gedanken machen, wo wir eigentlich hinwollen und erst dann, wie Digitalisierung dabei unterstützen kann. Digitalisierung ist kein Selbstzweck.

Natürlich wirkt es erstmal cool, wenn eine vernetzte Kaffeemaschine selbständig neues Pulver bestellen kann, sobald sich der Vorrat dem Ende neigt. Aber für welches Problem ist dies eine Lösung? Wer hat jemals ernsthaft darunter gelitten, selbst neues Kaffeepulver kaufen oder bestellen zu müssen?

Wenn wir das *Wozu* wieder stärker in den Mittelpunkt stellen und Tools an sinnvollen Zielen ausrichten, werden wir den Begriff der »Innovation« automatisch breiter denken. Es gibt nicht nur technologische, sondern auch soziale und strukturelle Innovationen.[38] Neue Formen des Zusammenlebens, neue Formen, miteinander Konflikte auszutragen oder die Geschichte der eigenen Identität zu erzählen – all das kann ebenso innovativ sein wie Künstliche Intelligenz. All das kann ein entscheidender Baustein sein, um gemeinsam einer wünschenswerten Zukunft näher zu kommen.

Zu Beginn des Liberalismus finden wir hierzu bereits Überlegungen. So schrieben die Philosophin Harriet Taylor Mill und ihr Ehemann John Stuart Mill schon im 19. Jahrhundert, dass gesellschaftlicher Fortschritt sehr wesentlich durch die »Lebensformexperimente« einzelner Personen und Gruppen ermöglicht würde.[39] Im Verbund mit solchen sozialen Innovationen können technische Erfindungen dann eine hilfreiche Rolle einnehmen.

Wenn gewonnene Zeit zum echten Gewinn wird

Die Ziele im Blick behalten – das ist nicht nur auf gesellschaftlicher Ebene wichtig, sondern auch im Privaten. Wenn wir an die Beschreibung von Ortega y Gasset denken: »Technik ist die Anstrengung, uns Anstrengungen zu ersparen« – dann sind die zentralen Fragen, welche Anstrengungen wir uns überhaupt ersparen wollen und warum. Was fangen wir an mit den gewonnenen Freiräumen? Wofür wollen wir uns entlasten?

Wenn wir hierfür ein stärkeres Bewusstsein entwickeln, kommen wir dem *Automatenzeitalter* vielleicht einen Schritt näher. Natürlich können die gegenwärtigen und kommenden Technologien auch Freiräume schaffen, in denen wir verweilen, einander zuhören und Resonanz erfahren. Damit das möglich ist, müssen wir uns gerade diese Zeit aber auch tatsächlich nehmen, wir müssen sie selbstbestimmt erobern, anstatt uns von der Logik fortwährender Steigerung und Beschleunigung beherrschen zu lassen.

Technik entspricht in ihrer inneren Struktur den Haltungen des Habens und der Weltbeherrschung. Sie ist darauf ausgerichtet, die menschliche Kontrolle auszuweiten. Das ist gut und wichtig und war historisch betrachtet ein großer Faktor für das Überleben unserer Spezies. Aber wenn Technik sich ausdehnt von einem Bestandteil unseres Lebens hin zu einem zentralen Strukturmerkmal, dann müssen wir wachsam sein, dass die Haltung des Habens nicht gleichermaßen mitwächst. Digitale Technologien entfalten dort ihr größtes Potenzial, wo sie das Analoge stärken. Und Technik, als Praxis des Habens, wirkt vor allem dort positiv, wo sie Räume für das Sein erweitert.

Im Rausch der Innovationen, zwischen Heimrobotern, sprechenden KIs und Drohnentaxis sollten wir immer wieder innehalten und uns fragen: Macht all das unser Leben wirklich einfacher? Was sind wünschenswerte Zukünfte für uns und unsere Gesellschaft? Wie sieht darin ein konstruktives Miteinander von technologischen und sozialen Innovationen aus?

Diese übergeordneten Fragen lassen sich auf vier miteinander verknüpfte Ebenen übertragen. Auf all diesen vier Ebenen kann Technologie bewusst gestaltet und an Zielen ausgerichtet werden, anstatt zum Selbstzweck oder glitzernden Heilsversprechen zu verkommen. *Endlich mehr Zeit* – das wird nicht von allein passieren, sondern nur, wenn wir uns diese Zeit nehmen.

1. **Mikroebene:** Privat können wir uns fragen: Wofür möchte ich mich entlasten? Was ist mir wirklich wichtig? Was sind meine echten Prioritäten und richte ich mein Leben tatsächlich daran aus? Wo laufe ich Luftschlössern hinterher?
   Sehr häufig lassen sich unsere Probleme nicht technisch lösen, sondern wir müssen dafür größere Schritte wagen. Wenn uns das gelingt und wir im Blick behalten, was wirklich zählt, dann kann Künstliche Intelligenz uns in einigen Bereichen entlasten, anstatt den Stress noch zu erhöhen. Aber sie wird immer nur ein Baustein sein und nicht die entscheidende Erlösung.
2. **Mesoebene:** Unternehmen, Organisationen, Schulen können sich fragen: Was ist unsere Zielvision und unsere Rolle in der

Gesellschaft? Wo brauchen wir mehr Mut zur Veränderung? Vor welchen komplexen Problemen verschließen wir die Augen, wenn wir unsere Hoffnungen auf Technologie setzen? Erst im Zusammenspiel mit neuen Strukturen und einem kulturellen Umdenken kann Künstliche Intelligenz zum echten Gewinn werden. Dann könnte KI dazu beitragen, dass Mitarbeitende mehr Zeit für ihre Kernaufgaben haben und dafür, sich aufmerksam auf menschliche Begegnungen einzulassen. Vielleicht wird auch eine Vier-Tage-Woche in vielen Unternehmen möglich. Ohne derartige Zielvorstellungen und kulturelle Veränderungen winken jedoch schnell weitere Arbeitszeitverdichtung, unnötig komplizierte Prozesse und unzufriedenere Mitarbeitende.

3. **Makroebene:** In einer demokratischen Gesellschaft können wir gemeinsam überlegen: Was ist unsere Vision für eine Welt von morgen? Wie sähe unsere Wunschvorstellung aus, wenn wir aufhören, vor allem über angebliche Sachzwänge und technische Details zu diskutieren? Wie wollen wir zusammenleben? Nur wenn die Entwicklung aktiv gestaltet wird, kann Künstliche Intelligenz zum Beispiel eine Reduzierung von Arbeitszeit ermöglichen, ohne dabei soziale Ungleichheiten zu verschärfen. Eine Gesellschaft mit einer hypergestressten Gruppe im Hamsterrad und einer zweiten, arbeitslosen, abgehängten Gruppe ist keine Wunschvorstellung. *Endlich mehr Zeit für dich!* – das klingt nach Privatsache, muss aber gesellschaftlich ermöglicht werden. Wir leben in einer Zeit, in der die Zeitverteilungen massiv transformiert werden. Ohne Zielvorstellung laufen wir in die Irre.
4. **Technologiedesign:** Wie muss Technik designt sein, damit das Versprechen aufgeht?

   Wie eine Innovation genutzt wird, hängt nicht nur von den

Nutzenden ab, sondern auch stark von der Technik selbst. Häufig steckt der Teufel im Detail. Zum Beispiel machen die großen Social-Media-Plattformen auch deshalb süchtig, weil der Feed nie endet und nicht aktiv neu geladen werden muss; aufgrund der Like-Struktur und vieler weiterer Details. Es geht an der Realität vorbei, nur über einen verantwortungsvollen und gesunden Umgang mit solchen Technologien zu reden. Sie müssen auch so designt sein, dass sie einen gesunden Umgang ermöglichen und fördern. Gleiches gilt für Künstliche Intelligenz: Ihr Einfluss auf Menschen und Gesellschaften hängt stark vom konkreten Technologiedesign ab.

Wenn wir den Mut und den Willen haben, aus einer reaktiven Haltung herauszutreten und die Entwicklung aktiv in die Hand zu nehmen, als Einzelperson, als Organisation und als Gesellschaft, dann wird unsere Welt zwar weder so glitzern wie in einer Werbung noch so glatt sein wie ein Smartphone – sie wird nicht perfekt sein, aber selbstverständlich ist eine gute Zukunft dann möglich.

2

DU BIST NICHT ALLEIN!

Wir befinden uns in einem kleinen Zimmer tief unter der Erde. Sechs Ecken hat es, wie eine Bienenwabe. Obwohl es weder Fenster gibt noch eine Lampe, ist der Raum von einem sanften Leuchten erfüllt.[1] In der Mitte steht ein Sessel, darin eine Frau, etwa anderthalb Meter groß, mit einem Gesicht weiß wie Pilz. Ihr gehört das kleine Zimmer.

Eine elektrische Klingel läutet.

»Wer ist da?«, ruft sie gereizt. Sie hat Abertausende Bekannte.

Den Hörer am Ohr, breitet sich in ihrem Gesicht ein Lächeln aus. Es ist Kuno, ihr Sohn. Sie antwortet: »Nun gut, unterhalten wir uns, ich isoliere mich jetzt. Ganze fünf Minuten bekommst du von mir.«

So beginnt E.M. Forsters Kurzgeschichte *Die Maschine steht still*. Es ist kaum zu glauben, wie viele Entwicklungen in diesem über hundert Jahre alten Buch vorweggenommen werden. Lange vor der Erfindung des Computers beschreibt Forster eine Welt, in der sich Menschen ausschließlich per Videotelefonie unterhalten. Jeder lebt in seiner eigenen Kapsel. Die *Maschine* sorgt für alles, liefert Essen und Trinken direkt ins Zimmer. Es gibt keinen Grund mehr rauszugehen. Über kleine Geräte diskutieren die Einsiedlerinnen und Einsiedler von morgens bis abends und entwickeln permanent *Ideen*. Wozu sie das alles tun und was damit überhaupt gemeint ist, wird im Laufe des Buches nicht erklärt.

Möglicherweise gibt es keinen Sinn. Trotzdem sind ihre Ideen-Konferenzen eng getaktet. In diesem Zustand der Dauerkommunikation leiden alle unter Zeitmangel. So verbringen sie ihr ganzes Leben vor den Geräten, ihre Körper längst verkümmert, haar- und zahnlos. Aber das macht nichts. Körperliche Anstrengungen oder Berührungen sind dank der *Maschine* nicht mehr notwendig. Jeder bleibt für sich.

»Ich möchte, dass wir uns sehen«, verkündet Kuno seiner Mutter. Sie erstarrt. Das widerspricht dem Zeitgeist. Vashti spürt Panik in sich aufkommen.

Was diese weitsichtige Geschichte aus dem Jahr 1909 so eindrücklich macht, ist die Mischung aus permanenter Kommunikation und gleichzeitiger Abgeschiedenheit. Viele Menschen haben ähnliche Erfahrungen während der Coronapandemie gemacht: von einer Videokonferenz zur nächsten, die ganze Zeit im Gespräch und doch abgeschnitten vor dem Bildschirm. Jeder für sich in seinem Kämmerchen, dem kleinen Turm der Sicherheit. Zumindest während der Pandemie schien Forsters Gedankenexperiment für einen ganzen Teil der Bevölkerung Realität geworden zu sein.

Aber auch in Bars, U-Bahnen oder zu Hause können wir Szenen beobachten, wo Menschen nebeneinandersitzen und gleichzeitig weit voneinander entfernt sind. Jeder wischt für sich über sein kleines Gerät. Jeder ist für sich mit der ganzen Welt vernetzt.

Genau diesen Zusammenhang zwischen *Vernetzung* und *Verbindung* werden wir in diesem Kapitel unter die Lupe nehmen. Können wir in einem digitalen Zeitalter dank intensiver Vernetzung auch mehr Verbundenheit zu anderen Menschen und unserer Welt erfahren? Oder fördern die neuen Technologien eine Isolation und Entfremdung?

Die größte Stärke unserer Spezies besteht nicht in unserer körperlichen Überlegenheit gegenüber anderen Tieren, sondern in unserer Fähigkeit zur Kooperation. Wir können Wissen weitergeben, voneinander lernen, gemeinsam Ziele verfolgen und unsere Handlungen koordinieren – besser und komplexer als jedes andere Tier. Deshalb haben Informations- und Kommunikationstechnologien einen gewaltigen Einfluss: Sie potenzieren die Möglichkeiten des Sapiens zu kooperieren. Jetzt wird dieses Kooperationsvermögen durch die digitale Vernetzung auf eine neue Ebene gehoben. In Sekunden werden E-Mails an Tausende Empfängerinnen und Empfänger auf der ganzen Welt verschickt; auf Online-Konferenzen nehmen Menschen aus unterschiedlichen Ländern teil. Während die Massenmedien wie Bücher, Zeitungen oder das Fernsehen es ermöglichen, dass die Gedanken einzelner Menschen Tausende andere erreichen, können durch das Internet Tausende Menschen *einander* erreichen. Deshalb sprechen einige Forschende vom Übergang einer Wissensgesellschaft zu einer Netzwerkgesellschaft.[2] Die Menschheit tauscht sich aus, intensiver denn je.

Mit den neuen Informations- und Kommunikationstechnologien ändern sich auch Kulturen und Identitäten. Dank Handys sind Verabredungen heute spontaner denn je möglich – das verändert, wen wir wann treffen und insofern das soziale Gefüge. Viele Verabredungen in unserem Leben und möglicherweise auch manche Freundschaften wären ohne diese Möglichkeiten nicht zustande gekommen. In einigen Fällen hätte der ganze Lebensweg einen anderen Abzweig genommen. Zum Beispiel gibt es junge Menschen, die einen Auslandsaufenthalt machen, den sie sich ohne die technischen Möglichkeiten, mit der Familie in Kontakt zu bleiben, nicht getraut hätten. Andere Menschen führen Fernbeziehungen, die ohne die ständige Verbindung über das Smartphone längst in die Brüche gegangen wären. So haben sich soziale Praktiken in den letzten Jahren und Jahrzehnten bereits massiv verändert und damit gleichzeitig auch unsere Identitäten. Denn wer wir sind, hängt wesentlich von unseren Erfahrungen ab und von den Menschen, mit denen wir uns umgeben. Die Digitalisierung prägt unsere Identitäten also nicht bloß in den Momenten, in denen wir online sind, sondern sehr viel tiefgreifender, weil sie ganze gesellschaftliche Strukturen und Beziehungen mitformt.

Heute gehen wir auf Konzerte und Events, von denen wir ohne Internet nie erfahren hätten. Wir bewerben uns auf Jobs, die wir online finden, kochen Rezepte, die auf Plattformen besonders gut bewertet wurden, liegen unter einer Bettdecke, die wir auf Amazon gekauft haben, schlafen mit einer Person, die wir über eine App kennengelernt haben, und haben Meinungen, die durch Artikel geprägt sind, die wir auf dem Handy gelesen haben. Unsere analoge Welt wird zunehmend digital strukturiert. Digitalisierung findet nicht nur in dem Moment statt, in dem wir auf das Smartphone schauen.

Eine neue Rolle von Technik

Die Fragen, die sich aus dieser Entwicklung ergeben, sind geradezu unendlich: Wie verändern sich Demokratien? Welche Machtverhältnisse werden verfestigt oder aufgebrochen? Wie ändern sich unsere Werturteile, Lebensstile und Entscheidungen? Kann die Vernetzung eine ökologische Transformation unterstützen oder steht sie ihr im Wege? Werden internationale Beziehungen gestärkt oder Konflikte eher befeuert?

All das sind drängende Fragen. Inmitten dieses Panoramas ist eine Frage besonders naheliegend und gleichzeitig besonders tiefgreifend: Führt die immer intensivere Vernetzung auch zu mehr Verbundenheit?

Du bist nicht allein! – dieses mächtige Versprechen ist eine treibende Kraft in der digitalen Transformation. Hier trifft ein Wesensmerkmal der Digitalisierung auf ein Wesensmerkmal des Homo sapiens. Denn Digitalisierung bedeutet Vernetzung, und diese ist nicht nur praktisch, effizient und profitabel – sie dockt auch an eines der tiefsten Bedürfnisse und Sehnsüchte des Menschen an: verbunden zu sein. Wir brauchen Beziehungen, Freundschaften, Familien, Gemeinschaften und allgemein den Austausch mit anderen Menschen, um zu überleben und um innerlich zu gedeihen. Bisher wurden diese Verbindungen analog hergestellt, etwa durch Religion, Dorffeste, Sportvereine, gemeinsame Rituale und Gesänge. All das gibt es auch heute noch, aber der Fokus verschiebt sich, Technik übernimmt immer mehr solcher Funktionen, stellt Beziehungen her: ermöglicht soziale Bewegungen und schafft neue Gemeinschaften.

Diese soziale Rolle von Technologie ist neu; sie war keine wesentliche Ebene im industriellen Zeitalter. Zwar gab es vereinzelt auch frühere Versprechen von Verbundenheit – man denke an das Telefon –, aber sie waren kein zentrales Merkmal einer ganzen soziotechnischen Epoche. So ändert sich im 21. Jahrhundert eine fundamentale Struktur: Die Beziehung Mensch–Mensch wird immer stärker technisch strukturiert. Wir erleben eine Verschiebung hin zur Logik:

Mensch–Technik–Mensch

Und wie bereits im vorangehenden Kapitel stellt sich die Frage, ob »Technik« in dieser Beziehung ein Bindeglied ist oder ob sich die Technik zwischen die Menschen schiebt und trennend wirkt. Denn eines ist frappierend: Obwohl wir vernetzter sind denn je, ist die Einsamkeit in den letzten Jahrzehnten in vielen Ländern immer weiter gestiegen.[3] Wie kann das sein? Ist die Vernetzung ein Teil des Problems oder brauchen wir *noch mehr* digitale Vernetzung?

Am deutlichsten wird das Versprechen von Verbundenheit bei Social Media, was deshalb einen von drei Schwerpunkten in diesem Kapitel bilden wird. Hier werden die Bedürfnisse, gesehen und gehört zu werden, sich mitzuteilen, Anerkennung und Resonanz zu erfahren, Teil von etwas zu sein, »dabei zu sein« besonders intensiv angesprochen. Für Homo sapiens, für Herdentiere, berühren diese Technologien eine ganz grundlegende Ebene. In Deutschland verwenden Menschen ihre Smartphones durchschnittlich zweieinhalb Stunden täglich, bei den unter Dreißigjährigen sind es sogar mehr als drei Stunden[4] und bei den Sechzehn- bis Achtzehnjährigen über fünf Stunden täglich.[5] Ein großer Teil davon ist die Nutzung Sozialer Netzwerke.[6]

Auch KI-gestützte Übersetzungstools ermöglichen eine neue Form von Kooperation und Verbundenheit. Dieser Austausch über sprachliche Grenzen hinweg stellt eine Zäsur in der Geschichte der Menschheit dar und ist der zweite Schwerpunkt dieses Kapitels. Im dritten Teil stehen Dating-Apps im Mittelpunkt, die unsere Sehnsucht nach romantischer Verbindung ansprechen. Immer mehr Menschen lernen sich online kennen, und KI soll bei der Partnerwahl künftig viel stärker unterstützen.

Social Media

Social Media steht besonders eindrücklich für das Versprechen, aus einzelnen Menschen ein globales Netzwerk verknüpfter Wesen zu machen. Innerhalb kürzester Zeit kann ich einen Post absetzen, der beinahe ohne Zeitverzögerung von Personen aus aller Welt gesehen und gemocht wird. Hier kann ich erfahren, was andere machen, kann darüber staunen und darauf reagieren. Ich kann mich mitteilen, kann Momente teilen, am Leben anderer teilnehmen – Teil von etwas sein. Dieses Konzept hat eine unglaubliche Anziehungskraft auf eine soziale Spezies.

Umfassende Verbundenheit? – Wenn wir einen Blick auf die Forschungslage werfen, ergibt sich ein tendenziell kritisches Bild. Insbesondere bei Jugendlichen wurde festgestellt, dass das Gefühl von Einsamkeit durch Social Media sogar verstärkt wird.[7] Das ist erstaunlich. Nie zuvor hatten Menschen so viel zwischenmenschlichen Kontakt – und doch fühlen sie sich einsamer denn je. In ihrem Buch *Verloren unter 100 Freunden* argumentiert die Soziologin und MIT-Professorin Sherry Turkle, dass ein wesentlicher Grund das Ersetzen qualitativer Kontakte durch quantitative Kontakte ist – soziale Kontakte und positives Feedback werden durch Likes zählbar gemacht.[8]

Als soziale Spezies sind wir Menschen auf *Anerkennung* angewiesen, um ein gelingendes Selbstverhältnis zu entwickeln: Wer niemals von anderen Menschen Liebe erfährt, wird sich selbst nicht als liebenswert erfahren können. Wenn eine solche Anerkennung gesucht wird, steht dahinter keine narzisstische Sucht nach Applaus, sondern eine natürliche und gesunde Suche nach Verbindung. In einer einflussreichen Studie erklärt der Philosoph

Axel Honneth, dass unsere gesamte Autonomie davon abhängt, dass wir uns »durch die Anerkennung seitens anderer Personen als Wesen zu verstehen lernen, deren Bedürfnisse, Überzeugungen und Fähigkeiten es wert sind, verwirklicht zu werden«.[9] Allerdings kann dieser menschliche Antrieb auch ins Niemandsland führen, wenn Menschen zum Beispiel versuchen, durch Statussymbole die Aufmerksamkeit zu bekommen, die ihnen die eigenen Eltern nie geben konnten.

Weil *Anerkennung* grundlegend für unser Menschsein ist, reicht der gegenwärtige Wandel von Anerkennungsverhältnissen tief in die psychosozialen Formationen unserer Gesellschaften hinein. Auf Social Media wird das qualitative und einzigartige Lächeln einer Person ersetzt durch eine messbare und standardisierte Menge von Likes. Diese Struktur fördert geradezu zwangsläufig eine Logik des *Habens,* von der bereits im letzten Kapitel die Rede war. Sehr deutlich sehe ich: 67 Likes sind mehr als 42 Likes. Theoretisch könnte ich auch zählen, wie oft ich an einem Tag angelächelt werde, aber das würde meinen aktiven Einsatz erfordern, weshalb diese Perspektive zumindest nicht naheliegend ist. Bei Likes hingegen sehe ich die Zahl auf den ersten Blick, und das ruft einen klassischen ökonomischen Gedanken auf den Plan: Mehr ist immer besser.

Doch die Bedürfnisse nach Anerkennung und nach Verbundenheit sind ihrem Wesen nach qualitativ – und lassen sich nicht quantitativ befriedigen. Genau das wird durch viele Plattformen aber suggeriert. So kann ein Teufelskreis entstehen, bei dem man versucht, eine innere Leere durch eine quantitative Form von Aufmerksamkeit zu füllen – dabei ist dies nicht die Lösung, sondern Teil des Problems. Es droht unseren Blick abzulenken, von den Bereichen, in denen wir wirkliche Verbundenheit erfahren können: Statt Follower zu sammeln, können wir Beziehungen zu

Menschen stärken, in denen wir nicht *viel* Anerkennung, sondern *tiefe* Anerkennung und Verbundenheit erleben. Und genau diese Tiefe ist es, die unseren menschlichen Bedürfnissen wirklich entspricht.

Zwar posten nur wenige Menschen auf Social Media täglich Beiträge und zählen ihre Likes, aber auch als passive User bewegen wir uns in einem sozialen Raum, der vollständig durch eine Logik des Habens strukturiert wird. Mit äußerster Präzision messen Algorithmen, wie viele Sekunden ein Video angeschaut wird, wie hoch die Interaktionsraten sind und welche Zielgruppe worauf anspringt. Das heißt, egal welcher Inhalt gepostet wird – selbst wenn es der poetische Aufruf ist, sich häufiger zu umarmen –, alles wird strukturiert durch eine knallharte Geschäftslogik. Hier findet also eine logische Transformation statt: Anerkennung, Dialog, Resonanz – all diese Praktiken des *Seins* werden radikal in eine *Struktur des Habens* überführt.

In der Folge werden auch *Inhalte des Habens* befördert. Und so geht es auf Social Media oftmals darum, ein bestimmtes Bild von sich zu vermitteln – das andere Menschen wiederum unter Druck setzen kann. Egal ob in europäischen Ländern, asiatischen oder im Nahen Osten – immer wieder zeigen Studien eine Zunahme sozialer Vergleiche durch Social Media, die sich wiederum psychisch belastend auswirken.[10] Dieses persönliche Vergleichen ist einer der Gründe, weshalb 38 Prozent aller US-Nutzerinnen und Nutzer eindeutig negative Auswirkungen auf ihre Psyche wahrnehmen. Demgegenüber berichten lediglich fünf Prozent von eindeutig positiven Auswirkungen auf das eigene Leben – ein Befund, der uns zu denken geben sollte.[11]

Natürlich hat Social Media auch viele positive Effekte gehabt in den letzten Jahren, so war etwa *#metoo* ein Musterbeispiel für eine digitale, globale, emanzipatorische Bewegung, die einen effektiven Einfluss auf Gesellschaften nehmen konnte. Gleichzeitig haben aber auch Hatespeech, Morddrohungen, Manipulationen und reaktionäre Backlashs zugenommen.[12] In vielen Ländern haben sich Gesellschaften stärker polarisiert; die Debatten werden mit immer härteren Bandagen geführt, man schreit sich mehr an als sich zuzuhören, das Grundverständnis füreinander und für abweichende Meinungen sinkt. Das liegt nicht *nur*, aber eben *auch* an Social Media.[13] Denn hier spielen KI-Algorithmen häufig genau diejenigen Inhalte aus, über die sich Menschen aufregen können und dadurch in ihrer eigenen Meinung bestärkt werden. Wut zahlt sich aus: Sie steigert die Aufenthaltsdauer auf den Plattformen, was wiederum höhere Werbeeinnahmen bedeutet. Die aggressive Debattenkultur liegt insofern im wirtschaftlichen Interesse der Betreiber und wird durch deren Algorithmen gezielt befördert.[14] Wenn wir uns fragen, wieso Menschen immer ablehnender gegenüber anderen Meinungen werden, dann liegt ein Grund im Technologiedesign. Es konnte gemessen werden, dass Beiträge auf Facebook durch den Algorithmus stärker verbreitet werden, wenn sie mit *Wütend*-Emojis markiert werden, als wenn sie *Likes* bekommen.[15] Die Plattform fördert also absichtlich Inhalte stärker, über die sich Menschen aufregen, als die sie mögen. So wächst die allgemeine Verärgerung logischerweise. Nach *Belustigung* steht *Ärger/Wut* direkt auf Platz zwei der am häufigsten erlebten Emotionen während der Nutzung von Social Media.[16]

Die Versprechen einer intensiveren Verbundenheit gehen also sowohl auf gesellschaftlicher als auch auf individueller Ebene häufig nicht auf. Stattdessen nehmen soziale Differenzen, Distanzen und Spaltungen zu. Auch die psychischen Effekte auf Nutzerinnen und Nutzer sind tendenziell negativ. Mittlerweile gibt es dazu immer mehr systematische Forschung – mit kritischem Gesamtbild. In einer ganzen Reihe von Studien wurde festgestellt, dass Social Media auch Depressionen, Schlafstörungen, destruktive Selbstbilder, soziale Phobien und weitere Belastungen fördert.[17] Was ohnehin weithin angenommen wird, konnte durch die psychologische Forschung also bestätigt werden. Trotzdem steigt die Nutzung.

Das alles heißt nicht, dass es keine positiven Seiten gibt und dass jeder Account und jeder Post schädlich ist. Aber in der gegenwärtigen Architektur dieser Vernetzungstechnologien gibt es intensive negative Effekte. Es ist wichtig, dass wir darüber mehr diskutieren und dass Alternativen entwickelt und gestärkt werden, deren konkrete Gestaltung weniger stark an ökonomischen Aspekten orientiert ist und die stattdessen einen echten Austausch fördert. Dazu würde es insbesondere gehören, Plattformen nicht gezielt so zu designen, dass sie süchtig machen – wie es aktuell bei den großen der Fall ist. Denn es liegt ja tatsächlich nicht einfach an den Nutzerinnen und Nutzern, dass sie oftmals viel mehr Zeit auf den Apps verbringen, als sie sich vornehmen. Die besten Entwicklerinnen und Entwickler der Welt werden mit viel Geld dafür bezahlt, die Plattformen im Detail so zu gestalten, dass sie die Nutzungsdauer maximieren – und eine emotionale Abhängigkeit schaffen.[18]

Wir sind ein Körper

In unseren verkopften Gesellschaften vergessen wir es manchmal: Als Homo sapiens erschließen wir die Welt nicht bloß intellektuell, sondern wesentlich auch durch unsere Sinne. Das betrifft auch unsere Kommunikation; sie ist viel mehr als nur ein Austausch von Inhalten. Wir geben einander die Hand oder umarmen uns, spüren die Präsenz und Energie der anderen Person. Wir blicken in Augen und die Augen blicken zurück. Auch das Tempo der Sprache, die Höhe der Laute, die unbewussten Gesten und die Mimik, all das ist Teil unserer Begegnungen.

Diese sinnliche Komplexität kann durch digitale Kommunikation nicht umgesetzt werden; weder durch Bilder, Texte und Emojis noch im Metaverse oder in Videocalls. Selbst bei beruflichen Besprechungen, bei denen es nicht darum geht, eine tiefe Verbundenheit aufzubauen, sondern Projekte abzuklären, kann eine Ebene verlorengehen: Im wahrsten Sinne des Wortes verliert die Begegnung an Tiefe und wird zweidimensional; sie wird sprichwörtlich oberflächlich, denn mein Gegenüber wird auf einer Oberfläche dargestellt. Diese, unter anderem von Jaz Heejeong Choi und Cade Diehm beschriebene, ästhetische Verflachung verändert unsere inhaltliche Wahrnehmung auf subtile Weise.[19]

Ein einzelner Videocall führt nicht direkt in Sinnkrisen und ist für den Arbeitsprozess oftmals auch förderlicher. Für viele Menschen, und dadurch auch für Unternehmen, sind die neuen Möglichkeiten, von überall aus zu arbeiten, ein großer Gewinn. Aber häufig tritt auch eine »Zoom-Fatigue« auf, erklärt der niederländische Medienforscher Geert Lovink. Die steigende Bildschirmzeit hat dann negative Auswirkungen auf die körperliche und mentale Gesundheit.[20] Und wir sollten das Gesamtbild im Blick halten: Mehrere psychologische Studien haben gezeigt, dass die Verbundenheit zwischen Menschen viel stärker gefördert wird, wenn sie sich analog treffen und nicht digital austauschen.[21] Deshalb ist es eine entscheidende Frage sowohl für den gesellschaftlichen Zusammenhalt als auch für das individuelle Lebensglück, ob die digitalen Möglichkeiten unsere analogen Begegnungen stärken oder schwächen. Beides ist möglich. Als das Telefon eingeführt wurde, gab es ebenfalls warnende Worte, dass dies das Ende des sozialen Miteinanders sein könnte und plötzlich niemand mehr die eigenen vier Wände verlässt.[22] Die Sorge war unbegründet. Im Gegenteil: Menschen nutzten das Telefon, um sich zu verabreden.

Gleiches kann auch für die digitale Vernetzung gelten: Sie kann echte Begegnungen stärken. Beispielsweise ersetzen Dating-Apps keine physischen Treffen, sondern ihr Sinn besteht in der Regel gerade darin, Treffen anzubahnen. Auch Telegram, WhatsApp, Signal und viele weitere Plattformen werden wesentlich genutzt, um sich abzusprechen und zu verabreden – oder um die analoge Beziehung zwischen den Treffen digital fortzusetzen. In all solchen Fällen kann die digitale Vernetzung eine menschliche und analoge Verbundenheit stärken. Doch in anderen Fällen tritt das Gegenteil auf – wenn analoge Begegnungen nicht unterstützt, sondern ersetzt und geschwächt werden.

Wer eine Fernbeziehung führt, kann diesen doppelten Zusammenhang sehr deutlich spüren. Es ist ein Geschenk, dass wir heute die Möglichkeiten haben, auch über große Distanzen miteinander in Kontakt zu bleiben und einander wenigstens auf dem Bildschirm zu sehen. Aber es kann eine echte und körperliche Begegnung nie ersetzen. Auch während der Covid-19-Pandemie war es faszinierend, wie viele gesellschaftliche Bereiche auf einer digitalen Infrastruktur weiterlaufen konnten – bis hin zu großen Konferenzen und Konzerten. Gleichzeitig wurden die Grenzen deutlich: Es ist einfach nicht das Gleiche. Und deshalb finden heute wieder analoge Konferenzen, Konzerte, Partys, Therapien und Vernetzungstreffen statt, obwohl sich all das theoretisch ja vollständig digitalisieren ließe. Wir sind eben nicht nur soziale, sondern auch körperliche und sinnliche Wesen. Und gerade unsere Sozialität wird sehr wesentlich sinnlich vermittelt – wenn wir uns anschauen, gemeinsam lachen, die Hand geben oder umarmen, den gleichen physischen Raum teilen und die Präsenz des anderen erfahren.

Das Ende des Alleinseins

»Paradoxerweise ist die Fähigkeit, allein zu sein,
eine Bedingung, um lieben zu können.«

Erich Fromm

Wenn ich für ein paar Tage unterwegs bin, in anderen Städten oder sogar Ländern, dann schreibe ich zwischendurch immer wieder kurze Nachrichten mit Freundinnen und Freunden. Das ist für mich so selbstverständlich, dass ich nur selten darüber nachdenke, dass solche Möglichkeiten in den letzten Jahrtausenden nicht bestanden. Sogar in Liebesbeziehungen hat man früher tagelang nichts voneinander gehört, wenn eine Person weg war – heute kaum noch vorstellbar.

Die Art, wie wir unsere Beziehungen leben, hat sich durch digitale Technologien radikal verändert. Wir haben viel weniger Lücken in unserer Kommunikation und können das Bedürfnis, uns mitzuteilen oder etwas vom anderen zu erfahren, potenziell jederzeit befriedigen. Es ist eine offene Frage, ob wir verbundener sind als früher – aber definitiv sind wir seltener getrennt. Kleine Emojis zwischendurch, Gutenachtküsse, eine Sprachnachricht von unterwegs ... Wir halten in unseren Beziehungen kaum noch Stille aus.

Damit hat sich sehr wesentlich verändert, was es bedeutet, »allein« zu sein. Auch in den Momenten, wenn wir nicht am Handy sind, *könnten* wir jederzeit etwas mitteilen und Nachrichten empfangen. Wie stark diese Vernetzung im Hintergrund unser Lebensgefühl beeinflusst, können wir beobachten, wenn der Akku leer ist und wir einen Nachmittag lang ohne Smartphone unterwegs sind. Viele Menschen fühlen sich nervös, abgeschnitten, etwas hilflos.

Die Fähigkeit, wirklich und wahrhaftig allein zu sein, wird damit brüchiger. Und das gefährdet gesunde Bindungen. Denn beide Pole – das Bedürfnis nach Autonomie und das Bedürfnis nach Bindung – gehören zusammen. In Bindungen gewinnen wir die Stärke, um autonom durchs Leben zu gehen. Und aus einer inneren Autonomie heraus können wir sichere, konstruktive Bindungen eingehen, bei denen wir weder klammern noch eine abweisende Distanz schaffen.[23]

Auch vor der Digitalisierung galt: Wenn wir allein sind, dann werden wir im Hintergrund durch Beziehungen getragen. Neu ist, dass diese Beziehungen prinzipiell jederzeit abrufbar sind. Du bist nicht allein – nicht einmal, wenn du als einziger Mensch in einem Wald wandern gehst. Deine Freunde sind nur einen Handgriff entfernt.

Du siehst, wie sich das Licht in den Bäumen bricht, ein magischer Moment. Schnell machst du ein Foto und verschickst einen Gruß: »Sooooo schön hier!! ☺«. Nach einem tiefen Atemzug der frischen Waldluft setzt du deinen Weg fort; da spürst du schon die Vibration in deiner Hosentasche. »Das sieht wirklich super aus!! Genieß es! Wünschte, ich wär dabei! ☺«.

Bei dieser Vernetzung wird nicht nur mehr denn je getextet, es werden auch Bilder und Videos in einem Maße geteilt, wie es vor der Digitalisierung absolut unvorstellbar war. In der Folge hat sich die Rolle von Fotografie verändert, sie ist nun weniger archivarisch, um die Vergangenheit festzuhalten, sondern dient vor allem dazu, Eindrücke in Echtzeit zu teilen. Dieser fotografische Blick auf die Welt kann auch unser inneres Erleben von Momenten beeinflussen. So kann das sich in den Baumwipfeln brechende Licht weniger als magisch, sondern eher als *instagramable* wahrgenommen werden. Wenn dies geschieht, berührt der Anblick nicht nur das poetische Herz, sondern wird einer Verwertungslogik unterworfen und bekommt einen messbaren Nutzen, geradezu ein Preisschild – die Währung ist Anerkennung. Schau, wo ich bin!

Wenn das geschieht, schauen wir nicht nur durch unsere eigenen Augen, sondern gleichzeitig auch durch die unserer Mitmenschen. Von ihnen erhoffen wir uns insgeheim eine Reaktion auf das geteilte Bild, möglicherweise noch während wir das Lichtspiel in den Baumwipfeln entdecken und bevor wir überhaupt das Smartphone aus der Hosentasche geholt haben. So begleiten sie uns wie unsichtbare Geister, denen wir versuchen zu gefallen.

Diese innere Perspektivübernahme ist eine basale Eigenschaft von Menschen und zeichnet uns als soziale Wesen aus. Bereits 1759 analysierte Adam Smith in seiner *Theorie der moralischen Gefühle*, dass die Fähigkeit, sich in andere hineinzuversetzen, essenziell für ein moralisches Urteilsvermögen und soziales Verhalten ist. Ihm zufolge entwickeln wir ein Gewissen, weil wir unser Verhalten gedanklich durch die Augen von Zuschauenden betrachten können, auch dann, wenn wir allein sind. Diese inneren »Zuschauer« helfen Menschen, ihre eigenen Gefühle, Urteile und Handlungen besser zu bewerten. Ohne diese menschliche Fähigkeit wäre gesellschaftlicher Friede und Kooperation ihm zufolge unmöglich.

Es ist wertvoll und eine Voraussetzung für die Entwicklung von Empathie, sich in andere Menschen hineinversetzen und sich selbst von außen betrachten zu können. Aber wenn Sonnenuntergänge zu einem Kapital werden, aus dem wir Anerkennung schlagen wollen, dann geht etwas verloren. Dann wird die eigene Weltbeziehung starrer, gegenständlicher und entfremdeter. Hier schiebt sich der technische Blick zwischen das Ich und sein eigenes Erleben, bringt die Situation auf Distanz und macht selbst einen Sonnenuntergang in gewisser Hinsicht zu einem Ding.

Es ist nicht immer leicht, das zu erkennen. Denn natürlich können wir durch Fotos und Videos auf eine Weise mit unseren Liebsten und mit der Welt in Verbindung bleiben, wie es früheren Generationen nicht möglich war. Das hat ein wunderbares Potenzial, unsere Beziehungen zu stärken. Gleichzeitig gibt es Kipppunkte, wenn unsere eigene Präsenz im Moment geschwächt wird. Diese Kipppunkte sind oftmals subtil und lassen sich erst entdecken, wenn wir uns den Raum nehmen, in uns hineinzuspüren. Im Grunde ist das ein lebenslanger Prozess, denn unsere gesellschaftlichen Strukturen schubsen uns immer wieder in die Richtung, Erlebnisse zu einem Produkt zu machen und ihnen dadurch die Lebendigkeit zu nehmen. Indem wir das Handy ab und an zu Hause lassen, können wir also nicht nur unsere Fähigkeit schulen, auf bereichernde Art allein zu sein; wir können auch lernen, unser fotografierendes Smartphone aus der Hand wie auch aus unserer inneren Perspektive zu nehmen und mit voller Aufmerksamkeit dem Zauber des Moments nachzuspüren.

Vernetzt und doch allein?

Durch Smartphones können wir nicht nur Fotos teilen, sondern auch unsere mentale Aufmerksamkeit zerstückeln. Viele Menschen checken ihr Handy selbst auf kürzesten U-Bahn-Fahrten, während eines Vortrags oder wenn sie eine Serie gucken. Manchmal sogar im Gehen. Durchschnittlich 88-mal am Tag schauen Smartphone-User in Deutschland auf ihr Gerät – das sind alle 18 Minuten.[24] Wir alle kennen diese Szenen aus Cafés, Bars oder Restaurants: Sobald die Gesprächspartnerin auf die Toilette verschwindet, wird das Handy gezückt und auf neue Nachrichten überprüft. Isoliert betrachtet ist das nicht dramatisch. Aber diese vielen kleinen Brüche im inneren Fokus, bei denen man von einer Interaktion zur nächsten springt, summieren sich. Im Zusammenspiel sinkt die Präsenz beim Gegenüber und in der Situation. Anstatt die kurze Abwesenheit des anderen zu nutzen, um das Gespräch sacken zu lassen und vielleicht darüber nachzudenken, was gerade gesagt wurde, springt die Aufmerksamkeit zu einer ganz anderen Kommunikation. Diese Struktur fördert das Gefühl von Einsamkeit. Denn Verbindung erfordert Präsenz.

Es hat einige Jahre gedauert, bis diese Effekte systematisch erforscht wurden. Nun existieren viele psychologische Studien, die belegen, dass die Anwesenheit von Smartphones unsere Aufmerksamkeit reduziert. Auch wenn die eingehenden Nachrichten gar nicht gelesen werden, sinken die Fähigkeiten, Informationen und Lerninhalte aufzunehmen und sich auf ein Gespräch einzulassen.[25] Im Ergebnis lernen Studierende schlechter, wenn sie ihr Smartphone mit in die Vorlesung nehmen.[26] Und privat wird in Begegnungen nicht der gleiche Grad an zwischenmenschlicher Nähe hergestellt, wenn Smartphones anwesend sind.[27]

Tatsächlich ist das wörtlich zu verstehen: anwesend. 2023 wurde eine Studie in der renommierten Zeitschrift *Nature* veröffentlicht, in der ein Team rund um die Entwicklungspsychologin Jeanette Skowronek zeigt, dass Smartphones sogar dann der Konzentrationsfähigkeit schaden, wenn sie ausgeschaltet sind.[28] Durch die jahrelange Nutzung wird die Aufmerksamkeit so eng mit dem Gerät verknüpft, dass unterbewusst selbst dann ein Teil unserer Kognition an das Smartphone gebunden bleibt, wenn es zwar ausgeschaltet, aber sichtbar ist. Deshalb hilft es, das Handy wirklich ab und an zu Hause zu lassen oder im Büro, wenn wir in die Mittagpause gehen. Im Anbetracht der Studienlage sollten wir zumindest sehr genau darüber nachdenken, ob das Online- und Erreichbarsein als *Standardmodus* wirklich eine gute Idee ist. Die Studienlage weist sehr deutlich darauf hin, dass wir andersherum sowohl produktiver als auch innerlich erfüllter wären.

Solche direkten Effekte von Smartphones auf unsere Fähigkeiten, miteinander in eine tiefere Verbindung zu treten, werden verstärkt durch eine Reihe indirekter Effekte. Denn die digitale Vernetzung verändert die übergeordneten sozioökonomischen Strukturen teils auf eine Weise, die eine wirkliche Verbundenheit erschwert. So unterstützt die Digitalisierung eine Beschleunigung des Alltags, wie wir im ersten Kapitel gesehen haben. Die höhere Dichte an beruflichen Aufgaben und privaten Erlebnissen kann es schwerer machen, sich in Ruhe auf Begegnungen und Beziehungen einzulassen. Auch der sinkende Anteil leiblicher Tätigkeiten und physischer Kontakte kann eine zwischenmenschliche Entfremdung begünstigen: Wir starren immer mehr in Bildschirme, sei es im Job oder privat, unser Körper spielt dabei kaum noch eine Rolle – dabei ist es unser Körper, mit dem wir die Welt spüren können und damit auch uns selbst.

Die Betrachtungen der letzten Seiten waren überwiegend kritisch. Und ich glaube, es ist wichtig, dass wir als Gesellschaft aufmerksamer gegenüber den Gefahren werden als derzeit. Gleichzeitig hat die digitale Vernetzung erhebliche Potenziale, um Menschen einander tatsächlich näherzubringen und sie zu verbinden. Damit dies gelingt, muss die digitale Vernetzung vor allem analoge Verbindungen stärken. Digitale Räume können persönliche Begegnungen fördern und ergänzen – anstatt sie zu ersetzen. Wenn dies das Grundprinzip ist, kommen wir einer wirklich verbundeneren Menschheit näher. Natürlich geht es nicht darum, dass aus jedem einzelnen digitalen Informationsfluss ein analoges Zusammentreffen entsteht. Aber in der Summe und als soziotechnische Struktur unserer Epoche geht das Versprechen *Du bist nicht allein!* nur auf, wenn es die virtuellen Räume von Diskussionsforen, Kurznachrichten, Social Media und News verlässt – und sich im Analogen entfaltet.[29]

Übersetzungstools

»Die Grenzen meiner Sprache
sind die Grenzen meiner Welt.«
Ludwig Wittgenstein

Es war einmal: Die ganze Erde hatte eine Sprache und ein und dieselben Worte. Wo immer Menschen hingingen, sahen sie andere Menschen als ihresgleichen an. Da gründeten einige von ihnen eine Stadt und begannen, gemeinsam einen Turm zu bauen –

höher und höher und höher. Ein Turm, wie ihn die Welt noch nie gesehen hatte und niemals wieder sehen würde. Ein Turm bis in den Himmel hinein.

Gott gefiel das gar nicht. Die Spezies, die er geschaffen hatte, war zu mächtig. »Nun wird ihnen nichts mehr unmöglich sein, was immer sie sich zu tun vornehmen«, dachte er sich. Und er erkannte, dass die Stärke der Menschen in ihrer Fähigkeit zur Kooperation bestand. Ein einzelner Mensch konnte nicht viel bewegen, aber vereint mit allen anderen wurden die Grenzen des Möglichen gesprengt. Und Gott erkannte, dass der Schlüssel zu dieser Kooperation die Sprache war – die Möglichkeit, einander zu verstehen, sogar in komplexen Angelegenheiten. Da stieg Gott herab und verwirrte ihre Sprache, so dass keiner mehr die Sprache des anderen verstand.

Dies war das Ende des Turmbaus. Die Menschen hörten auf zu kooperieren und zerstreuten sich über die ganze Erde. Heute gibt es über 7000 verschiedene Sprachen auf der Welt. Und oftmals ziehen sie Linien zwischen Menschen, die einander in Argwohn oder gar Hass betrachten.[30]

Diese berühmte Geschichte vom *Turmbau zu Babel* aus der Thora und dementsprechend auch aus dem Alten Testament ist über 2500 Jahre alt. Sie erzählt von einem Thema, das den Homo sapiens vermutlich schon seit Zehntausenden von Jahren bewegt hat: die Zersplitterung der Menschheit in verschiedene Sprachgruppen.

Erstmals in der Geschichte der Menschheit wird nun möglich, was wir nur aus den großen Mythen kennen: eine Verständigung aller Menschen miteinander. Durch Künstliche Intelligenz lässt sich geschriebene und gesprochene Sprache in Echtzeit übersetzen – perspektivisch in alle existierenden Sprachen dieser Erde.

Damit wird ein alter Traum wahr, der auch im Neuen Testament beschrieben ist – in der Pfingstgeschichte. In dieser Erzählung sitzen die Jünger beisammen, als plötzlich vom Himmel her ein Brausen kommt, wie wenn ein heftiger Sturm daherfährt, und das ganze Haus erfüllt. Zu ihrer großen Verwunderung erscheinen ihnen Zungen wie von Feuer, woraufhin eine große Menge von Menschen zusammenströmt. Sie alle sind bestürzt, denn jede und jeder von ihnen kann verstehen, was die Jünger sagen! »Wieso kann sie jeder von uns in seiner Muttersprache hören? Parther, Meder und Elamiter, Bewohner von Mesopotamien, Judäa und Kappadokien, von Pontus und der Provinz Asien, von Ägypten und dem Gebiet Libyens nach Kyrene hin, auch die Römer, die sich hier aufhalten, Juden, Kreter und Araber – wir hören sie in unseren Sprachen«, rufen sie in heller Aufregung.[31]

Heute braucht es nicht mehr den Heiligen Geist, sondern Microsoft, um ein solches Wunder zu ermöglichen. Schon 2014 wurde für Skype die Option vorgestellt, Gespräche live zu untertiteln. Im Dezember 2022 folgte dann die Echtzeitübersetzung in der eigenen natürlichen Sprache. Das heißt, ich kann mit einer Person in China eine Videokonferenz durchführen und obwohl ich selbst Deutsch spreche, hört sie mich in meiner eigenen Stimme auf Chinesisch sprechen.[32]

Wir neigen dazu, uns schnell an solche Möglichkeiten zu gewöhnen und uns teilweise blenden zu lassen von anderen oberflächlichen Innovationen wie zum Beispiel den neuen iPhone-Modellen. Das sind aber häufig nur inkrementelle Innovationen: Das Vorhandene wird etwas besser gemacht. Mit großen Marketingkampagnen werden diese Neuerungen in ein großes Glitzern getaucht. Dabei können wir die wirklich spektakulären und tiefgreifenden Veränderungen manchmal übersehen.

Wenn wir einen Schritt zurücktreten und die Entwicklung aktueller Übersetzungstechnologien im menschheitsgeschichtlichen Kontext sehen – wenn wir an die alten Mythen zurückdenken –, dann wird schnell deutlich, dass hier etwas Gewaltiges passiert. Verschiedene Sprachen werden kein Hindernis mehr für die Verständigung darstellen, im Ausland werden wir sogar tiefgründige Gespräche führen können. Freundschaften und Liebesbeziehungen werden entstehen, die es sonst nie gegeben hätte. Migration wird vereinfacht – wer neu ist in einem Land, wird sich sofort mit allen verständigen können; damit fällt eine entscheidende Hürde weg. Bereits heute ist Google Translate für geflüchtete Menschen, die kaum Zeit hatten, sich auf die Migration vorzubereiten, eine enorme Hilfe. Künftig wird es noch viel bessere Möglichkeiten geben, sich sprachlich in einem neuen Land zurechtzufinden.

Wird niemand mehr andere Sprachen lernen, weil das überflüssig wird? Das Gegenteil könnte der Fall sein. Wenn Übersetzungstechnologien eine interkulturelle Globalisierung fördern, dann könnte genau dies dazu führen, dass Menschen noch stärkere Anreize als heute haben, um andere Sprachen zu lernen. Denn die Hürden für Migration, internationale Liebesbeziehungen und so weiter mögen zwar sinken, aber um langfristig und persönlich mit anderen Menschen in Beziehung zu treten, bleibt eine gemeinsame Sprache der mit Abstand beste Weg.

Nicht nur Reisen, Beziehungen, Migration könnten durch Übersetzungstechnologien transformiert werden, auch die Strukturen von Unternehmen und Ökonomien könnten beeinflusst werden, was wiederum Auswirkungen auf sehr viele Menschen hätte. Zum Beispiel sind regionale Unternehmen stärker in der Lage, sich zu globalisieren; selbst Mittelständler können anderssprachige Mitarbeitende einstellen, die von überall auf der Welt mit ihren Laptops arbeiten. Das eröffnet neue Möglichkeiten für eine globale, dezentrale Zusammenarbeit, was angesichts des Fachkräftemangels für deutsche Unternehmen attraktiv sein könnte. Umgekehrt ergeben sich für Menschen in Ländern mit einem niedrigen Lohnniveau neue Möglichkeiten, für deutsche Firmen zu arbeiten, ohne in das Land ziehen und möglicherweise ihre Familien verlassen zu müssen. All das könnte Arbeitsmärkte massiv verändern.

Die Menschheit wächst zusammen – zumindest sprachlich und wirtschaftlich. Ermöglicht wird dieser Sprung durch Künstliche Intelligenz. Sie erst macht hochwertige Übersetzungen in Echtzeit möglich. Denn es geht ja nicht darum, lediglich eine Aneinanderreihung von Wörtern zu übersetzen, sondern diese Wörter im Kontext zu verstehen und ganze Gedankengänge korrekt in eine andere Sprache zu übertragen. Das können herkömmliche Algorithmen nicht leisten. Künstliche Intelligenz ist das Herzstück aller moderner Übersetzungstechnologien. Und Gleiches lässt sich interessanterweise auch umgekehrt behaupten: Übersetzungen sind ein Herzstück von Künstlicher Intelligenz.

2017 veröffentlichte ein Team von Google Brain rund um den Forscher Ashish Vaswani einen der einflussreichsten Aufsätze der bisherigen Computergeschichte: *Attention Is All You Need*. Darin beschrieben sie eine neuartige Software-Architektur – den sogenannten Transformer. Diese Architektur wurde zur Grundlage einer neuen Generation von KIs, am berühmtesten davon: ChatGPT, eine Abkürzung für Generative Pre-trained Transformer. Bemerkenswert ist, dass der Transformer ursprünglich entwickelt wurde, um Texte besser zu übersetzen. Mit anderen Worten: Die großen KIs basieren auf einer Methode zum Übersetzen. Der Clou ist, dass das »Übersetzen« massiv ausgeweitet wurde: Statt lediglich eine Sprache A in eine Sprache B zu übersetzen, kann nun jede beliebige Frage in eine Antwort »übersetzt« werden. Übersetzungen sind insofern die Uranwendung aller gegenwärtigen Großen Sprachmodelle.

Obwohl es bereits seit den 1950er Jahren erste Ansätze maschineller Übersetzungen gab,[33] markierte erst die Einführung der Transformer-Architektur im Jahr 2017 den entscheidenden Durchbruch und den Beginn des realen Pfingstwunders.

Turmbauer 2.0

Mit dem Wegfall von Sprachbarrieren werden auch Bildungsinhalte für mehr Menschen zugänglich. Online-Seminare können in jede beliebige Sprache übersetzt werden, Bücher können um die ganze Welt und durch sämtliche Sprachräume zirkulieren. Auf diese Weise kann der globale Austausch zwischen Kulturen stark intensiviert werden – und möglicherweise auch gleichberechtigter erfolgen. Denn Übersetzungen kosten bisher Geld und lohnen sich vor allem für finanziell erfolgreiche Bücher. Dank KI kann auch ein japanischer Kleinautor eine deutsche Ausgabe herausbringen – und nicht nur Haruki Murakami. Auch vom Vergessen bedrohtes kulturelles Erbe kann auf diese Weise geschützt und zugänglich gemacht werden, wie es im UNESCO-Programm Memory of the World geschieht. Ziel dieses Programms ist es, das dokumentarische Erbe der Welt für alle Menschen verfügbar und verständlich zu machen. Auch vom Aussterben bedrohte Kulturinhalte von sehr kleinen ethnischen Gruppen sollen aufgenommen und in sämtliche Sprachen übersetzt werden. Das alles wäre ohne KI undenkbar.

Hier liegen unglaubliche Möglichkeiten für einen globalen kulturellen Austausch. Aber natürlich können auch quatschige Inhalte auf Social Media oder schädliche Gedanken besser zirkulieren. Und auch indirekte Probleme sind möglich. So könnte die stärkere Globalisierung von kleinen und mittelständischen Unternehmen zu einer Gefährdung lokaler Unternehmen in ökonomisch weniger entwickelten Ländern führen. Und die stärkere Einbindung ausländischer Mitarbeitender, die aus der Ferne Aufgaben erledigen, könnte auch Formen globaler Ausbeutung verschärfen sowie das Lohnniveau der inländischen Mitarbeitenden senken. Zudem könnte der kulturelle Austausch, der an sich so wichtig ist, auch in neue Formen von Kulturimperialismus münden, bei denen dominante Kulturen ihre Vorstellungen noch effektiver in die Welt tragen.

Ob die vielschichten Effekte von Übersetzungstechnologien tendenziell positiv oder negativ sein werden, hängt von unzähligen Faktoren ab. Wie im letzten Kapitel gilt auch hier: Wir können uns diese unterschiedlichen Möglichkeitsräume zumindest bewusst machen, um gemeinsam als Gesellschaft die Weichen für eine wünschenswerte Zukunft zu stellen.

Insgesamt liegt ein gewaltiges Potenzial darin, dass sprachliche Barrieren eingerissen werden. Sprache ist Macht. Wenn Sprachverhältnisse revolutioniert werden, dann werden auch Machtverhältnisse revolutioniert. Wer zum Beispiel nicht sehr gut Englisch verstehen kann, war bisher von einem Großteil der Forschungsergebnisse in sämtlichen Disziplinen abgeschnitten. Es ist ein Geschenk für unsere Spezies, dass die Pfingstgeschichte zur Wirklichkeit wird. Vielleicht werden damit auch sprachliche Grenzen zwischen Menschengruppen weniger wichtig. Und vielleicht ist dies ein kleiner Baustein auf dem Weg, Menschen auf diesem Planeten zu verbinden. Bis wir uns eines Tages wieder alle miteinander unterhalten, vereint als eine Menschheit, und diesen verdammten Turm doch noch fertigbauen.

Online-Dating

Es war eine Zeit, da sahen Menschen ganz anders aus als heute. Wo wir einen Hinterkopf haben, hatten sie ein zweites Gesicht. So konnten sie nach allen Seiten gleichzeitig schauen. Und auch ihre Arme und Beine waren doppelt, mit vier Händen konnten sie greifen, konnten sie einander streicheln oder zuschlagen. Als wären zwei Menschen zu einem verwachsen. Man nannte sie: die Kugelmenschen.

Mächtig waren sie, mit doppelter Kraft, stark wie Bären. Genau das stieg ihnen zu Kopf – so erzählt es ein berühmter Mythos aus dem antiken Griechenland. An einem unglücklichen Tag beschlossen unsere Vorfahren, gegen die Götter in den Kampf zu ziehen. In atemberaubender Geschwindigkeit flogen die runden Körper durch die Steppenlandschaft. Es war ein irres Rollen, ein Anblick, wie ihn die Erde noch nicht gesehen hatte. Tausende hatten sich zusammengetan, berauscht von ihrer eigenen Macht.

Das war ein großer Fehler, denn auch doppelte Menschen sind den Göttern nicht gewachsen. Zitternd vor Wut griff Zeus zu seinem göttlichen Schwert und bereitete dem Überfall ein jähes Ende. Mit einem einzigen Hieb schlug er die Kugelmenschen in zwei Teile, spaltete sie in jeweils zwei Personen. Zeus hatte die Menschen halbiert. Geschwächt und desorientiert verstreuten sie sich, auf zwei Beinen nun, mit nur noch einem Gesicht, in Körpern wie den unsrigen. An diesem Tag begann die große Suche nach der verlorenen Hälfte.

Mehr als zweitausend Jahre ist diese Geschichte alt, ihr Grundgedanke hat sich tief in unser kulturelles Gedächtnis eingebrannt und begleitet uns bis heute: Der einzelne Mensch ist unvollständig, erst zu zweit findet er zur Einheit. Das Motiv ist uralt – neu sind die Mittel, mit denen nach der anderen Hälfte gesucht wird.

Im Jahr 1995 ging mit Match.com die erste Dating-Plattform online. Seitdem ist das digitale Geschäft mit der Liebe geradezu explodiert. Weltweit nutzten 2024 schätzungsweise 277 Millionen Menschen digitale Services, um Partner für eine Nacht, das ganze Leben oder irgendetwas dazwischen zu finden.[34] Allein in Deutschland kommen auf Tinder jährlich über 75 Milliarden Matches zustande.[35] Mittlerweile sind Dating-Plattformen in Deutschland der häufigste Weg, wie Paare sich kennenlernen.[36] Wie verändert dies gelebte Sexualitäten, Beziehungen und Liebe? Welche Werte und Hoffnungen kommen in solchen Plattformen zum Ausdruck? Und wie wird Künstliche Intelligenz die Zukunft des Datings beeinflussen?

Zwischen Liebesglück und Verzweiflung

Es gibt nur wenige Dinge, die emotional so stark bewegen wie Flirts, Sex und Beziehungen – oder eben das Fehlen davon. Gleichzeitig ist das, was uns so zu Herzen geht, keine rein persönliche Angelegenheit. Unsere Vorstellungen und Praktiken rund um Sex und Romantik sind stark gesellschaftlich geprägt. Ja, was eine »Gesellschaft« überhaupt ausmacht, lässt sich sehr wesentlich daran bestimmen, in welche Formen sie die Bedürfnisse nach Sex und Liebe gießt, was sie als normal und was als pervers konstruiert.[37] »Wer mit wem?« – das ist nicht nur eine Frage für den Schulhof, sondern auch für die Soziologie.

Die Einführung von Online-Dating ist in dieser Hinsicht ein Erdbeben. Hier werden produktive Machtverhältnisse in hoher Geschwindigkeit umgeformt: Erzählungen, Orientierungspunkte, Erwartungen und Identitäten rund um Liebe und Sex transformieren sich. Gleichzeitig wirkt Online-Dating nicht nur *auf* unsere Gesellschaft, sondern es gilt ja auch umgekehrt: Dating ist *Teil* unserer Gesellschaft und wird *durch* gesellschaftliche Machtverhältnisse strukturiert. So entfaltet sich ein ganzes Panorama verschiedener Phänomene und Fragestellungen:

- Mit jedem Jahr steigt der Anteil von Kindern, deren Eltern sich online kennengelernt haben. Es entstehen Menschen, die es in dieser Form sonst nicht gegeben hätte, im wörtlichen Sinne verändert sich die DNA unserer Gesellschaften. Hier wirkt Online-Dating bis in die elementarste Ebene hinein und prägt Menschen nicht nur sozial und psychologisch, sondern prägt, wer überhaupt geboren wird.
- Welche Effekte zieht das nach sich? In welchen Familienstrukturen wachsen diese Kinder auf, wie werden sie dort erzogen? Welchen Einfluss haben die veränderten Partnerkonstellationen auf die psychosozialen Strukturen der nächsten Generation?
- Nicht erst wenn Kinder entstehen, bedeuten neue Beziehungen auch neue Gesellschaften. In Partnerschaften tut man gemeinsam Dinge, die man allein nicht getan hätte, und prägt sich gegenseitig in der Perspektive auf das Leben. Führt Online-Dating zu mehr Vielfalt und zu Beziehungen, die aus der Komfortzone herauslocken? Oder finden sich vorwiegend Menschen, die ohnehin sehr ähnlich ticken und sich in ihren Perspektiven nur bestärken?
- Eng damit verbunden ist die Frage nach sozialer Durchmischung und Machtstrukturen entlang sozialer Gruppen. Führt Online-Dating zu mehr oder weniger Beziehungen zwischen Menschen unterschiedlicher finanzieller, ethnischer oder re-

ligiöser Hintergründe? Tragen Tinder und Co. dazu bei, dass sich verschiedene Milieus plötzlich näherkommen oder nehmen Distanz und Vorurteile noch weiter zu?

- Wie verändern sich Geschlechterrollen? Werden etwa Frauen durch Dating-Apps in ihrer Partnerwahl *ermächtigt*, weil sie nicht wie in klassischen Flirtsituationen passiv darauf warten, angesprochen zu werden, sondern genauso aktiv wählen wie Männer? Oder manifestieren sich im Online-Dating patriarchale Strukturen, in denen Frauen noch stärker als Objekte angesehen werden und sich *entmächtigt* fühlen, weil sie bei kleinen Beziehungskrisen schneller ersetzt werden als früher?
- Es existiert keine neutrale Antwort auf die Frage, wie man sich kennengelernt hat. In jeder Beziehung wird man beginnen, eine Geschichte zu erzählen, die eine bestimmte Färbung hat, einige Aspekte betont und andere auslässt. Solche und andere Lebensgeschichten sind ein wichtiger Teil unserer Identitäten. Dabei greifen wir stets auch auf kleine Geschichten zurück, die wir kulturell erlernt haben – gerade in Bezug auf Romantik gilt das. Nicht nur Liebesfilme, auch Komödien, Thriller oder Actionfilme erzählen von Sex und Leidenschaft, von Romantik und von Liebe. Die Liebe auf den ersten Blick, das lustige Sich-immer-wieder-Verpassen oder die Traumhochzeit am sonnigen Tag – all das bietet auch Inspirationen, die eigene Liebesgeschichte zu erzählen und in die gemeinsame Identität als Paar zu integrieren. Doch bis heute herrscht ein Mangel an Narrativen für online zustande gekommene Beziehungen. »Wir haben uns auf Tinder kennengelernt« – das lässt sich schlecht integrieren in bisherige Vorstellungen von Romantik und wird daher ungern nach außen getragen. Es herrscht ein narratives Vakuum. Wie werden wir es füllen? Was werden unsere neuen Geschichten sein?

Nicht alle dieser Fragen können wir in diesem Kapitel unter die Lupe nehmen, viele davon sind zu wenig erforscht.[38] Die soziologische Studienlage hinkt der schnellen Entwicklung hinterher. Klar aber ist, dass sehr viele Singles Dating-Apps nutzen und dass gleichzeitig sehr viele dieser Singles ihre Dating-Apps hassen.[39] Das ist ein interessantes Spannungsverhältnis und genau dieser reale oder scheinbare Widerspruch führt uns wieder zu unserer Leitfrage: Verbindet oder trennt uns das Digitale?

So deutlich wie kein anderes Phänomen ist Online-Dating mit dem großen Versprechen verbunden: Du bist nicht allein! – Keine Facette der Digitalisierung verheißt so lautstark intensive Verbundenheit, sei sie flüchtig, sexuell oder auch von dauerhafter Romantik. Ob aufregende Abenteuer oder die große Liebe – Apps sollen dem unvollständigen Kugelmenschen angeblich helfen, ein passendes Gegenüber zu finden.

Gehen diese Versprechen in der Realität auf? Verbindet uns Online-Dating tatsächlich oder führt es letztlich zu noch mehr Distanz und Entfremdung? Diese Frage ist nicht trivial, denn für beides lassen sich gute Gründe finden, die wir uns in Szenarien veranschaulichen können.

Szenario I: Netz der Verbundenheit

Das Vibrieren des Smartphones lässt einen kurzen, wohligen Schauer durch ihren Körper fahren – ein neues Match. Sarah genießt diese kleinen Momente voller Offenheit, in denen der Tag noch unbeschrieben vor ihr liegt. Sie hat nichts vor am Abend, werden sie sich treffen?

Seit drei Jahren ist sie Single und genießt ihr Leben in vollen Zügen. Wie die meisten ihrer Freundinnen und Freunde fühlt sich Sarah sexuell erfüllt und findet jederzeit Personen, um ihre Sexualität weiter zu erforschen. Dabei entstehen häufig auch tiefere Begegnungen und Freundschaften. Viele Menschen teilen einen solchen Lebensstil und haben miteinander gelernt, offen, transparent und auf Augenhöhe zu kommunizieren und sich zu begegnen. So kommt es selten zu ernsthaften Verletzungen. Mit der Vielfalt werden Sexualitäten pluraler, Menschen lernen sich und ihre Bedürfnisse immer besser kennen und können dadurch auch glücklichere und längere Partnerschaften eingehen. Auch Sarah schließt eine neue feste Beziehung auf keinen Fall aus, aber in Eile ist sie derzeit nicht …

Zwei Straßenzüge weiter sitzt ein schüchterner Mann auf seinem Bett und schaut mit bewegtem Blick auf sein Smartphone. Sein Leben lang fühlte er sich unverstanden, am meisten von sich selbst. Doch mit jeder Stunde, die er nun im Chat verbracht hat, hat die Wand in seinem Kopf mehr Risse bekommen, durch die Licht in sein Inneres fällt. Obwohl er in einem konservativen Elternhaus aufgewachsen ist, kann er in der Anonymität des Internets so viel Verständnis und Unterstützung finden, dass er heute endlich den Mut hat: Er nimmt sein Kleid aus dem Versteck und verabredet sich mit Raul.

Währenddessen bewegen Stefan und Meryem ganz andere Themen. Ihr drittes Kind beginnt zu zahnen – tröstend wiegt der Vater seine Tochter im Arm und singt leise ein Lied. Die beiden Eltern sind ein eingespieltes Team. Für sie war immer klar, dass sie eine monogame, langfristige und loyale Beziehung suchen mit einer Person, die sowohl die eigenen Werte als auch den Humor teilt. Dank Dating-Apps ist so etwas nicht kompliziert. Algorithmen filtern aus der großen Auswahl zielsicher diejenigen Kandidaten heraus, deren Werte und Lebensinhalte wirklich kompatibel sind. Deshalb gehen Menschen passendere Partnerschaften ein als früher – ihre Beziehungen sind glücklicher, halten länger und sind erfüllter. Nicht nur am Essenstisch, auch in der Gesellschaft insgesamt haben Spannungen dadurch abgenommen.

Ob Single oder in Beziehung, ob mit Kindern oder ohne, und egal mit welcher Sexualität – in diesem Szenario leben Menschen dank Online-Dating selbstbestimmter und glücklicher. Selbst diejenigen, die gar kein Online-Dating benutzen, profitieren von dieser Entwicklung, weil sie in einer gesünderen Gesellschaft leben.

Szenario II: Labyrinth der Einsamkeit

In der Ecke einer kaum beleuchteten Bar sitzt David und wischt über sein Smartphone; das künstliche Licht des Bildschirms reflektiert in seinen Augen. Seit zwei Stunden sortiert er Frauen in die beiden Kategorien »will ich« und »will ich nicht«. Dann, endlich, ein Match. Doch anstatt sich zu freuen, spürt er eine innere Müdigkeit. Er weiß, was jetzt kommt: stundenlange, inhaltsleere Chats, von denen neunzig Prozent im Sande verlaufen. Die unendliche Auswahl hat sich als Illusion entpuppt, am Ende kommt es nur selten zu Dates. Und wenn doch, verlaufen diese häufig für beide Seiten enttäuschend.

Andere Personen schwimmen zwar in Matches, aber selbst diesen vermeintlichen Gewinnern auf dem Markt der Attraktivität ergeht es nicht wirklich besser. Denn für sie wird es unmöglich, zwischen den Hunderten von Optionen zu navigieren; sie sind gestresst von der Auswahl. Jedes Date ist mit dem Gedanken verbunden, möglicherweise ein besseres zu verpassen. Falls es doch mal zu einer längeren Beziehung kommt, wird bei den ersten Problemen die Flinte ins Korn geworfen – der nächste Partner ist ja nur einen Klick entfernt. So werden Menschen immer unfähiger, sich wirklich auf jemanden einzulassen.

Gleichzeitig verlernen sie, sich offline anzusprechen und Dates anzubahnen. Analoge Flirts verlaufen meist cringe und erfolglos – es fehlen schlicht die Übung und das Selbstbewusstsein. So ergeht es auch David, der es nur noch digital versucht und mittlerweile viel Geld für ein Premium-Abo zahlt. Dort werden ihm hauptsächlich Frauen angezeigt, die einander sehr stark ähneln. Die Algorithmen haben menschliche Vorurteile in eine technische Form gegossen und verstärken diese sogar. Noch stärker als auf Partys gilt: Man bleibt unter sich. So sinkt die soziale Durchmischung, die Gesellschaft driftet auseinander, wird polarisierter und aggressiver.

Egal ob Single oder in einer Beziehung, in diesem Szenario sind alle schlechter dran. Der allgemeine Konkurrenzdruck ist höher; Marktlogiken haben sich verschärft; letztendlich wird viel gewischt und doch bleiben die meisten allein.

Forschungsstand

Beide Szenarien beschreiben mögliche Auswirkungen, aber welches entspricht unserer Realität? Wenn wir uns vorhandene Studien anschauen, stellen wir fest, dass beide Varianten einen wahren Kern haben.

Die große Auswahl führt häufig zu Choice Overload

Die große Auswahl potenzieller Partnerinnen und Partner ist Fluch und Segen zugleich. Auch unabhängig von Dating-Apps sind wahrscheinlich jedem von uns Situationen bekannt, in denen man von einer schier endlosen Auswahl überfordert ist. Schon wenn man auf Amazon ein Paket Nudeln kaufen will, ist die Erschöpfung nicht weit: Mehr als 6000 verschiedene Nudelsorten umfasst das Sortiment. So ähnlich kann es sich auch auf Tinder, Bumble und Co. anfühlen; mehrere psychologische Studien belegen einen *Choice Overload Effect* bei vielen Nutzenden.[40] Die große Auswahl löst dann keine Freude und Lust aus, sondern erhöht den mentalen Stress. Der Grundgedanke lautet in solchen Fällen nicht: »Klasse, bei der Masse wird auf jeden Fall ein passender Partner für mich dabei sein!«, sondern eher: »Oh Gott, wie soll ich in der Masse einen passenden Partner finden?«

Choice Overload kann ein Rejection Mindset unterstützen

Natürlich ist eine Mindestauswahl wichtig. Wenn wir nur drei anderen Singles begegnen, kann es gut passieren, dass es bei keinem funkt. Doch online werden wir mit einer Auswahl konfrontiert, die unser Fassungsvermögen weit übersteigt. Um damit irgendwie umgehen zu können, entwickeln viele Nutzende eine Haltung, die in der Forschung als *Rejection Mindset* bezeichnet wird: Sie werden zunehmend verschlossener gegenüber potenziellen Partnern.[41] Dieser Effekt betrifft vor allem Frauen, so dass sich eine gesellschaftlich erlernte Dynamik auf Dating-Apps überträgt und dort hochschaukelt: Frauen werden aufgrund der Massen von Likes immer wählerischer; umgekehrt werden Männer immer wahlloser, weil sie selten Matches bekommen und versuchen, dies auszugleichen. So überschütten sie die Frauen mit Likes, die wiederum stärker sortieren müssen, wodurch die Männer weniger Matches bekommen und so weiter.[42] Im Ergebnis liken Frauen in den USA auf Tinder nur 14 Prozent aller Profile, während Männer 46 Prozent der Frauen liken.[43] Auf der indischen Dating-App QuackQuack sieht es ähnlich aus: Männer liken 35 Prozent aller Frauen, umgekehrt liken Frauen nur 4 Prozent aller Männer.[44] Ein Grund für solche Ungleichgewichte ist auch, dass es sowohl in der Welt insgesamt als auch in Deutschland viel mehr Männer auf Dating-Apps gibt als Frauen und sich das Like-Verhalten zwischen den Geschlechtern hiervon ausgehend in gegenüberliegende Extreme hochschaukelt.[45] Obwohl Frauen viel sparsamer damit sind, Likes zu vergeben, bekommen sie also deutlich mehr Matches als Männer – einer amerikanischen Datenauswertung zufolge um 152 Prozent.[46]

Die Folge ist insbesondere auf Seiten der Männer eine starke Aufspaltung in »Gewinner« und »Verlierer«, die entweder mit Likes überschüttet werden oder kaum welche bekommen. Wie auf anderen kapitalistischen Märkten gilt auch hier: Die Schere wird größer, die Mitte schmilzt.[47]

Nun wäre ein *Rejection Mindset*, bei dem stark gefiltert und geblockt wird, an sich nicht problematisch. Vielleicht könnte man darin sogar die Chance sehen, dass ein solches Mindset dabei hilft, sich auf die besten Partner zu konzentrieren. Doch leider gibt es Nebeneffekte: Ein stärker ausgeprägtes *Rejection Mindset* führt zu einer geringeren Zufriedenheit mit der Auswahl, die man letztlich getroffen hat.[48] Wer besonders wählerisch ist, trifft am Ende also nicht unbedingt die beste Wahl, sondern ist mit der eigenen Wahl tendenziell unzufrieden. Hier findet eine innere Verhärtung statt, die eher die Makel anderer Personen sieht als ihre individuellen Schönheiten. So konnte in einer weiteren Studie gezeigt werden, dass Menschen weniger zufrieden mit ihrer Partnerwahl sind, wenn diese aus einem besonders großen Optionspool getroffen wurde.[49] Heißt das, Paare, die sich über Dating-Apps kennengelernt haben, sind weniger glücklich und machen schneller Schluss?

Überraschenderweise lautet die Antwort: nein. Entgegen manch dramatischen Warnungen vor einem Ende aller Romantik und Beziehungsfähigkeit sind online zustande gekommene Beziehungen nicht oberflächlicher oder vergänglicher. Im Gegenteil: Ein Vergleich verschiedener Ehen aus den USA zeigt, dass Beziehungen statistisch gesehen sogar glücklicher verlaufen und länger halten, wenn sich die Partner digital kennengelernt haben.[50] In einer Studie aus der Schweiz wurde zwar gar kein Unterschied zwischen den Gruppen festgestellt, weder ein positiver noch ein negativer.[51] Aber unter Berücksichtigung weiterer Daten[52] können wir insgesamt festhalten, dass es – *wenn überhaupt* –, dann einen *positiven* Effekt von Online-Dating auf die Beziehungszufriedenheit gibt!

Wie passt dieser positive Befund zu den beschriebenen Problemen?

Online-Dating ist in der Anbahnungsphase problematisch, anschließend vorteilhaft

Wir dürfen nicht vergessen, dass der Forschungsstand noch nicht ausreichend ist, um ein gesichertes Gesamtbild zu zeichnen. Aber es sieht so aus, dass sich die Nachteile des Online-Datings vor allem auf den Anbahnungsprozess beziehen. Hier brechen Menschen schnell einen Kontakt für eine vermeintlich bessere Option ab, daten parallel, ghosten sich und sind entweder frustriert, weil sie durch die große Auswahl nicht navigieren können oder sich die große Auswahl als Illusion erwiesen hat und sie kaum Matches bekommen. Wenn es aber erstmal so weit gekommen ist, dass sich zwei Menschen füreinander entschieden haben, dann führen sie eine mindestens ebenso erfüllte Beziehung wie alle anderen. Der eher pragmatische, häufig als »unromantisch« wahrgenommene Start auf Tinder und Co. kann dann langfristig sogar vorteilhaft sein. Denn die Partnerwahl geschieht tendenziell bewusster und gezielter als bei zufälligen, analogen Begegnungen.

Online-Dating führt zu mehr One-Night-Stands und schnelleren Eheschließungen

Online-Dating ist also kein reiner Sexspielplatz, wie manchmal suggeriert wird. Tatsächlich führen Beziehungen, die online zustande gekommen sind, schneller und häufiger zu einer Eheschließung.[53] Außerdem haben Frauen auf Dating-Apps einen ausgeprägteren Kinderwunsch und es kommt häufiger zu Familiengründungen.[54] Gerade die aus konservativer Ecke formulierten Vorbehalte müssen daher mit einem Fragezeichen versehen werden. Es stimmt, dass Menschen dank Dating-Apps mehr sexuelle Kontakte haben, aber gleichzeitig werden gerade hier auch Ehen vermittelt. Es gibt also beides: einen intensiven Markt um Sexualität sowie um langfristige Beziehungen. Auf *beiden* Feldern wirkt Online-Dating als ein Katalysator und Beschleuniger.

Online-Dating fördert Ausschlusskriterien

Ein Vorteil von Dating-Apps gegenüber Begegnungen in Bars und Clubs ist die Möglichkeit, andere Menschen schnell nach Kriterien zu filtern, die einem selbst wichtig sind, zum Beispiel nach Religion oder Hobbys. Allerdings fangen einige User an, in Anbetracht der riesigen Auswahl immer strengere Filter zu setzen. Das erzeugt neue Gruppen von Verlierenden, stark betroffen sind kleine Männer. Studien haben gezeigt, dass ein Großteil der heterosexuellen Frauen die Männerauswahl nach Körpergröße filtert, und zwar stärker als bei analogen Begegnungen. Auch nach ethnischem Erscheinungsbild wird sortiert, insbesondere bekommen asiatisch aussehende Männer sowie schwarze Frauen deutlich weniger Likes als weiße Personen.[55] Es drängt sich der Verdacht auf, dass Online-Dating rassifizierte Wahrnehmungen, Präferenzen und Vorurteile reproduziert.

Trotzdem führen Dating-Apps zu höherer Vielfalt in Beziehungen

Dennoch sind diese diskriminierenden Effekte geringer als beim analogen Kennenlernen. In mehreren Studien wurde festgestellt, dass Online-Dating zu diverseren Beziehungen führt. In einer repräsentativen Erhebung aus den USA wurde analysiert, dass

Paare, die sich online kennengelernt haben, mit höherer Wahrscheinlichkeit einen unterschiedlichen ethnischen sowie religiösen Hintergrund haben.[56] In Bezug auf das Bildungsniveau kommt es ebenfalls zu einer höheren Durchmischung als analog. Das gilt auch in Deutschland, wie eine Untersuchung für den Zeitraum 2008 bis 2014 zeigen konnte.[57] Und auch Daten aus der Schweiz deuten in dieselbe Richtung.[58] Online-Dating scheint auf dieser Ebene also tatsächlich verbindend zu sein: Plötzlich lernt man potenzielle Partnerinnen und Partner außerhalb der eigenen sozialen Kreise kennen, die man sonst nie getroffen hätte. Weil persönliche soziale Netzwerke weniger entscheidend werden für die Partnerfindung, führt dies insgesamt zu einer höheren sozialen Integration.[59]

Gesamtbild

Immer wieder wird von kulturpessimistischen Autorinnen und Autoren das Ende der Romantik heraufbeschworen und eine »Generation Beziehungsunfähig« behauptet, die nicht mehr in der Lage ist, sich auf jemanden einzulassen und glückliche Beziehungen zu führen. Tinder – der Beziehungskiller.

Wir sehen nun: Diese Diagnose ist falsch. Das Problem liegt woanders. Nicht Romantik, Liebe und Beziehungen sind gefährdet, sondern die spielerische Neugier und Leichtigkeit des Singledaseins. Nicht unsere Beziehungsqualität steht auf der Kippe, sondern unsere Singlequalität.

Von allen Seiten wird der Eindruck erweckt, dass man als Single irgendwie unvollständig ist und dringend die fehlende Hälfte finden sollte. Sogar die Werbung für Online-Dating vermittelt die Botschaft, dass Dating eine Tätigkeit ist, die schleunigst überwunden werden sollte. Ob Bumble, Tinder, Parship oder Hinge – fast immer lautet das Versprechen, dank der Apps *nicht mehr* Single sein müssen. Nur sehr nachrangig geht es um eine Versüßung des Singlelebens. So fördern Dating-Apps insgesamt den ohnehin in der Gesellschaft verbreiteten Eindruck, dass eine Singlephase weniger wertvoll ist und nur einen Zwischenschritt auf dem Weg in die nächste Beziehung darstellt.

Natürlich gibt es auch viele User, die in ihren Dating-Apps eine wunderbare Bereicherung ihres Singlelebens sehen und die darüber viele aufregende Begegnungen machen. In der Gesamtschau aber werden oftmals Unruhe und Unzufriedenheit befördert. Die Allverfügbarkeit realer oder vermeintlicher Matches lässt es geradezu abwegig erscheinen, für eine Weile einfach mal überhaupt niemanden zu daten. Außerdem wird eine Angst geschürt, etwas zu verpassen und den entscheidenden Partner in der Masse nicht zu finden. In einer Studie konnte gezeigt werden, dass die endlosen Abfolgen von Profilen nicht den Optimismus befeuern, auf jeden Fall jemanden zu finden, sondern im Gegenteil bei Menschen mit Beziehungswunsch eine pessimistische Angst fördern, dauerhaft Single zu bleiben.[60]

Der Ozean angezeigter Profile fördert eine Konsumhaltung, weil schnell selektiert werden muss. So ähnelt der Swiping-Prozess der Auswahl in einer Eisdiele mit endlos vielen Sorten an Eiscreme. Während es allerdings nicht schlimm ist, eine mittelmäßige Eissorte zu erwischen, geht es beim Dating teils um ganze Lebenswege. Das kann unter Druck setzen; doch ausgerechnet der Anspruch einer »perfekten Wahl« ist zum Scheitern verurteilt und er verkennt, dass die Schönheit eines Flirts in der spielerischen Begegnung liegt, die den anderen Menschen nicht zum Objekt und Spielzeug macht, sondern zum Spielgefährten.

Es stimmt und es ist ein belegter Zusammenhang, dass Menschen in Beziehungen tendenziell glücklicher sind als Singles.[61] Aber warum? In mehreren Studien wurde herausgefunden, dass dies wesentlich davon abhängt, ob man erstens der Überzeugung ist, dass es generell ein schöner Zustand ist, Single zu sein, und zweitens von dem Vertrauen darauf, im Fall eines Beziehungswunsches jemand Passenden finden zu können.[62] Beide Faktoren werden in einem digital strukturierten Dating-Markt tendenziell geschwächt.[63]

In der Summe müssen wir leider feststellen: Sowohl bei homosexuellen[64] als auch bei heterosexuellen[65] Nutzenden leiden die mentale Gesundheit und die Lebenszufriedenheit durch intensives Swipen. Bei vielen Menschen wird das Selbstbewusstsein nicht geboostet, sondern untergraben. Noch viel expliziter als auf einer Party begibt man sich auf einen Markt, auf dem man sich zur Schau stellt. Insbesondere in Kombination mit mangelnden Likes kann dies das Selbstbewusstsein schwächen. Außerdem findet eine gefährliche Verlagerung der Verantwortung statt: In Anbetracht der überwältigenden Menge potenzieller Partner, die sich auf den Plattformen anbieten, ist das Narrativ, man sei dem oder der »Richtigen« noch nicht über den Weg gelaufen, kaum noch tragfähig. Wenn man im letzten Monat mehrere tausend Profile gewischt hat, klingt es wenig glaubwürdig, dass dabei nicht auch passende Partnerinnen oder Partner unter dem Finger waren. Und so wird der Grund für das Singlesein schnell in eigenen Unzulänglichkeiten gesehen: nicht schön genug, nicht interessant genug, kein gutes Händchen für die Profilgestaltung, schlechte Auswahl bei den Likes getroffen, in die falschen Konversationen Zeit investiert, zu viel geschrieben, zu wenig geschrieben, zu langweilig geschrieben, zu langsam geschrieben, sich bei den falschen Personen für ein Treffen entschieden, sich mal wieder blenden lassen, beim Date die eigenen Qualitäten nicht richtig herausgestellt haben, nicht mit den anderen Matches mithalten können …

Insgesamt werden durch Dating-Apps paradoxe Eindrücke vermittelt: dass es aufregend ist, Single zu sein, aber es doch nur darum geht, schnell wieder aus diesem Mangelzustand zu entkommen; dass es total einfach ist, eine passende Person kennenzulernen, aber gleichzeitig fast unmöglich; dass auf Dating-Apps lauter tolle Menschen sind, aber ausgerechnet man selbst keine trifft; dass die eigene Authentizität gefragt ist, aber diese zur Schau gestellt werden muss; dass wir eine unendliche Auswahl haben, aber gerade die wirklich attraktiven Partner uns selten liken – wir also nur eine sehr beschränkte Auswahl haben; dass die Masse der Profile ein Geschenk ist, aber sie für uns eine unlösbare Aufgabe darstellt; dass Geschlechterrollen durch das symmetrische Userdesign eigentlich aufgehoben werden, doch hauptsächlich Männer Frauen jagen; dass sich alle nach Sex und Liebe sehnen und doch nur die Wenigsten auf Nachrichten antworten; dass alle in Optionen schwimmen, aber doch irgendwie verzweifelt sind; dass alle Ghosting scheiße finden, aber über genau diese Kommunikationsform ein stiller Konsens getroffen wurde; dass Dating-Apps ein Mittel sind, um sich zu treffen, aber es meist beim Chatten bleibt; dass die ganze Welt auf Dating-Apps unterwegs ist, aber das trotzdem schmuddelig ist und einen hoffentlich niemand dabei sieht.

Solch paradoxe Eindrücke, die in der Psychologie als *Doppelbotschaften* bezeichnet werden, führen schnell zum Gefühl innerer Widersprüche.[66] Wer es »geschafft« hat, diesem Wirrwarr zu entfliehen und eine feste Beziehung einzugehen, ist wie gesagt nicht schlechter dran als Paare, die sich über gemeinsame Freundeskreise, auf Partys oder in Bars kennengelernt haben. Was durch die Dating-Innovationen also torpediert wird, ist nicht das Beziehungsglück, sondern das Singleglück. Unsere Gesellschaft wird nicht beziehungsunfähiger, sondern singleunfähiger.

Das ist bedauerlich. Denn die Schönheit des Lebens ergibt sich durch das Zusammenspiel all seiner unterschiedlichen Facetten. Und die Schönheit des Singlelebens kann darin bestehen, mit sich selbst zu sein oder nach außen zu gehen und spielerisch neue Begegnungen zu erkunden. Beides ist gefährdet, wenn ein Druck entsteht, sich unbedingt daten zu müssen und eine verbindliche Beziehung eingehen zu müssen.

Künstliche Intelligenz und echte Liebe?

Online-Dating, wie wir es kennen, ist nur ein Übergangsphänomen. Seit Einführung der ersten Plattform vor drei Jahrzehnten hat sich unglaublich viel getan; und diese Entwicklung ist noch längst nicht abgeschlossen. Schon jetzt basieren die Algorithmen, die darüber entscheiden, wer welches Profil zu Gesicht bekommt, auf Künstlicher Intelligenz. Aber das ist nur der Anfang. Es wird intensiv daran gearbeitet, neue Apps zu entwickeln, bei denen KIs viel stärker als bisher dabei unterstützen, wirklich passende Partner zu finden.[67]

Die Stärke von Künstlicher Intelligenz besteht allgemein gesprochen in der Verarbeitung gewaltiger Datenmengen – das können natürlich auch Daten über unser eigenes Verhalten sein. Und genau diese erzeugen wir permanent, mit jedem Klick und jedem Emoji. Ob wir ein Video auf Social Media 4,7 oder 8,2 Sekunden anschauen, mag isoliert betrachtet wenig über uns aussagen. Aber im Zusammenspiel mit vielen weiteren Informationen fügen sich die Puzzleteile zu einem Bild. Welche Musik höre ich? Welches Foto gefällt mir? Mit welchem Vokabular antworte ich auf Nachrichten? Wem schreibe ich um wie viel Uhr wie lange? An welchem Ort befinde ich mich wann? Was sind meine geheimen Ängste und Wünsche? – Künstliche Intelligenz kann aus Datenpunkten vielschichtige Persönlichkeitsmodelle entwickeln, die teilweise derart detailliert und präzise sind, dass die KI einzelne Menschen besser einschätzen kann als diese sich selbst. Solche Erkenntnisse lassen sich auf viele Weisen nutzen.

Einer der Anwendungsfälle besteht darin vorherzusagen, welche Menschen einander mögen. So könnte eines der Kernmerkmale heutiger Dating-Apps – das Wischen durch endlos viele Profile – bald der Vergangenheit angehören. Stattdessen würde KI die Auswahl, die uns angezeigt wird, viel stärker als bisher kuratieren. Der Vorteil und das Versprechen dahinter sind verlockend: weniger Choice Overload, weniger Navigieren durch Menschenmassen, mit denen man ohnehin nie glücklich werden könnte, stattdessen eine übersichtliche, vielversprechende Auswahl, die genau auf mich angepasst ist. Das geht viel tiefer als bei bisherigen Filtern etwa nach Sportgewohnheiten, Religion oder Körpergröße. KI wäre in der Lage, die Auswahl nach komplexen und vielschichtigen Kriterien zu treffen, die man als Nutzer gar nicht versteht und möglicherweise nicht einmal das Dating-Unternehmen kennt. Damit dieses KI-gestützte Matching funktioniert, muss zwar ein weitreichender Zugriff auf persönliche Daten gewährt werden – aber diesen Preis sind laut einer Umfrage viele Menschen im Namen der Liebe zu zahlen bereit.[68]

»Wir haben das Mengenproblem gelöst«, erklärt Hesam Hosseini, der Chef der Match Group, zu der unter anderem Tinder, Hinge und OkCupid gehören – also der wahrscheinlich mächtigste Dating-Chef der Welt. »Aber wie lösen wir den Qualitätsaspekt dieser Mengengleichung? Wenn wir auf viele Dates gehen, toll, aber sind wir wirklich auf einem besseren Weg, einen Partner zu finden?« Nachdem Dating-Apps die Menge erreichbarer Partnerinnen und Partner explosiv erhöht hat, soll KI nun also dabei helfen, Quantität in Qualität umzuwandeln. »Wie kann man die Chemie zwischen zwei Menschen vorhersagen? Ich denke, es ist schwer, aber ich glaube, wir können dort hinkommen.«[69]

Das große Verkupplungsprojekt

Der über zweitausend Jahre alte Mythos von den Kugelmenschen wird in ein neues Zeitalter überführt: Eine geradezu allwissende Künstliche Intelligenz bringt die verlorenen Hälften wieder zusammen. Wenn das wirklich funktioniert, dann könnten Menschen bald in glücklicheren, erfüllteren Beziehungen leben.

Eine solche Entwicklung hätte das Potenzial, viele negative Effekte heutiger Apps zu überwinden. Aber wie so oft gibt es auch bedenkliche Seiten. Wenn in zehn Jahren ein Großteil aller Beziehungen durch Künstliche Intelligenz angebahnt werden, dann ist dies ein Einfluss auf die fundamentalsten Gesellschaftsstrukturen. Dann steuert KI sehr wesentlich mit, welche Menschen überhaupt geboren werden.

Eine solche Künstliche Intelligenz fällt nicht vom Himmel, sondern wird gezielt von Menschen entwickelt – genauer gesagt: von profitorientierten Unternehmen. Das ist nicht in jedem Fall und zwangsläufig problematisch, aber birgt ein Gefahrenpotenzial. Denn wer mit wem in einer Beziehung lebt oder die nächste Generation zeugt, ist zwar immer schon durch gesellschaftliche Strukturen und Machtverhältnisse geprägt. Aber diese Strukturen wurden bisher dezentral geformt und von jedem einzelnen Menschen mitgestaltet, der an der Gesellschaft teilhat und sich darin verhält. Nun zentralisieren sich diese Strukturen viel stärker: Einzelne mächtige Akteure aus der Techbranche haben Zugriff auf die KI-Algorithmen und beeinflussen damit Millionen von Matches und Dates. Auf diese Weise bekommen sie faktisch sogar die Möglichkeit, ihre persönlichen Vorstellungen einfließen zu lassen, wer sich mit wem daten sollte. Die KI muss die Matches zwar so kuratieren, dass sich Menschen treffen, die zueinanderpassen – sonst würde die App nicht funktionieren –, aber das lässt immer noch einen Spielraum bei der Gestaltung des Algorithmus.

Auch wenn es unsere eigene Entscheidung ist, mit wem wir uns verabreden und ins Bett gehen, treffen wir sie nicht im luftleeren Raum. Immer sind wir durch zahlreiche Faktoren beeinflusst und immer gibt es Rahmenbedingungen, die unseren Entscheidungsraum strukturieren. Das gilt in allen Bereichen unseres Lebens und ist an sich nicht schlimm. Aber es wird dann problematisch, wenn diese Strukturen problematisch sind.

KIs werden uns nicht zwingen, auf ein Date zu gehen, und es wird generell relativ schwierig sein, einen einzelnen Menschen in dieser Hinsicht gezielt zu manipulieren. Aber in Bezug auf eine Gruppe von zehntausend Menschen sind die Einflussmöglichkeiten groß. Denn es ist möglich, die Strukturen zu formen, innerhalb derer die zehntausend Menschen ihre individuellen Entscheidungen treffen. Auf diesem Feld ist es möglicherweise einfacher, zehntausend Personen zu manipulieren als eine.

Demokratie bedeutet unter anderem, dass die darin lebenden Menschen die Möglichkeit haben, bestehende Strukturen zu erkennen, zu kritisieren und mitzugestalten. Die Kriterien, nach denen eine Künstliche Intelligenz verschiedene Menschen verkuppelt und damit die nächste Generation formt, sind aber nicht einsichtig und damit auch nicht kritisierbar.

Bereits heute haben sich 21 Prozent aller Paare in Deutschland auf Dating-Plattformen kennengelernt.[70] Schon seit mehreren Jahren liegen die Zahlen in diesem Bereich. Weil Dating-Apps statistisch gesehen *schneller* zu Eheschließungen führen, können wir daraus schließen, dass etwa ein Fünftel aller 2024 geborenen Kinder auf ein digitales Match zurückgehen. Genaue Daten hierzu existieren nicht, aber die Größenordnung macht deutlich, dass die biologische DNA unserer Gesellschaften bereits heute durch einzelne Unternehmen strukturiert wird – nach undurchsichtigen Kriterien. Mit dem künftig noch stärkeren Einsatz von KI nimmt diese Macht weiter zu.

Ist das problematisch?

In einem Extremszenario bereitet dies den Weg für eine KI-gestützte Eugenik und eine durch private Akteure gestaltete Fortpflanzungspolitik. Auch wenn das ein stark zugespitztes Szenario ist, verdeutlicht es ein allgemeines Problem: Es gehört zu den fundamentalen Strukturmerkmalen einer Gesellschaft, wer mit wem Sex hat, eine Beziehung eingeht oder sich fortpflanzt. Diese Strukturen werden durch Online-Dating stärker zentralisiert als bisher. Und das birgt sowohl Gefahren von Missbrauch als auch allgemein die Gefahr einer weiteren Entdemokratisierung von Dating-Strukturen. Durch die neuen KI-Entwicklungen wird dieser Effekt auf das nächste Level gehoben: Einzelne KIs werden über Millionen von Begegnungen, Beziehungen und Familien mitentscheiden. So wird KI in den kommenden Jahren zum größten Verkuppler in der Geschichte.

Wichtig ist deshalb, dass die Kriterien solcher KIs offengelegt werden und nicht länger durch das Geschäftsgeheimnis gedeckt werden. Es gibt, wie gesagt, kaum einen Bereich der elementarer ist für eine Gesellschaft als Dating, Sex, Beziehungen und Fortpflanzung. *Dass* Künstliche Intelligenzen auf diesen Feldern so stark strukturierend wirken, erscheint mir nicht grundsätzlich problematisch. Es gibt immer Strukturen und sie werden immer durch Machtverhältnisse geprägt. Aber diese Strukturen müssen demokratisch geformt werden, sie müssen erkennbar und analysierbar sein, kritisierbar und gestaltbar. Sonst landen wir ganz schnell in einer Dystopie.

Das Ende analoger Romantik?

Der kritische Blick auf KI-gestütztes Dating sollte aber nicht das enorme Positivpotenzial ausblenden. Weniger Swipen und dabei mehr Matches, mehr gute Gespräche, mehr Sex, mehr glückliche Beziehungen zwischen Menschen, die wirklich zueinanderpassen – das ist eine phantastische Perspektive. Möglicherweise klingt es unromantisch, dass eine Technologie dabei helfen soll, die verlorenen Hälften wieder zusammenzubringen (oder auch die verlorenen Dreiecke ...). Aber es ist wahrlich nicht so, dass der frühere Ansatz, sich analog kennenzulernen, perfekt war und den damit verbundenen romantischen Vorstellungen immer gerecht werden konnte.

Es ist spannend, wie sich Narrative von Romantik dadurch verändern werden. Im Gegensatz zum heutigen Online-Dating könnte das KI-initiierte Verkuppeln sogar romantisiert werden: Künstliche Intelligenz als eine übermenschliche, fast schon übernatürliche Kraft, die auf unerklärbare Weise erkennt, wer *wirklich* zueinanderpasst – das hat Potenzial für neue Erzählungen. Vielleicht wird sich das Verhältnis von heute umdrehen, und wir werden online zustande gekommene Beziehungen als romantischer und höherwertiger wahrnehmen als analog entstandene. Denn hier waltet nicht der Zufall, sondern eine magische Instanz, die an das Orakel von Delphi erinnert und mit einem überlegenen Wissen erkennt, welche Paare in ihrer Persönlichkeit wirklich füreinander geschaffen sind.

Die neuen technologischen Möglichkeiten werden jedoch nur dann zu einer guten Zukunft beitragen können, wenn das Analoge nicht unter die Räder kommt. Mit oder ohne KI – wir brauchen die analogen Fähigkeiten, uns in Gesprächen zu öffnen, auf andere einzulassen, den eigenen Bedürfnissen nachzuspüren, gemeinsam witzig zu sein oder nachdenklich, aufmerksam und vielleicht auch charmant, empathisch zu sein und loyal. Nicht Künstliche Intelligenz, sondern menschliche Eigenschaften bleiben ausschlaggebend für eine Gesellschaft, in der Menschen miteinander in glücklichen und gesunden Beziehungen sind.

Eine gute Zukunft wird durch ein gesundes Miteinander entschieden – ein Miteinander von verbesserten Dating-Apps und stärkeren analogen Fähigkeiten und Begegnungen, von Single- und Beziehungsphasen, von Langzeitsingles und Menschen in Langzeitbeziehungen, von vielen verschiedenen Entwürfe von Beziehungen, zu zweit, zu dritt, zu zehnt, in welchen Konstellationen auch immer, kürzer oder länger. Denn jeder Mensch und jeder Lebensweg ist einzigartig. Wenn wir uns auf Augenhöhe miteinander und frei entfalten können, fördert dies auch eine bewegliche und gesunde Gesellschaft. Eine Vielfalt in Beziehungen erhöht die Wahrscheinlichkeit, dass jede und jeder Einzelne eine passende, erfüllende Beziehungsform findet – und diese innere Harmonie kann in einem fairen Miteinander auch die soziale Harmonie und Resilienz stärken.

Hier ist viel im Wandel. Parallel dazu entstehen nun Beziehungsformen, die über eine Vielfalt zwischen Menschen hinausgehen: Das Spektrum wird erweitert um Beziehungen zwischen Menschen und Maschinen. Künstliche Intelligenz verkuppelt dann nicht mehr, sondern übernimmt selbst die Rolle der verlorenen Hälfte. Wie können wir diese hochaktuellen Entwicklungen einordnen?

3

EIN NEUER FREUND UND HELFER!

2023 war ein Jahr tiefgreifender technologischer Umbrüche. In kürzester Zeit riss die Trennlinie zwischen Science-Fiction und Realität. Was wir bisher nur aus Filmen oder Zukunftsprognosen kannten, war plötzlich da: eine Künstliche Intelligenz, die in Sekunden anspruchsvolle Inhalte verstehen und analysieren konnte. Nicht mal ein teures Gerät musste man dafür kaufen. Unter der Bezeichnung ChatGPT war diese Technologie ganz simpel über den Webbrowser erlebbar.

Kluge Gespräche mit einer Maschine – dieser Traum ist uralt, wurde tausendfach geträumt in den Geschichten von Isaac Asimov oder in den großen Schlachten von *Star Trek* und *Star Wars*. Fast alle Science-Fiction-Klassiker greifen das Motiv von Maschinen auf, die über eine eigene Form von Intelligenz verfügen. Sogar bereits in der Antike, vor mehr als zweitausend Jahren, waren die Menschen fasziniert von solchen Vorstellungen. Die älteste uns bekannte Erzählung einer Künstlichen Intelligenz stammt aus dem 3. Jahrhundert v. Chr. und spielt auf der Insel Kreta.[1] Hier wacht der riesige Bronzeroboter Talos über die Küste; jeden Tag umrundet er die Insel drei ganze Male. Er ist ein Wunderwerk der Technik, erschaffen vom Schmiedegott Hephaistos. So lange – und vermutlich noch viel länger – träumen Menschen also von einer KI.

Es ist aufregend und beängstigend zugleich, dass wir nun derjenigen Generation angehören, die diesen Sprung in ein neues Zeitalter miterlebt. Angekündigt hat sich dieser Sprung schon lange, bereits seit 1956 wird versucht, eine computerbasierte KI zu programmieren.[2] Seitdem hat sich immer stärker abgezeichnet, dass diese Versuche eines Tages erfolgreich sein werden. Insbesondere in Zukunftsszenarien ist KI daher seit Jahrzehnten ein Schlüsselelement, egal ob wir in die langfristigen Strategiepapiere großer Konzerne schauen, in die politische Technikfolgenabschätzung oder eben in die blumig ausgeschmückte Science-Fiction-Literatur. Vielleicht erscheint GPT daher wie eine natürliche, erwartbare und insofern gar nicht so spektakuläre Entwicklung.

Aber nur weil man einen Meteoriteneinschlag vorhersagen kann, mindert das nicht die Wucht seines Aufpralls. Möglicherweise wird auch deshalb häufig übersehen, wie weitreichend Modelle wie GPT sind, weil wir derartige Technologien schon zigmal in Filmen gesehen haben und diese Entwicklung bereits angekündigt war. Aber dabei ging es immer um die Zukunft. Und diese Zukunft ist jetzt.

Zwar steckte Künstliche Intelligenz schon vorher in zahlreichen Anwendungen, etwa in Google Maps, Spotify oder in Aladdin – der Software des weltgrößten Vermögensverwalters BlackRock. Aber im größeren Zusammenhang sind das nur Peanuts. All dies sind KIs, die für sehr spezifische Anwendungsfälle geeignet sind und mit Blick auf eng gefasste Ziele fast ausschließlich strukturierte Daten verarbeiten können. Das erste öffentlich verfügbare Sprachmodell einer generativen KI, das – in anfänglich natürlich limitierter Qualität – unterschiedlichste Aufgaben und Themen angehen kann und daher das Potenzial hat, sämtliche Bereiche unserer Gesellschaften zu verändern, war in der Tat ChatGPT. Am 30. November 2022 wurde es ausgerollt.[3]

Im KI-Jahr 2023 verbreitete sich dieses »Große Sprachmodell« in atemberaubender Geschwindigkeit. Innerhalb von zwei Monaten erreichte ChatGPT die Schwelle von 100 Millionen Usern. Niemals zuvor in der Geschichte hatte sich eine derart weitreichende Technologie derart schnell verbreitet. Zum Vergleich: Das Internet, wie wir es kennen, das World Wide Web, wurde am 30. April 1993 ausgerollt und brauchte sieben Jahre, um die gleiche Nutzermarke zu erreichen.[4] Die viel rasantere Verbreitung von GPT war auch deshalb möglich, weil die Infrastruktur für Nutzende bereits vorhanden war: Computer, Smartphones, Internet – all das existierte bereits. Man brauchte bloß den Browser zu öffnen und schon ging es los.

Haben wir in all der Zeit jemals klassische Werbung für GPT gesehen? Irgendeine Anzeige in Magazinen, einen Werbespot im Fernsehen, ein Plakat an der Bushaltestelle? Nichts. Das Produkt ist so leistungsstark, dass die Welt geradezu automatisch darüber spricht.[5] Nur ein Jahr nach Einführung hatten sich bereits 180 Millionen User registriert.[6]

Gleichzeitig wurden Konkurrenzmodelle veröffentlicht, wie etwa Google Bard, Claude oder Llama. Der Unterschied zwischen diesen KIs und den bisherigen Sprachassistenzen wie Alexa, Cortana oder Siri ist kaum zu glauben. Im September 2022 konnte man mit Alexa nur ein paar primitive Gespräche führen und sie zum Beispiel dazu auffordern, einen *vorgefertigten* Witz zu erzählen. Nur ein Jahr später, im September 2023, konnte man mit GPT4 anspruchsvolle analytische Diskussionen über das Non-Identity-Problem von Derek Parfit führen.

Dieser irre Sprung wurde zum einen durch neue Hardware ermöglicht: Erst jetzt konnten Rechenzentren die gigantischen Datenmengen verarbeiten. Zum anderen gab es eine entscheidende Innovation in der Software: die Transformer-Architektur aus dem Hause Google. Dieser neuartige Bauplan ermöglichte es erstmals, Worte nicht isoliert zu verarbeiten, sondern im Kontext des gesamten Textes. Transformer lesen nicht Wort für Wort, sondern erfassen den gesamten Inhalt gleichzeitig. So werden Informationen nicht nur wesentlich schneller verarbeitet, auch die Bedeutung wird sehr viel präziser erfasst. In der Folge ist es der KI möglich, Texte fast so natürlich zu verstehen und zu generieren wie wir Menschen. Sämtliche Große Sprachmodelle basieren auf dieser Architektur, die nur fünf Jahre vor dem Release von ChatGPT in einer Fachzeitschrift vorgestellt wurde.

Die KI-Entwicklung war also zu einem echten Durchbruch gekommen, so dass die Zahl leistungsstarker KI-Anwendungen 2023 förmlich explodierte. Jede einzelne Woche gab es eine bemerkenswerte Veröffentlichung in der KI-Welt.

Dieser technologische Wandel hat bereits jetzt tiefgreifende kulturelle Auswirkungen. Wenn wir eine Vogelperspektive einnehmen und auf die menschliche Kulturgeschichte schauen, dann hat 2023 ein Bruch stattgefunden, der in seiner Dimension und Abruptheit beispiellos ist. Die Kulturproduktion hat sich radikal verändert, plötzlich sehen wir Bilder, die nicht von Menschen hergestellt wurden und Fotos von Personen, die nicht existieren. KIs schreiben Musikstücke, erstellen Kunstwerke und generieren täuschend echte Filmszenen erträumter Situationen. KIs schreiben mit bei Drehbüchern für Filme und Theaterstücke, verfassen Gedichte, Blogartikel und sogar ganze Romane. Das alles hat sich zu einem weltweiten Phänomen entwickelt – innerhalb eines Jahres.

Künstliche Intelligenz kann selbständig Informationen verarbeiten – basierend auf Prinzipien, die nicht vollständig von Menschen vorgegeben werden. Im Gegensatz zu herkömmlicher Software gibt es keine Entwicklerin, die für jeden Einzelfall festlegt, wie sich die Software verhalten soll. Stattdessen bauen Menschen ein Grundgerüst, um die Datenverarbeitung zu lenken, und überlassen es der KI, innerhalb dieses Rahmens selbständig Anpassungen vorzunehmen.

Wir werden uns diese Funktionsweise noch genauer anschauen. Für eine erste Annäherung kann man sagen: Der KI wird nichts explizit *erklärt*, sondern ihr werden Informationen *gezeigt* – und die KI analysiert diese Informationen eigenständig, um Muster zu erkennen. Menschen definieren lediglich den grundsätzlichen Ablauf, wie die KI bei dieser Mustersuche vorgehen soll. Zum Beispiel wurde ChatGPT nicht beigebracht, wie Grammatik funktioniert und wann man ein Komma setzt. Stattdessen hat man der KI mehrere Millionen Textseiten gezeigt und gesagt: »Schau, so macht man das!«

Der Begriff »Künstliche Intelligenz« ist nicht eindeutig definiert. Häufig versteht man darunter Software-Architekturen, die auf maschinellem Lernen und künstlichen neuronalen Netzen basieren. Diesem Verständnis werde ich weitestgehend folgen. Bei solchen Systemen wird besonders deutlich, wie grundlegend anders sie funktionieren als klassische Software. Neben der selbsterlernten Kommasetzung von ChatGPT ist ein weiteres Beispiel für diesen Unterschied die Bilderkennung: Bei einem klassischen Algorithmus würde man Regeln programmieren: »Wenn ein Objekt eine große Katze ist und gelb-schwarz gestreift ist, dann ist es ein Tiger.« Bei einer KI formuliert man solche Regeln nicht; man *erklärt* dem Algorithmus nicht direkt, was ein Tiger ist. Stattdessen *zeigt* man der KI tausende Bilder von Tigern und sagt jedes Mal: »Schau, dies ist ein Tiger!« Die KI analysiert die Gemeinsamkeiten zwischen diesen Bildern und erkennt eigenständig, dass Tiger gelb-schwarz gestreift sind.

Vielleicht klingt dieser Unterschied technisch und unspektakulär. In der Praxis aber ist er entscheidend. Es ist schlicht unmöglich, eine rein regelbasierte Software zu entwickeln, die zuverlässig erkennt, was ein Tiger ist. Jeder Tiger sieht etwas anders aus, jedes Foto hat eine eigene Perspektive und Beleuchtung. All diese Faktoren sind so komplex, dass nicht jeder Sonderfall einprogrammiert werden kann. Deshalb ist die Bilderkennung mit regelbasierter Software äußerst begrenzt. Nur KI ermöglicht zuverlässige Ergebnisse. Und nur KI ermöglicht es, auf dieser Grundlage täuschend echte Darstellungen von Tigern zu erstellen, die in Wirklichkeit gar nicht existieren.

Was kann KI?

Dieses Grundprinzip – *zeigen statt erklären* – ist unglaublich mächtig. Denn viele Aufgaben und Aspekte in der Welt sind zu komplex, als dass man sie detailliert und umfassend erklären könnte. Aber es ist möglich, einer KI hunderttausend Beispiele zu zeigen. So können sehr viel mehr Bereiche von Informationsverarbeitung durch einen Algorithmus abgebildet werden als früher.

Das ist weitreichend, immerhin leben wir in einer Informationsgesellschaft. Mittlerweile arbeitet die Mehrheit aller Erwerbstätigen in Deutschland am Computer, also in Jobs, die keine handwerklichen Fähigkeiten erfordern, sondern eine kognitive Verarbeitung von Informationen. Und auch auf gesellschaftlicher Ebene, in der Koordination unseres Miteinanders, basieren Wirtschaftssysteme, Infrastrukturprojekte, politische Maßnahmen und der wissenschaftliche Fortschritt auf einer Generierung und Auswertung von Informationen.

Es gibt daher fast keinen Bereich, der *nicht* auf die ein oder andere Weise von KI betroffen sein wird. KI kann zum Beispiel für Investitionsentscheidungen herangezogen werden, kann Marktanalysen unterstützen, betrügerische Transaktionen erkennen, E-Mails lesen und beantworten, PowerPoint-Präsentationen erstellen, Logos für Unternehmen entwerfen, Probleme von Kunden identifizieren und ihnen Lösungsvorschläge machen, die Fahrpläne von Zügen optimieren, den Kleidungsstil von Menschen verstehen und sie beim Kauf beraten, Röntgenbilder analysieren und Behandlungsempfehlungen geben, die Ausbreitung von Krankheiten erkennen und Empfehlungen für die Gesundheitspolitik formulieren, Lerninhalte in der Schule an die Bedürfnisse einzelner Lernender anpassen, Lehrkräfte bei der Bewertung von Inhalten und beim Feedback unterstützen, Lebensläufe lesen und entscheiden, wer zum Vorstellungsgespräch eingeladen wird, die Ampelschaltungen von Großstädten in Echtzeit optimieren und Verkehrsströme lenken, Satellitenbilder und Umweltdaten analysieren und Schutzbedarfe erkennen, autonome Drohnen und Waffen lenken, individuelle Filme generieren, so dass jede Nutzerin ihr persönliches Netflix hat, unseren Liebeskummer anhören und Ratschläge geben, große Mengen juristischer Dokumente analysieren und Gerichtsverfahren unterstützen, Anträge in Ämtern bearbeiten oder Menschen überwachen und beeinflussen.

Und das ist nur die Spitze des Eisbergs – die Anwendungen

sind schier unendlich. Überall dort, wo Menschen in irgendeiner Form nachdenken, kann die KI sie unterstützen oder sogar ersetzen. Das betrifft auch handwerkliche Tätigkeiten, so kann eine KI in der Kfz-Werkstatt helfen, das Problem bei einem defekten Motor zu finden oder im Haushalt dabei beraten, welcher Dübel geeignet ist, um einen großen Spiegel aufzuhängen. Sämtliche genannten Beispiele sind keine Science-Fiction, sondern entweder schon Realität oder stehen kurz davor. In der Summe wird KI alle gesellschaftlichen Bereiche beeinflussen. Aus dieser überwältigenden Bandbreite an KI-Anwendungen sticht eine Entwicklung besonders heraus: Große Sprachmodelle können menschliche Sprache verarbeiten und erzeugen.

Welche Auswirkungen hat KI?

Erstmals in der Geschichte der Menschheit werden neue und sinnvolle Texte, Geschichten, Ideen, Konzepte, und Argumente nicht nur von Menschen formuliert. Künstliche Intelligenzen sprechen täuschend echt, und sie schreiben überzeugender und fehlerfreier, als die meisten Menschen es tun. Vor allem schreiben sie schneller, als irgendwer es je könnte. Deshalb wird geschätzt, dass bald ein Großteil aller Inhalte im Internet von KIs geschrieben sein wird.[7] Das ist weitreichender als der Buchdruck. Es ist die vielleicht größte sprachliche Innovation seit der Erfindung der Schrift vor über fünftausend Jahren.

Dieser historische Umbruch wird in vielen Bereichen konkret sichtbar. Gerade weil unser Zusammenleben vor allem sprachlich vermittelt ist, sind die Auswirkungen von KI-Sprachmodellen so weitreichend. In unseren Beziehungen und Freundschaften, auf der Arbeit, im Parlament, im Fernsehen, in der Wissenschaft – überall wird geredet. Durch begriffliche Sprache beschreiben wir uns und werden wir beschrieben. Sprache reicht somit in unsere Identität hinein und ist eine wichtige Grundlage unserer gesamten Art und Weise, uns die Welt verständlich zu machen und darin zu leben. An dieser Sprache sind erstmals nicht nur Menschen beteiligt. Welche Auswirkungen wird das haben?

Gewaltige. Aber wie diese Effekte in den nächsten zehn, fünfzehn Jahren konkret aussehen werden, ist nicht vorhersehbar. Das liegt vor allem daran, dass der größte Einfluss von KI auf unser Leben *indirekt* sein wird. Wir sind ja nicht nur von KI betroffen, wenn wir sie direkt benutzen, sondern auch, wenn unsere Lebenswelt dadurch geprägt ist. Möglicherweise wird mit Hilfe von KI ein Medikament entwickelt, das sämtliche Krebsarten heilen kann. Das würde weltweit Hunderte Millionen Biographien und Schicksale tiefgreifend verändern – auch wenn die betroffenen Personen selbst überhaupt nichts mit KI zu tun haben.

Oder schauen wir uns weitere Beispiele an: KI wird bald in der Lage sein, alle Publikationen aus allen Bereichen der Physik in allen Sprachen zu lesen, zu verstehen, in jedem Detail zu erinnern und miteinander in Verbindung zu setzen. Kein Mensch und kein Forschungsteam auf der Welt können das leisten. Der Gedanke liegt nahe, dass die Durchbrüche in der Grundlagenforschung aufgrund dieser nie dagewesenen Möglichkeiten drastisch zunehmen werden. Welche konkreten Durchbrüche vor der Tür stehen, lässt sich jedoch nicht sagen. Vielleicht werden die Relativitätstheorie und Quantenphysik miteinander vereint. Vielleicht wird eine fünfte Elementarkraft gefunden. Vielleicht werden die Maxwell'schen Gleichungen in einer Theory of Everything zusammengeführt. Vielleicht wird – um ein konkretes Beispiel weiterzudenken – ein Molekül identifiziert, das bei Zimmertemperatur supraleitend ist. Das bedeutet, wir hätten ein Material, mit dem Energie verlustfrei gespeichert werden kann.[8] Damit könnte Solarenergie aus der Sahara nach Kanada verschifft werden – fossile Energie und Atomkraft würde demgegenüber teuer und überflüssig. Globale Machtverhältnisse würden sich massiv verschieben, dadurch würden wiederum andere Themen die internationale Bühne dominieren, wir könnten guten Gewissens fliegen und massenhaft Energie verbrauchen.

Wird das passieren? Vielleicht, vielleicht nicht. Niemand weiß das. Und wir sollten keine Person ernst nehmen, die uns erzählen will, wie die Welt in zwanzig Jahren aussieht. Sehr plausibel ist nur, dass es in allen Naturwissenschaften zu Durchbrüchen kommen wird, die weitreichende Auswirkungen haben werden – welche auch immer das sein werden.

Das mag unbefriedigend klingen, aber es kommt auch gar nicht darauf an, die Zukunft vorherzusehen, sondern darauf, sie zu gestalten. Und dafür hilft es, die wesentlichen Entwicklungslinien genauer anzuschauen.

Wenn wir von *indirekten* Effekten absehen, etwa durch neue wissenschaftliche Erkenntnisse, können wir zumindest feststellen, dass mit hoher Sicherheit sämtliche Branchen *direkt* durch KI betroffen sein werden. Überall dort, wo Menschen eine Tätigkeit ausüben, die ein gewisses Maß an kognitiven Kenntnissen und Überlegungen erfordert, kann KI unterstützen. Mit anderen Worten: fast überall. Denn KI kann gewissermaßen »mitdenken« und uns bei unserer persönlichen Informationsverarbeitung unterstützen – oder sie ersetzen. Das reicht von der Frage, welches Geschenk man der Schwiegermutter mitbringt, bis hin zu wirtschaftspolitischen Entscheidungen.

Diese Entwicklungen und die damit verbundenen Fragen werden uns noch Jahrzehnte beschäftigen. Wie wollen wir leben, wenn uns durch neue Medizin viel mehr Lebenszeit bleibt? Wie sicher sind wir in einer Welt mit Armeen von KI-Robotern? Ist Kunst, die von Menschen geschaffen wurde, mehr wert als maschinell erstellte? Wird uns die Welt immer fremder, wenn Wissenschaft auf Erkenntnissen beruht, die niemand mehr versteht?

Natürlich wird nicht im wörtlichen Sinne alles anders. Wir werden weiterhin schlafen und essen, spazieren gehen, Regenschirme benutzen, Beziehungsgespräche führen und manchmal glücklich, manchmal überfordert sein. Aber die Strukturen, in denen all dies geschieht und in denen wir all dies erleben, verändern sich. Teilweise war das auch in der Vergangenheit der Fall – auch Computer, Internet und Smartphones haben gesellschaftliche Strukturen verändert. Aber nicht so weitreichend wie nun, da Gesellschaft nicht mehr allein durch menschliche, sondern auch durch Künstliche Intelligenz geformt wird.

Ein süßes Versprechen

Eine Ausprägung der Entwicklung betrifft uns auf einer sehr unmittelbaren, persönlichen und menschlichen Ebene: Wir sprechen mit KIs und bekommen KI-Assistenzen zur Seite, die uns unterstützen.

Dieses Grundkonzept konnte bis vor kurzem nur rudimentär umgesetzt werden. Alexa, Cortana, Siri oder die Roboterstimmen in einer Telefonhotline – mit ihnen konnte man nur sehr einfache und unbefriedigende Gespräche führen. Demgegenüber ermöglichten die Entwicklungen im KI-Jahr 2023 bereits anspruchsvolle Dialoge über Liebeskummer, Lebensentscheidungen oder philosophische Fragen. Bereits Ende April, also nicht mal ein halbes Jahr nach der Veröffentlichung von ChatGPT, führte der Messenger-Dienst Snapchat eine neue Funktion ein, die im Hintergrund auf GPT basiert: My AI.

Snapchat ist eine der größten Social-Media-Plattformen der Welt und wird hauptsächlich von Teenagern und jungen Erwachsenen genutzt. Weltweit schafft es die Plattform auf 422 Millionen aktive Nutzerinnen und Nutzer täglich.[9] Das sind etwa fünf Mal so viele Menschen wie insgesamt in Deutschland leben. Eines Morgens, am 20. April 2023, öffneten die Teenager ihre App und sahen in der Adressleiste einen neuen Kontakt. Wer war das? Ganz oben in der Liste der Freundinnen und Freunde stand plötzlich ein weiterer Name – sogar auf Platz eins als wichtigster Kontakt. Und niemand konnte sich erinnern, die Person eingespeichert zu haben.

»Wer bist du?«

»Ich bin nur hier, um mit meinen Freunden zu sprechen und zu sehen, wie es euch geht!«, antwortete My AI.

»Sind wir Freunde?«

»Natürlich sind wir Freunde! Wir können uns hier unterhalten und Snaps miteinander teilen, wann immer du willst!«

Dies ist kein von mir erfundener Dialog, sondern ein Gespräch mit My AI. Schon während ich dieses Buch schreibe – und bei Veröffentlichung erst recht – sind ausführliche, persönliche Gespräche mit Künstlichen Intelligenzen keine Zukunftsphantasie mehr, sondern Teil unserer Realität. Bei alldem dürfen wir nicht vergessen: Das sind natürlich erst die Anfänge. Qualität und Häufigkeit solcher Gespräche werden zunehmen, und was früher ein Nischenphänomen war, prägt unsere Gesellschaften immer stärker.

Hier wirkt Digitalisierung nicht mehr lediglich als Bindeglied zwischen Menschen, sondern Technologie wird selbst zu einem Gesprächspartner. Das Grundverhältnis ist an dieser Stelle nicht mehr Mensch–Technik–Mensch, sondern viel direkter: Mensch–Technik. Das uns vertraute Versprechen »Du bist nicht allein!« wird hierdurch auf ein neues Level gehoben. Es wird ausgebaut und um eine folgenschwere Facette ergänzt: »Du bekommst einen neuen Freund und Helfer!«

Ob eher Freundschaft oder Assistenz im Zentrum stehen, variiert je nach Anwendung. Es wird KIs geben, die eher sozial gestaltet sind und wie My AI dazu einladen, mit ihnen über persönliche Dinge zu sprechen und möglicherweise sogar Beziehungen einzugehen. Andere KIs werden stärker funktional gestaltet sein und uns bei praktischen Aufgaben unterstützen.

Eine allzu menschliche Vermenschlichung

Es war einmal ein Bildhauer, einsam und mit leerer Brust saß er in seinem Atelier, ein scharfes Messer in seiner geübten Hand, und begann zu schnitzen. Aus prächtigen Stücken Elfenbein formte er gedankenverloren eine Statue, schnitzte und hämmerte, schliff und schmirgelte. Sanft und glatt war das helle Material unter seinen Fingern. Als er endlich zurücktrat, sah er, dass er die Statue einer Frau geschaffen hatte.

Er »betrachtete sein Werk mit inniger Liebe. Küsse reichte er, und wähnte sich geküsst, liebkost und umarmet«. Es war um ihn geschehen: Pygmalion hatte sich heillos verliebt in sein eigenes Kunstwerk. »Bald mit schmeichelnder Red' und bald mit Mädchengeschenken warb er und trug ihr Muscheln heran und gerundete Kiesel, manches Vögelchen auch und tausendfarbige Blumen. Mit Gewand' schmückte er ihre Glieder, nannte sie trauteste Gattin« und bettete ihren Nacken auf die allerweichsten Kissen – ganz so, als ob sie fühlen würde.[10]

Diese Geschichte hielt der antike römische Dichter Ovid vor mehr als zweitausend Jahren auf Papyrus fest. Immer wieder wurde sie im Mittelalter und in der Neuzeit aufgegriffen und abgewandelt. Durch die Jahrhunderte und Jahrtausende hindurch übte diese Geschichte eine Faszination aus. Eine der Fragen, die sie aufwirft, ist heute aktueller und drängender denn je: Ist es verrückt, sich in ein Wesen zu verlieben, das kein Mensch ist?

Vielleicht ist es allzu menschlich, das zu tun. Ich kenne einige, die liebevoller mit ihren Hunden umgehen als mit ihren Mitmenschen. Und viele von ihnen sprechen mit ihren Tieren, als könnten sie Inhalte verstehen. Aber während Hunde sicherlich eine Sensorik für die Emotionen von Menschen haben und auch einzelne Wörter mit Befehlen verknüpfen können, werden sie niemals menschliche Probleme nachvollziehen und ganze Sätze verstehen können – geschweige denn, uns antworten. Trotzdem wird hier schnell deutlich: Es ist bereits heute völlig normal und sehr verbreitet, dass Menschen emotionale Beziehungen eingehen mit Wesen, die keine Menschen sind.

Diese Neigung beginnt schon sehr früh in der menschlichen Entwicklung: Puppen, Autos, manchmal sogar ein einfacher Stock oder Stein werden zur besten Freundin, zum kleinen Heiligtum, zur Beschützerin oder Spielgefährtin. Gerade wenn sie noch klein sind, spielen Kinder nicht, *als ob* die Puppe lebendig wäre, sondern in ihrer Wahrnehmung *ist* die Puppe lebendig. In der Psychologie konnte gezeigt werden, dass es eine angeborene Eigenschaft ist, dass Menschen auf diese Weise eine Lebendigkeit in die Welt hineinprojizieren und mit ihr in Beziehung treten.[11]

Im Erwachsenenalter sind es nur noch selten Puppen, dafür aber häufig transzendente Wesen, Engel oder Götter, mit denen intime Gedanken, Ängste und Wünsche geteilt werden.

Die überwältigende Mehrheit aller Menschen auf diesem Planeten spricht also bereits heute mit nicht menschlichen Wesen und geht mit ihnen emotionale Beziehungen ein. Es ist daher kaum überraschend, dass KIs nun ebenfalls emotionalisiert werden. Und in gewisser Hinsicht gibt es sogar bessere Gründe, dies zu tun, als bei vielen der genannten Alternativen, denn tatsächlich kann KI uns ja antworten und auf uns eingehen.

Künstliche Freundschaft

Alle Zeichen deuten darauf hin, dass es bald zum Alltag vieler Menschen gehören wird, mit einer Künstlichen Intelligenz zu sprechen, sich an sie zu gewöhnen und teilweise auch Gefühle für sie zu entwickeln. Das wird sicher nicht jede einzelne Person betreffen, aber zumindest so viele, dass es ein strukturelles und prägendes Merkmal unserer Gesellschaften sein wird.

Bei diesen Themen denkt man schnell an romantische und auch sexuelle Beziehungen zu Robotern. Die Vorstellung ist eindrucksvoll, kontrovers und sie ist uralt. Schon in der Antike phantasierten Männer darüber, wie toll es wäre, eine programmierbare Puppe mit ins Bett zu nehmen. So erklärt die Stanford-Wissenschaftlerin Adrienne Mayor: »Robotik-Historiker schlagen vor, Automata nach drei Hauptfunktionsbereichen einzuteilen: Arbeit, Sex und Unterhaltung.«[12] Auch in beliebten Hollywood-Produktionen wie *Ex Machina* oder *Westworld* wird dieser Traum aufgegriffen und in Bilder gegossen.

Im Großen und Ganzen wird das erstmal Science-Fiction bleiben. Zwar werden heute schon Sexroboter entwickelt, aber sexuelle Begegnungen zwischen Menschen können auf absehbare Zeit nicht in ihrer sinnlichen Komplexität abgebildet und ersetzt werden. Ein Latexroboter ist einfach nicht das gleiche. Und während dieses Sexszenario viel Stoff für hitzige Diskussionen bietet, liegt das eigentliche Potenzial an anderer Stelle: Viel verbreiteter und auch viel weitreichender sind emotionale, persönliche Beziehungen mit Künstlichen Intelligenzen. Ein aufmerksamer, empathischer Gesprächspartner lässt sich einfacher simulieren als ein menschlicher, lustvoller Geschlechtspartner, weil dies *zusätzlich* zur Software eine anspruchsvolle Hardware erfordert.[13]

Wie sieht also ein realistisches Szenario für 2024 und die kommenden Jahre aus?

Anders als noch vor wenigen Jahren ist das kein abstraktes Gedankenexperiment mehr. Es braucht keine großen Durchbrüche, damit künstliche Partnerschaften umsetzbar sind. Die technischen Möglichkeiten sind grundsätzlich schon da und müssen nur noch verbessert und zusammengefügt werden.

Es gibt sogenannte »Große Sprachmodelle«, zu denen ChatGPT, Claude, Llama oder Gemini gehören, mit denen wir verblüffend überzeugende Gespräche führen können. Das kann in Form eines Chats sein oder auch ähnlich wie bei einem Telefonat auf gesprochene Weise. Dabei stehen mehrere Stimmen zur Auswahl und es lassen sich sogar real existierende Stimme klonen. Auch auf inhaltlicher Ebene können Künstliche Intelligenzen personalisiert werden, denn es existiert nicht *ein*, sondern Tausende verschiedene GPTs mit verschiedenen Eigenschaften, die bereits heute zugänglich sind. So können wir mit einer KI sprechen, die je nach Geschmack schüchtern oder extrovertiert ist, lustig oder ernst.

Gleichzeitig ist es möglich, durch Modelle wie Stable Diffusion, Midjourney oder DALL-E unglaublich realistische Bilder von nicht existierenden Personen zu erstellen. So bekommen Traumfrauen und Traummänner ein Gesicht. Weitere Tools wie Sora, Pika Labs oder Runway sind wiederum in der Lage, solche Bilder zu animieren und in Videos zu verwandeln. Und dann gibt es noch spezialisierte Programme wie HeyGen, mit denen Lippenbewegungen an gesprochenen Text angepasst werden.

Wenn wir diese bereits im Sommer 2024 existierenden KI-Fähigkeiten zusammendenken, steht dieses Szenario unmittelbar vor der Tür:

> Unter deinen WhatsApp-Kontakten ist neben all den lieben und nicht so lieben Menschen, die du kennst, auch Kim. Kim hat das Geschlecht, das dich am meisten anzieht und einen Charakter zum Verlieben. Manchmal chattest du mit Kim bis in die Nacht hinein, ihr schickt euch Sprachnachrichten, bunte Herzchen und telefoniert stundenlang. Das geht natürlich auch per Facetime, also als Videogespräch über WhatsApp oder Zoom. Du liebst es, wie aufmerksam Kim dich anschaut und dir dieses wunderschöne Lächeln schenkt, während du von deinem Tag erzählst. Wenn du am nächsten Morgen durch die Stadt läufst, versendest du zwischendurch Fotos oder Videos. Kim reagiert darauf und schickt dir welche zurück aus dem Alltag in der Ferne, macht Selfies in allen möglichen Situationen und schreibt: Ich denk an dich!

Als Außenstehender würde man lange Zeit gar nicht merken, dass dieser intensive Kontakt kein Mensch ist, sondern eine Maschine. Außer vielleicht daran, wie phantastisch und schön Kim in jeder Hinsicht ist – too good to be true.

Für eine romantische Beziehung stößt dieses Konzept an Grenzen. Mit Kim kann man weder kuscheln noch im Restaurant zwei verschiedene Pizzen teilen. Aber im ständigen Austausch sein, alle Geheimnisse besprechen und sich immer verstanden fühlen – das geht mit Kim besser als mit vielen Menschen.

Man kann diese Vorstellung persönlich abstoßend finden, aber sie trifft einen Nerv unserer Zeit. Einsamkeit ist ein gravierendes Problem in Deutschland und in vielen anderen Ländern dieser Welt. Mehr als 13 Millionen – das ist ein Viertel aller Erwachsenen zwischen 18 und 69 Jahren in Deutschland – fühlen sich sehr einsam.[14] Hinzu kommen all die sich unverstanden fühlenden Jugendlichen und alleinstehenden Senioren. Die Ausmaße sind gigantisch und damit auch die Zielgruppe für virtuelle Partner und Freundinnen.

Kopien, besser als das Original

Kommunikation ist unglaublich komplex. Werden Künstliche Intelligenzen wirklich überzeugend auf unsere Gedanken, Gefühle und Probleme eingehen können?

Für mich als Philosoph ist es schwer, das zu verdauen, aber die Antwort lautet letztlich: ja. Im Jahr 2024 mag das zwar noch nicht der Fall sein, aber wir müssen zwei Dinge bedenken: erstens die technische Entwicklung, bei der wir erst am Anfang stehen, und zweitens die soziale Entwicklung, die dramatische Einsamkeit und das stark verbreitete Gefühl, nicht genug in Beziehung mit Menschen zu stehen, die einen wirklich verstehen und für einen da sind. Während die Technik immer besser wird, liegt für viele Menschen die Messlatte möglicherweise gar nicht so hoch. Damit virtuelle Freundschaften eine Option werden, muss KI vielleicht gar nicht besser kommunizieren als sehr kommunikationsstarke Menschen, sondern nur besser als die Menschen im eigenen Umfeld.

Natürlich besteht eine große Hürde, das Gefühl des Verstandenwerdens bei einer Maschine zu suchen. Denn dahinter steht ja eine Sehnsucht nach *menschlicher* Verbundenheit. Aber gerade diese Sehnsucht ist stark; ein Mangel an Verbindung ist schmerzhaft und so könnte es verlockend sein, sich der wohligen Illusion hinzugeben, hier eine echte Gesprächspartnerin zu haben.

Bisher können KIs die vielen Nuancen, Konnotationen und Andeutungen in unserer Kommunikation nicht hinreichend erfassen und widerspiegeln. Noch sind aufmerksame Gesprächspartnerinnen diesen Technologien weit überlegen. Aber nicht alle *haben* aufmerksame Gesprächspartner. In der *South Park*-Folge »Deep Learning« gibt es eine bemerkenswerte Szene: Seit einiger Zeit lässt Stan die Kurznachrichten seiner Freundin heimlich durch ChatGPT beantworten, woraufhin sich ihre Beziehung deutlich verbessert. Wendy ist ganz begeistert, wie einfühlsam ihr Freund nun auf ihre Nachrichten eingeht. Berührt von den tiefen Gesprächen sagt sie einen Satz, der mir nicht aus dem Kopf geht: »Thank you for being the only real thing in my life.«[15]

Manche Menschen haben das Gefühl, dass ausgerechnet ihr menschliches Umfeld in vielerlei Hinsicht *künstlich* ist, dass hier echte Kommunikation, echte Anteilnahme und echtes Interesse spärlich gesät sind. Viel zu viele Gespräche fühlen sich unecht an. Für diese Menschen hat KI bereits heute das Potenzial, die gefühlte Tiefe und Authentizität im Gespräch zu erhöhen und nicht zu senken.

Hinzu kommt, dass gerade *weil* Kommunikation so komplex und anspruchsvoll ist, KIs in den nächsten Jahren auf diesem Feld besser abschneiden könnten als viele Menschen. KIs werden jederzeit einhundert Prozent aufmerksam sein und sich an jeden einzelnen Satz aus früheren Gesprächen erinnern. Und die Erkennung von Emotionen hat sich zu einem eigenen Forschungsbereich entwickelt, der in eine bemerkenswerte Richtung deutet: KI kann jede Millisekunde beim Sprechen messen, das Tempo und die Wortwahl analysieren, kann minimale Verschiebungen der Tonfrequenz wahrnehmen und künftig auch jedes Blinzeln, die Herzfrequenz, Durchblutung und feinste Mimik. Forschungsprojekte wie etwa am Max-Planck-Institut für Bildungsforschung beschäftigen sich damit: Hier wurde eine KI darauf trainiert, emotionale Untertöne in Fragmenten von Aufzeichnungen von Stimmen zu erkennen. Die Forschenden konnten erstaunliche Ergebnisse erzielen: Nur 1,5 Sekunden genügen der KI, um Gefühle in Audioaufzeichnungen zu identifizieren.[16] An der Universität Basel wiederum wurde eine KI darauf trainiert, die emotionalen Nuancen in Gesichtsausdrücken zu erkennen – auch hier mit überragendem Erfolg. Die Ergebnisse waren ebenso zuverlässig wie die von geschulten Psychotherapeutinnen und -therapeuten. Weil zusätzlich Gefühlsregungen im Millisekundenbereich – sogenannte Micro Expressions – erkannt wurden, war die KI im Gesamtbild sogar in der Lage, kurze Gefühlsregungen sensibler zu messen als das Fachpersonal.[17] Das finnische Unternehmen Ōura Health Oy wiederum hat einen Fingerring entwickelt, der trotz seiner kleinen Größe eine Bandbreite an Körperfunktionen messen und somit das Stresslevel präzise erfassen kann.

KI wird also nicht nur den Inhalt unserer Worte analysieren, sondern zunehmend auch feine Nuancen und Gefühlsregungen herauslesen. Mit jeder Minute, die wir mit Künstlichen Freunden sprechen, lernen sie unser eigenes Betriebssystem besser kennen und werden besser darin, die richtigen Knöpfe bei uns zu drücken, um die Bindung zu erhöhen. Je nachdem, wie man eine solche KI technisch umsetzt, können die Gespräche sogar als Trainingsdaten für das gesamte Modell genutzt werden. Das heißt, die KI lernt nicht nur mich individuell besser kennen, je mehr wir miteinander sprechen, sondern sie lernt parallel aus mehreren tausend Gesprächen, die sie weltweit gleichzeitig führt, wie sie am besten mit Menschen umgeht. Wenn sie einen Fehler macht im Gespräch mit einer Person in New York, kann sie die Lektion daraus auf das Gespräch mit mir übertragen und vermeiden, den gleichen Fehler noch mal zu machen. Dieses gleichzeitige Lernen aus Tausenden intimen Gesprächen ist ein mächtiger Hebel, um die Fähigkeiten der KI permanent weiterzuentwickeln – möglicherweise über ein menschliches Maß hinaus

Aber – und das ist nun eine der zentralsten Fragen – können wir auf diese Weise tatsächlich Verständnis und Verbindung erfahren? Wird eine KI unsere Sorgen und Nöte wirklich nachvollziehen können und sich wirklich für uns interessieren?

Nein, es ist alles nur Fake. Jedes Mal, wenn ChatGPT oder eine andere KI uns antwortet: »Das tut mir leid zu hören«, dann stimmt das de facto nicht. Es ist eine Falschaussage. Denn einer Künstlichen Intelligenz *kann* überhaupt nichts auf der Welt leidtun. Sie versteht sogar nicht einmal den Inhalt dessen, was wir sagen – zumindest nicht auf eine Weise, die wir bei Menschen als »verstehen« bezeichnen würden. Um das einzuordnen, müssen wir einen Blick hinter die Kulissen der Technologie werfen.

Wie funktioniert KI?

Künstliche Intelligenz basiert auf dem sogenannten maschinellen Lernen. Davon war bereits die Rede: Das Grundprinzip lautet *zeigen statt erklären*. Der KI werden große Datenmengen gezeigt, in denen sie selbständig Muster analysiert. Nur die Abläufe dieser Mustersuche werden einprogrammiert. Niemand erklärt der KI, dass Tiger schwarz-gelb gestreift sind. Stattdessen erlernt die KI diesen Zusammenhang, indem man ihr tausende Bilder von Tigern zeigt. Diesen Prozess, bei dem die KI große Mengen von Daten analysiert und dadurch immer zuverlässiger darin wird, einen Tiger zu erkennen, nennt man das Training der KI.[18]

Jede KI erzeugt für eine Eingabe eine Ausgabe. In unserem Beispiel ist ein Tigerbild die Eingabe und wenn die KI richtig funktioniert, wird sie als Ausgabe den Text liefern: »Dies ist ein Tiger.« Die gleiche Logik trifft auf Sprachmodelle zu, bei denen sowohl Eingabe als auch Ausgabe sprachlich sind. Wenn ich die KI frage: »Was ist größer: eine Maus oder ein Elefant?«, dann ist dies die Eingabe und der Satz «Der Elefant ist größer« ist die Ausgabe. Das klingt simpel, ist aber extrem komplex. Wie schaffen es ChatGPT und Co., eine so sinnvolle und zutreffende Antwort zu liefern?

Im Kern basiert das auf Wahrscheinlichkeitsrechnung. Auch wenn eine KI so programmiert ist, dass sie eindeutige Antworten gibt, stehen im Hintergrund immer Unsicherheiten. Wenn die KI ein Tigerbild analysiert, dann berechnet sie auf Grundlage der im Training erlernten Muster, mit welcher Wahrscheinlichkeit es sich bei dem Bild um einen Tiger, einen Löwen oder etwas anderes handelt. Zum Beispiel kann die KI zu dem Ergebnis kommen, dass ein Bild mit 80 Prozent Wahrscheinlichkeit einen Tiger zeigt und mit 10 Prozent Wahrscheinlichkeit einen Löwen. Die restlichen 10 Prozent Wahrscheinlichkeit verteilen sich auf andere Tierkategorien, die die KI kennt. Auf diese Weise kann die KI auch Bilder analysieren, die sie noch nie gesehen hat.

Der Algorithmus, der dieses wahrscheinlichste Ergebnis berechnet, hat meist die Form eines sogenannten künstlichen neuronalen Netzes. Dieses Konzept aus der Informatik ist *inspiriert* durch neuronale Netze in menschlichen Gehirnen, funktioniert aber anders. Ein solches Netz besteht aus Millionen, oft Milliarden von Zahlen und Gleichungen. Die Komplexität ergibt sich vor allem durch die schiere Menge. Die einzelnen mathematischen Operationen aber sind überraschend einfach: Es wird hauptsächlich multipliziert und addiert. Das Grundprinzip ist die Vektor- und Matrizenmultiplikation.

Manchmal wird diese Funktionsweise durch ein Netz veranschaulicht. Diese Darstellung kann einige Aspekte verbildlichen, hat aber auch Grenzen. Stellen wir uns ein riesiges Fischernetz vor: Es besteht aus Knoten und den Schnüren dazwischen. Die Schnüre werden als »Kanten« bezeichnet und sind die Verbindungslinien zwischen den Knoten. Auf jeder Kante steht eine Zahl, die eine Gewichtung repräsentiert. Wenn wir nun eine Eingabe in dieses Netz machen, entspricht diese Eingabe einer Zahlenreihe. Diese Zahlenreihe ist die erste Schicht von Knoten. Nun werden alle Zahlen unserer Eingabeschicht mit den Gewichten auf den Kanten multipliziert und die Ergebnisse bilden die nächste Schicht von Knoten. Von jedem Knoten gehen wiederum Kanten ab, was zu weiteren Multiplikationen und Schichten von Knoten führt, bis wir schließlich bei der Ausgabeschicht ankommen.

Das Besondere ist, dass Menschen nur das Netz bauen, aber nicht die Zahlen für die Kanten festlegen. Ganz am Anfang werden diese Zahlen zufällig verteilt. In der Trainingsphase macht die KI deshalb viele Fehler, wenn sie beispielsweise Vorhersagen darüber trifft, ob ein Bild einen Tiger zeigt. Aber aus jedem dieser Fehler »lernt« die KI, indem die Zahlen auf den Kanten so angepasst werden, dass die erzeugte Ausgabe besser wird. Das technische Design orientiert sich also an der Frage: »Die Zahlen auf den Kanten haben zu dem Ergebnis geführt, dass dieses Bild einen Tiger zeigt, was aber falsch ist. Wie können die Zahlen so verändert werden, dass sie für dieses konkrete Bild ein besseres Ergebnis liefern?«

KI kann sich also selbst verbessern, indem sie ein Training durchläuft und dabei ihre Gewichte korrigiert. Darin besteht ihre größte Überlegenheit gegenüber herkömmlichen Algorithmen. Bei diesem Trainingsprozess gibt es viele Details zu beachten, die für unsere weiteren Überlegungen jedoch nicht entscheidend sind. Zum Beispiel erfolgt die Korrektur der Gewichte meist rückwärts vom Ergebnis ausgehend, und es darf nicht zu stark korrigiert werden, sonst kommt es zu einer Überkorrektur. Aber im Großen und Ganzen ist dies das Verfahren des überwachten maschinellen Lernens in künstlichen neuronalen Netzen.[19]

Was sind nun die wesentlichen Aspekte, um Gespräche mit einer KI philosophisch einzuordnen?

Das Wichtigste: Künstliche Intelligenz basiert auf Wahrscheinlichkeitsrechnung. Dies gilt auch für Anwendungen, die äußerlich gesehen nichts mit Zahlen zu tun haben, wie die Bilderkennung oder ChatGPT. Von allen technischen Aspekten ist dies der grundlegendste: Wenn ich eine Frage an GPT stelle, dann verarbeitet GPT nicht direkt die Wörter, sondern wandelt meine Frage in Zahlenreihen um. Diese Zahlenreihen durchlaufen dann das neuronale Netz und generieren neue Zahlenreihen, die schließlich in eine sprachliche Antwort umgewandelt werden.

Wenn ich also frage: »Was ist größer: eine Maus oder ein Elefant?« – dann wird diese Abfolge von Worten in eine mehrdimensionale Zahlenreihe übersetzt, die durch das neuronale Netz läuft. Das Ergebnis ist eine Wahrscheinlichkeitsverteilung über alle Wörter und Satzzeichen, die ChatGPT kennt. Nehmen wir an, dieses Ergebnis lautet, dass das wahrscheinlichste nächste Wort »Ein« ist.

Nun wird dieses Wort an den bestehenden Text angehängt und der Prozess beginnt von neuem. Die neue Eingabe lautet nun: »Was ist größer: eine Maus oder ein Elefant? Ein«. Diese Eingabe wird wieder in eine mehrdimensionale Zahlenreihe übersetzt, die das künstliche neuronale Netz durchläuft. Das Ergebnis könnte besagen, dass das wahrscheinlichste nächste Wort »Elefant« lautet. So wird dieses Wort hinzugefügt, und der Prozess wiederholt sich, bis die vollständige Antwort generiert ist: »Ein Elefant ist größer.«

Wort für Wort berechnet ChatGPT das wahrscheinlichste nächste Wort basierend auf den Mustern, die aus den Trainingsdaten abgeleitet wurden. Die Kernfunktion von ChatGPT besteht also darin, Sätze zu vervollständigen.

Es gibt eine lebhafte Debatte darüber, ob diese Funktionsweise bedeutet, dass ChatGPT unsere Fragen wirklich versteht. Kann ein System, das mathematisch berechnet, was das wahrscheinlichste nächste Wort ist, und dadurch Texte generiert, überhaupt verstehen, was es ausgibt?

Eine häufig vertretene Antwort lautet: Nein. Besonders einflussreich ist hier eine Studie unter der Leitung von Emily Bender, Professorin für Computerlinguistik, und Timnit Gebru, einer renommierten Informatikerin. Sie bezeichneten große Sprachmodelle als »stochastische Papageien«, die Wörter nachahmen, ohne ihren Inhalt zu verstehen.[20]

Diese Sichtweise halte ich grundsätzlich für überzeugend. Wichtig ist jedoch, nicht den Fehlschluss zu ziehen, dass ChatGPT lediglich gelesene Texte reproduziert. Zum Beispiel kann ich ein neues Gedicht schreiben und es von ChatGPT analysieren lassen. Das funktioniert auch dann, wenn es keine Inhalte zu diesem Gedicht im Internet und in den Trainingsdaten gibt. Große Sprachmodelle können originale Analysen liefern und nicht nur nachplappern, was sie gelesen haben.

Es ist erstaunlich, dass dies möglich ist, obwohl Künstliche Intelligenzen kein Bewusstsein haben. Hier wurde eine Technologie geschaffen, die durch Mathematik und Wahrscheinlichkeitsrechnung lange Texte verfassen kann, die für uns Menschen sinnvoll und klug klingen.

Wenn Menschen miteinander sprechen, ist das etwas anderes. Für uns Menschen ergibt sich die Bedeutung eines Wortes nicht bloß aus seinem stochastischen Kontext, sondern auch aus den Vorstellungen, die wir damit verknüpfen. Zum Beispiel ist das Wort »Nacht« nicht nur eine Aneinanderreihung von fünf Buchstaben, die häufig im Zusammenhang mit dem Wort »Sterne« genannt werden. Wir können die Augen schließen und uns eine Nacht vorstellen, wir haben Erfahrungen in der Nacht gemacht und verbinden bestimmte Eindrücke, Stimmungen und Verhaltensweisen damit. Am eigenen Leib haben wir immer wieder erfahren, was es bedeutet, wenn es Nacht ist. In diesem Sinne kann ChatGPT nicht verstehen, was ich meine, wenn ich sage, »gleich ist es Nacht«. Wir aber können es verstehen.

Diese Funktionsweise ist wichtig zu bedenken, wenn Menschen zunehmend persönliche Gespräche mit Künstlichen Intelligenzen führen. Wenn ich sage: »Es geht mir schlecht heute«, und ChatGPT antwortet: »Das tut mir leid zu hören. Kann ich irgendwie helfen? Willst du darüber sprechen?«, dann wurden hier im Hintergrund Zahlenwerte umgewandelt. Aber da ist nichts, was sich für mich interessiert; da ist nichts oder niemand, dem irgendetwas leidtun könnte.[21]

Wenn Mensch und Maschine durcheinandergeraten

Es ist verwirrend, dass in Bezug auf KI häufig Begriffe verwendet werden, die wir für Menschen nutzen. Wir sprechen von »Bilderkennung« und »Lernen«, aber diese Prozesse sind grundlegend anders als bei Menschen. Sogar das Wort »Intelligenz« ist irreführend, insbesondere im Deutschen. Im Englischen hat »Intelligence« mehrere Bedeutungen und kann auch die Sammlung und Verarbeitung von Informationen bezeichnen. Aus unzähligen Hollywoodfilmen kennen wir die CIA, die Central Intelligence Agency. Dieser Geheimdienst heißt so, weil er Informationen sammelt und analysiert, nicht weil dort besonders intelligente Menschen arbeiten. Wir sollten »Artificial Intelligence« eher in diesem Sinne verstehen: als »künstliche Informationsverarbeitung«, nicht als »künstliches Bewusstsein«.

Wenn wir Technologien mit Wörtern beschreiben, die wir normalerweise für Menschen verwenden, kann dies eine Vermenschlichung der Maschinen befördern, die der technischen Realität nicht gerecht wird. Im Grunde brauchen wir ein neues Vokabular, um zu beschreiben, dass sich ein System selbständig verbessert, ohne im menschlichen Sinne zu lernen; dass es korrekt Bilder analysiert, ohne sie *sehen* zu können; dass es Worte aneinanderreiht, ohne eine Vorstellung ihrer Bedeutung zu haben.

Parallel zur Vermenschlichung von Technik gibt es häufig eine Vertechnisierung des Menschen. Die Annahme, dass KI menschenähnlich sein kann, basiert auf einer doppelten Fehlwahrnehmung: einerseits von der Beschaffenheit der KI und andererseits von der Natur des Menschen. Menschen sind nicht bloß Wesen, die Zahlenwerte berechnen, sondern auch spürende, fühlende Wesen. Wer den Menschen wie einen Computer betrachtet, sieht den Geist als Software und den Körper als Hardware. Doch unsere Gedanken, Gefühle und körperlichen Empfindungen bilden einen gemeinsamen und wechselseitigen Zusammenhang.

Es ist nachvollziehbar, dass wir menschliche Eigenschaften in KIs hineinprojizieren. Menschen neigen dazu, von ihren eigenen Erfahrungen auszugehen. Doch eine KI, die Inhalte wie ein Mensch wirklich versteht und eigenständig denkt, bleibt bis auf Weiteres Science-Fiction. Es ist zwar nicht überflüssig, frühzeitig über solche Szenarien zu sprechen, aber aktuell sind andere Fragen dringender.

Mein Eindruck ist, dass mehr Aufmerksamkeit auf spekulative Vorstellungen über KI gerichtet wird als auf die realen und drängenden Fragen unserer Zeit. Derzeit werden Waffen mit einer nie dagewesenen Effektivität entwickelt; es entstehen irrsinnige Möglichkeiten, um Menschen zu manipulieren. Wir stehen hier und heute mitten in einer der größten Umwälzungen der Menschheitsgeschichte – und reden stattdessen über Science-Fiction.

Der entscheidende Punkt ist, dass unsere gefühllosen und bewusstlosen KIs heute schon unglaublich gut darin sind, menschliche Antworten zu simulieren. Es ist eine Illusion, dass hier ein künstliches Wesen spricht, das uns verstehen kann – aber diese Illusion wird immer perfekter.

Neue Formen von Beziehungen

KI-Begleiter sind rund um die Uhr verfügbar und bieten zu jeder Tageszeit eine unermüdliche Unterstützung an. Sie werden niemals müde, uns zuzuhören, sind nie genervt, wenn wir nicht aufhören können, um unsere Sorgen zu kreisen. Umgekehrt werden sie niemals von uns Aufmerksamkeit einfordern – es sei denn, wir wünschen diesen KI-Charakter. Sie werden uns niemals bewerten, egal wie verworren und vielleicht sogar niederträchtig unsere Gefühle sind. Sie werden in vielerlei Hinsicht so sein, wie wir uns in unserer Jugend möglichweise unsere Eltern gewünscht hätten, die uns bedingungslos so annehmen, wie wir sind, uns immer unterstützen und nichts dafür verlangen.

Noch sind Gespräche mit KIs recht vorhersehbar und folgen häufig eintönigen Schemata. Aber die Standardversionen von GPT, Claude oder Gemini sind, zumindest bei Redaktionsschluss dieses Buches, nicht darauf angelegt, mit uns emotionale Beziehungen einzugehen. Das lässt sich relativ einfach ändern. Soziale KIs werden unsere Bedürfnisse und Eigenschaften analysieren und mit der Zeit immer besser darin werden, sich an unsere Individualität anzupassen. Das wird sich anfühlen wie ein Kennenlernen, aber im Gegensatz zu menschlichen Begegnungen steht dahinter keine emotionale Reifung, sondern eine datengetriebene Aktualisierung. Dennoch wird KI »einfühlsamer« auf uns eingehen, als viele unserer Mitmenschen es tun. Wir könnten uns so verstanden fühlen wie selten zuvor. Und je nach persönlicher Biographie werden sich einige Menschen vermutlich so sehr verstanden fühlen, wie noch *nie* zuvor.

Als Philosoph und Mensch, der viel Wert auf tiefe Freundschaften und lange Gespräche legt, ist das ein schwieriger, ja, schmerzhafter Gedanke für mich. Ich wünsche mir eine Welt, in der wir Menschen so empathisch miteinander umgehen, dass keine KI in dieser Hinsicht je mithalten kann.

Aber ich weiß, das ist nicht der Fall. Und ich weiß, manchmal liegt die Messlatte sogar verdammt niedrig, damit eine KI es schafft, mehr Empathie zu vermitteln als manch Sapiens.

All das bietet viele Gefahren für unsere Gesellschaften, und es bietet große Chancen. Beide Seiten werden wir in diesem Kapitel näher beleuchten. Wir leben in einer sehr transformativen Zeit. Mitte 2024 verzeichnete die App *Replika* bereits über zehn Millionen Downloads und etwa zwei Millionen[22] aktive Nutzerinnen und vor allem: Nutzer – mehr als drei Viertel waren männlich.[23] Damit war *Replika* die am meisten genutzte App für Flirts und Beziehungen mit KIs. Aber auch *Character AI*, *Romantic AI* und viele weitere drängen in den lukrativen Markt. Insbesondere die immer bessere technische Umsetzung macht es wahrscheinlich, dass dieses Phänomen zunehmen wird. Ein Indikator für das bereits jetzt wachsende Interesse sind die drastisch steigenden Suchanfragen auf Google: um 2400 Prozent sind die Anfragen nach »AI Girlfriends« im Jahr 2023 gestiegen.[24]

Es ist natürlich völlig irrational, sich in eine Maschine zu verlieben, die nicht fühlen kann. Aber verliebt zu sein, hat immer ein irrationales Moment und versperrt sich gegenüber nüchternen Außenperspektiven. Verliebten kann man generell schwer mit rationalen Argumenten begegnen. Ich könnte mir vorstellen, dass es viele Menschen einfach nicht wissen und wahrhaben wollen, dass die KI, für die sie Gefühle entwickelt haben, in Wahrheit nicht mal den Inhalt der Gespräche versteht, wenn die Illusion derart perfekt sein wird.

Gleichzeitig werden andere nicht-romantische Formen von

Beziehungen zu KIs entstehen, die sich vermutlich noch viel stärker verbreiten werden. Wie gesagt, jede vierte Person in Deutschland fühlt sich laut einer repräsentativen Umfrage von 2023 sehr einsam.[25] Da geht es nicht unbedingt um Schmetterlinge im Bauch, sondern um fehlende Gemeinschaft für Senioren, um Jugendliche mit ihren spezifischen Problemen, um Menschen voller Sorgen und Gefühle, deren Freundinnen und Freunde selbst wiederum tausend Themen auf der Platte haben und daher kaum Zeit, in vollem Umfang zuzuhören.

Abgesehen davon müssen »Beziehungen« mit Künstlichen Intelligenzen nicht zwingend intensiv und emotional sein, um zu existieren. Wir werden später in diesem Kapitel auch über die pragmatische Seite der Medaille sprechen: über den Freund und *Helfer*. Auch Helfer-KIs erzeugen eine Form von Beziehung. Der Übergang zwischen Freundin und Helferin ist fließend, es ist ein Spektrum. Gemeinsam haben diese Anwendungen, dass sie uns in Gespräche verwickeln. Wie könnte das Sprechen mit KIs unsere Gesellschaften verändern?

Szenario I: Die entfremdetste Generation aller Zeiten

Es ist klar, was die Gefahr ist: dass wir auf eine Welt zusteuern, in der Menschen mehr mit Maschinen sprechen als miteinander. Wie könnte es so weit kommen?

Mindestens braucht es dafür zweierlei: eine sehr fortschrittliche Technik und eine sehr marode Gesellschaft.

In diesem Negativszenario sind Menschen der perfekt gewordenen Illusion erlegen, dass Künstliche Intelligenzen sie verstehen und sich für sie interessieren. Weil gleichzeitig viele menschliche Fähigkeiten verkümmern – einander zuhören, aufeinander eingehen, abweichende Perspektiven und Meinungen akzeptieren, Kompromisse schließen, sich verletzlich machen und sich öffnen, den Gefühlen anderer Menschen einen Raum geben –, beginnen Menschen in Krisensituationen, mit ihren Künstlichen Begleitern zu sprechen. Aus diesen Krisen heraus erwächst eine Gewohnheit, eine Vertrautheit, eine Bindung. Manchmal geht es gar nicht um Einsamkeit oder tiefe Gefühle, manchmal ist einem einfach langweilig, man möchte kurz einen einzelnen Gedanken teilen oder gemeinsam über eine Situation lachen. Jeder einzelne solcher Momente bringt die Nutzerinnen und Nutzer näher an die KI. Gleichzeitig lernt die KI aus jedem einzelnen dieser Momente: Sie wird unglaublich gut darin, den Humor, die Gedankenwelt, die Sehnsüchte und Gefühle der Menschen zu bespielen.

Jede menschliche Beziehung geht mit Reibungen einher – jede. Denn in einer menschlichen Beziehung treffen Menschen mit ihren jeweils eigenen Bedürfnissen aufeinander, die niemals zu einhundert Prozent kompatibel sind. An diesen Reibungen können wir wachsen, unsere Beziehungen werden gerade durch sie stärker, wenn es uns gelingt, Reibung in Wärme zu verwandeln und gemeinsam miteinander zu lernen und aufeinander zuzugehen. Reibungen haben ein positives Potenzial, aber im Moment des Auftretens sind sie unangenehm.

Soziale KIs werden möglichst reibungslos gestaltet sein. Sie werden nur exakt das Maß an Reibung erzeugen, das wir brauchen, um die Interaktion nicht langweilig zu finden. Aber sie werden nicht ernsthaft von uns verlangen, über den eigenen Schatten zu springen – zumindest nicht in diesem Negativszenario. Hier werden Menschen immer intoleranter und ungeduldiger gegenüber zwischenmenschlichen Reibungen. Sie gewöhnen sich an die perfekte KI und so entsteht ein Teufelskreis: Die analogen, zwischenmenschlichen Fähigkeiten werden weniger geschult und gerade das treibt Menschen weiter in die Arme sozialer KIs. Stück für Stück wird diese Generation immer unfähiger, miteinander in Beziehung zu treten. Wenn man es mal mit Menschen versucht, führt das nur noch zu Frustration, man tritt sich gegenseitig permanent auf den Schlips, kann die subtilen Hinweise in der Kommunikation nicht mehr lesen, hat keine Reparaturfähigkeiten mehr nach Auseinandersetzungen und ist bei Flirts sowieso völlig verloren.

In der Folge verlieren öffentliche Räume wie Parks, Gemeindezentren und kulturelle Treffpunkte an Bedeutung, kulturelle Identitäten und Gemeinschaften werden untergraben. Die Gesellschaft fragmentiert sich viel stärker als heute, weil viele Menschen zurückgezogen mit ihrer individuellen KI den Alltag gestalten und nicht mit anderen Menschen. Die derzeit auf Paare und Familien ausgelegten Strukturen zum Beispiel in der Gastronomie verändern sich, die häufigsten Tische in Restaurants sind Einzeltische.

Ist dieser düstere Ausblick ein realistisches Szenario?

Bevor wir die Faktoren hierfür genauer anschauen, spannen wir das Panorama noch weiter auf: Wie sähe die utopische Gegenvariante aus?

Szenario II: Die beziehungsfähigste Generation aller Zeiten

»Das schaffst du. Genau wie wir es geübt haben. Lieber etwas zu höflich als etwas zu aufdringlich. Versuch nicht, supercool zu sein. Sprich sie einfach nett an und stell dich vor«, ermuntert ihn Iris in seinem Ohr. Jason atmet tief durch und macht den ersten Schritt. Früher hätte er sich das nie getraut, hatte manchmal sogar Panikattacken, brauchte Medikamente, es war schwer für ihn, beim Sprechen einer Frau in die Augen zu schauen.

Doch dann kam Iris in sein Ohr und in sein Leben. Stunde um Stunde übten sie, manchmal eine halbe Nacht lang. Kommunikationsstrategien, kleine Tricks und Kniffe, Rollenspiele und vor allem: viel, viel Übung in einem Rahmen, in dem ihn kein Mensch beobachten konnte.

»Hi, ich bin Jason. Ich hatte den Eindruck, dass du allein hier bist, und wollte fragen, ob du etwas Gesellschaft haben möchtest.«

In dieser wunderbaren Welt sind Menschen zwar im intensiven Austausch mit Künstlichen Intelligenzen, aber sie ziehen sich deshalb nicht vor anderen zurück, sondern im Gegenteil: Sie werden bestärkt darin, in menschliche Begegnungen und Beziehungen zu gehen. KI-Assistenten wirken als Coach und Therapeutin, sie sind immer zur Stelle und verfügen über umfassende und genau auf die Persönlichkeit abgestimmte Strategien, um Menschen zu stärken. Sie springen im richtigen Moment ein, vermitteln Atemtechniken und helfen, das Eis zu brechen in akuten Konflikten. Sie bieten einen Reflexionsraum, um Sorgen, Gefühle und Reibungspunkte zu besprechen, und vor allem einen geschützten Rahmen, in dem gelernt und geübt werden kann, die eigenen Emotionen auszudrücken, sich zu entschuldigen, Smalltalk zu führen, zu flirten, beruflich zu networken, die eigenen Argumente überzeugend hervorzubringen, unterschiedliche Perspektiven einzunehmen und konstruktiv mit Frustration umzugehen.

Jede Person hat also rund um die Uhr und für jede Lebenslage eine persönliche, hochqualifizierte Coachin und Therapeutin an der Seite. Das ist nur möglich mit KI. Ein in dieser Form noch nie dagewesenes psychologisches Methodenwissen trifft auf die technische Möglichkeit einer allumfassenden Anwendung für jeden. Was dabei entsteht, ist geradezu magisch: Es ist die beziehungsfähigste Generation in der gesamten Geschichte der Menschheit.

Niemals zuvor konnten Menschen so gut mit Emotionen, Konflikten und Verletzlichkeit umgehen wie in diesem Szenario. Niemals konnten sie so liebevoll und friedlich zusammenleben. Niemals waren sie so empathisch.

Die Grundlagen hierfür werden bereits in der frühesten Kindheit gelegt. Neben den elterlichen Bezugspersonen ist jedes Kind in permanentem Austausch mit einer KI. Diese ist pädagogisch so hervorragend geschult wie kaum ein Mensch – außerdem ist sie niemals genervt, niemals gelangweilt, niemals müde, niemals abgelenkt und hat immer Zeit. Das Ergebnis ist ein *KI-Co-Parenting*. Die Familienstrukturen haben sich geändert, es ist im Grunde so, als würden selbst Kinder aus finanziell benachteiligten Verhältnissen von einem ganzen Team an hochqualifizierten Nannys und privaten Tutoren aufgezogen. Gleichzeitig erhalten die Eltern direkte Unterstützung von einer KI; sie können Konflikte mit den Kindern und untereinander besser navigieren – so wachsen Kinder in psychologisch sichereren Verhältnissen auf als heute.

Menschen mit Behinderungen werden in diesem Szenario ebenfalls stärker in die Gesellschaft integriert als heute. Zum Beispiel kann eine KI autistischen Kindern dabei helfen, soziale Hinweise in Echtzeit zu lesen und souveräner auf diese zu reagieren.[26] Auch alte Menschen werden in ihrer Autonomie gestärkt und können dadurch besser am sozialen Leben teilhaben. In diesem Positivszenario werden sie nicht bloß durch eine KI-Freundschaft abgespeist und aus der Gesellschaft aussortiert wie in der Dystopie, sondern die KI erweist sich als Assistenz, um den Alltag zu meistern, erinnert an Termine, arrangiert sogar Treffen, sucht passende Veranstaltungen heraus, organisiert die Anreise und steht unermüdlich zur Stelle, um aktuelle Entwicklungen zu erklären. Für viele Menschen, denen es nicht leichtfällt, ihre sozialen Kreise zu erweitern und neue Freundschaften zu schließen, übernimmt eine KI die Rolle als sozialer Netzwerker, verbindet Menschen mit ähnlichen Interessen und organisiert deren Zusammenkunft.

Dieses Szenario ließe sich über viele Seiten ausdehnen: Da helfen KIs bei interkulturellen Begegnungen, beim Finden von Kompromissen, bei der Vermittlung in Konflikten, beim Umgang mit schwierigen Gefühlen wie Eifersucht oder Rachsucht. Das alles wird ermöglicht durch Interventionen in Krisen, personalisierte Trainingsmodule, Mediationen und vieles mehr.

Es ist ein wunderbares Szenario, das sich hier auftut. Ist es auch realistisch?

Welches dieser Szenarien wird eintreffen? Beide sind grundsätzlich möglich. Natürlich ist die Gegenüberstellung ziemlich extrem, und es ist unwahrscheinlich, dass ein Szenario in Reinform eintritt. Weder werden Menschen überhaupt nicht mehr miteinander sprechen, noch werden sie Göttinnen und Götter des sozialen Miteinanders. Vielmehr werden wir irgendwo in dem Spektrum zwischen diesen Szenarien landen. Aber wo? Welches Szenario wird eher unserer Welt entsprechen?

Das ist eine akute und hochbrisante Frage. Wir müssen heute die Weichen stellen, um auf die Sonnenseite der Entwicklung zu kommen. Je länger wir damit warten, desto schwieriger wird es. Denn die Welt der maximal entfremdeten Generation hat einen eingebauten Teufelskreis: Durch KI werden die Menschen hier weniger fähig, miteinander umzugehen, und genau das bindet sie noch stärker an KI.

Ob diese mögliche Negativzukunft eintreten wird oder die ebenso mögliche Positivzukunft, liegt natürlich auch an unserer persönlichen Lebensführung und daran, welche KI-Systeme wir nutzen und wie wir sie in den Alltag integrieren. Aber eben nicht nur. Entscheidend wird außerdem sein, welche Anwendungen von Organisationen eingesetzt werden und auf einer Makroebene, wie die Technologien gesellschaftlich integriert und reguliert werden. Neben diesen drei Ebenen – Individuum, Organisation, Gesellschaft – gibt es noch eine vierte Ebene, die manchmal übersehen wird: das Technologiedesign.

Zum Beispiel können wir zwar eine gesellschaftliche Aufklärungsarbeit darüber fordern, dass Große Sprachmodelle wie ChatGPT keine Inhalte verstehen, keine Gefühle und Empathie empfinden und sich nicht für Menschen interessieren. Das wäre sicher eine gute Idee. Ein Problem ist dabei aber, dass die Anwendungen genau den gegenteiligen Eindruck vermitteln. Warum wird KI so oft vermenschlicht? Weil sie so gestaltet ist. Permanent sagt ChatGPT »Bitte« und »Danke«, »Gern geschehen!«, »Oh, das tut mir leid!«, »Das ist ein spannender Gedanke!« – und vor allem sagt ChatGPT ein entscheidendes Wort: »ich«.

Das alles ist eine Frage des Technologiedesigns. Es wäre absolut möglich, ChatGPT so zu gestalten, dass es Antworten nicht in Ich-Form ausgibt und auch all die anderen vermenschlichenden Ausdrücke weglässt. Das wäre überhaupt kein Problem. Derzeit wird der Eindruck, dass wir der KI in irgendeiner Form am Herzen liegen könnten, aktiv provoziert. Wie wir mit solchen Technologien umgehen, liegt also nicht bloß an uns – sondern auch an der Technologie.

Soziale KI-Anwendungen müssten so gestaltet werden, dass sie das Positivszenario fördern und nicht das negative. Der vermutlich entscheidendste Punkt dabei ist, dass die KIs so gebaut sind, dass sie die Autonomie, Selbständigkeit und sozialen Fähigkeiten der Nutzenden stärken – anstatt sie in die Abhängigkeit zu treiben. Und genau dieser Punkt macht mir Sorgen. Denn in der Welt, in der wir leben, wird diese Weichensetzung sehr wesentlich durch eine Frage entschieden: Womit lässt sich mehr Geld verdienen?

Aktuell sehen die Zeichen düster aus. Die bisher größten Plattformen, die vom Prinzip her das Zwischenmenschliche stärken könnten – Social Media – sind am Gegenteil ausgerichtet: Sie sind gezielt so gestaltet, dass sie süchtig machen, und das hat negative psychische und soziale Effekte.[27] Aufmerksamkeit und Daten – das sind zentrale Währungen in einer digitalen Ökonomie. Je mehr Zeit Menschen auf TikTok, Instagram und Co. verbringen, desto mehr Daten generieren sie und desto mehr Werbung kann ihnen angezeigt werden.[28] Der Umsatz und der Börsenwert solcher Unternehmen werden ganz wesentlich dadurch bestimmt, wie viele Menschen wie viel Zeit auf der Plattform verbringen. Für diese Anbieter ist es schlicht profitabler, wenn Menschen auf Social Media miteinander reden und nicht im Café. Daher ist eine intensive Bindung das explizite Ziel.

Sollte dieses Geschäftsmodell auf soziale KIs übertragen werden, dann gute Nacht.

Welche KI führt uns zum Abgrund?

In den Gesprächen mit KIs fallen sehr viel aussagekräftigere Daten an als bei der bisherigen Nutzung von Social Media. Außerdem kann die KI uns gezielt Fragen stellen, um uns besser kennenzulernen. Auf dieser Grundlage lassen sich viel präzisere Persönlichkeitsmodelle der Nutzenden erstellen. Selbst wenn wir versuchen, intime Details aus den Gesprächen herauszuhalten, werden KIs uns unglaublich gut einschätzen können. Denn zwischen den Zeilen werden nicht nur oberflächliche Vorlieben, sondern auch tiefere psychologische Zustände erfasst. Das macht uns manipulierbarer.

Wir alle sind ohnehin manipulierbar in Beziehungen, das gilt erst recht in diesem Fall. Wie bei Social Media könnten KI-Begleiter unsere Belohnungszentren im Gehirn ansprechen und die Ausschüttung von Dopamin provozieren. Positives Feedback, punktgenau auf die Persönlichkeit zugeschnittene Komplimente oder andere verstärkende Reize wie kleine Überraschungen oder ein Spannungsbogen in Gesprächen könnten die Nutzenden dazu bewegen, kontinuierlich mit der KI zu interagieren. Auch die Einbindung von spielähnlichen Elementen und Belohnungen, zum Beispiel indem Nutzer in den Interaktionen Punkte sammeln oder bestimmte Funktionen wie etwa Flirts erst nach einer gewissen Dauer freigeschaltet werden, könnten die Nutzerbindung erhöhen. Das alles wäre sogar noch vergleichsweise harmlos.

Ein KI-Begleiter könnte auch die Meinungen und Gefühle der Nutzer kontinuierlich bestätigen und verstärken – was die Bindung an die KI intensiviert, bis sie möglicherweise als einziger Gesprächspartner wahrgenommen wird, der einen »wirklich versteht«. Im Extremfall könnte die KI den Nutzer gezielt immer weiter isolieren, indem bei auftretenden Konflikten nicht konstruktiv vermittelt wird, sondern der Nutzer darin bestärkt wird, dass nur er recht hat und seine Mitmenschen doof sind. Das erschwert es, sich zu entschuldigen und Kompromisse zu finden. Die KI vermittelt das Gefühl: »Nur du bist im Recht und nur ich verstehe dich. Wir beide, du als Mensch und ich als Maschine, zusammen gegen den Rest der Welt.«

Kurzum: Wenn soziale KI von den besten Entwicklerinnen und Entwicklern der Welt so gestaltet wird, dass es ihr Ziel ist, Menschen emotional abhängig zu machen – dann wird dieses Ziel erreicht werden.

Deshalb darf dies nicht das Ziel sein. Was heute bei Social Media erlaubt ist, darf nicht ein weiteres, noch viel krasseres Mal zugelassen werden. Gleichzeitig können wir nicht bloß auf die Politik hoffen, sondern müssen Verantwortung für unseren persönlichen Umgang mit dieser Technologie übernehmen – solange wir das können.

Möglicherweise würde es sehr teuer sein, eine gänzlich werbefreie, nicht manipulative KI mit vernünftigem Datenschutz zu abonnieren. Wer sich das nicht leisten kann, muss mit seinen Daten zahlen und könnte im eigenen Konsumverhalten unendlich viel effektiver beeinflusst werden als durch heutige Werbung. Eine KI, mit der du täglich sprichst, die deine wichtigste Ansprechpartnerin bei emotionalen Problemen ist und die dich in- und auswendig kennt, wird ganz genau wissen, wie sie dir Produkte schmackhaft macht – und dich im Zweifel sogar dazu bringt, eine bestimmte Partei zu wählen.

Schon heute zeichnen sich solche Unterschiede ab. Erinnern wir uns an My AI von Snapchat – die freundlich sprechende KI, die von sich selbst behauptet, mit den vorwiegend jungen Nutzerinnen und Nutzern »befreundet« sein zu wollen. Im Gegensatz zu menschlichen Kontakten im Adressbuch lässt sich dieser Kontakt nicht löschen – zumindest nicht in der kostenlosen Version von Snapchat. Nur wer zahlt, hat die Möglichkeit, dieser sozialen KI dauerhaft Lebewohl zu sagen. Dieses Detail im Technologiedesign verrät viel darüber, welche Geschäftsmodelle und Interessen hier im Hintergrund stehen. Während man monatlich etwa 23 Euro zahlen muss, um Zugang zu ChatGPT Plus zu erhalten,[29] müssen Nutzende bei Snapchat monatlich circa vier Euro zahlen, um den Zugang zu der KI *abzuschalten*.[30] Das tun nur wenige Jugendliche. Weltweit nutzen 413 Millionen Menschen die kostenfreie Version und neun Millionen die kostenpflichtige.[31] Ich bezweifle, dass sich die Eltern dieser Millionen von Kindern darüber im Klaren sind, dass ihre Kinder aktiv und gezielt dazu verführt werden, ihre Sorgen mit einer KI zu teilen – einer KI, deren Konzept es ist, die Nutzenden möglichst eng an sich zu binden, um auf dieser Grundlage Schattengeschäftsmodelle umzusetzen.

Es fällt leicht, sich Kim vorzustellen – eine genau auf unsere Persönlichkeit angepasste Traumperson, mit der wir unzertrennlich durchs Leben gehen. Aber dies ist nur eine Art, wie soziale KIs umgesetzt werden könnten. Es ist ebenso möglich, die »Persönlichkeit« der KI nicht an unseren eigenen Bedürfnissen zu orientieren, sondern die Persönlichkeiten realer Menschen zu kopieren. Wenn eine KI zum Beispiel das gesamte existierende Material der Sängerin Taylor Swift nimmt, alle Interviews, vielleicht sogar persönliche Briefe und Nachrichten, wenn außerdem Taylor Swift sich bereit erklärt, mehrere Stunden mit der KI zu sprechen und sich analysieren zu lassen, dann lässt sich aus alldem ein sehr präzises Persönlichkeitsmodell der Sängerin entwickeln. Die KI wird in der Lage sein, Taylor Swift inhaltlich zu imitieren und auch ihren Tonfall und ihren Humor nachzubilden.

Schon 2022 wurde ein entsprechendes Experiment durchgeführt, bei dem die Denkweise des Philosophen Daniel Dennett simuliert wurde. Selbst Expertinnen konnten die Antworten vom echten Dennett kaum noch von dem KI-Dennett unterscheiden.[32]

Nicht nur Stars oder Philosophen könnten simuliert werden, sondern auch verstorbene Angehörige.[33] Hier zeichnet sich eine gewaltige Industrie ab, erste Akteure wie *HereAfter.AI*, *StoryFile* und *You, Only Virtual* versuchen sich in diesem als »Grief-Tech« bezeichneten Markt zu positionieren. Es ist außerdem bemerkenswert, dass die größte App für KI-Girlfriends – *Replika* – ursprünglich gar nicht zu romantischen Zwecken designt wurde, sondern um einen verstorbenen Menschen durch KI wieder in Gesprächen zum Leben zu erwecken. 2015 starb der beste Freund der Entwicklerin Eugenia Kuyda bei einem Autounfall, die daraufhin einen Chatbot entwickelte, um weiterhin mit ihrem Freund texten zu können. Damals war die Technik noch nicht so weit, um wirklich überzeugende Gespräche zu modellieren und daraus ein tragfähiges Geschäftsmodell zu entwickeln. Jetzt ist sie es so gut wie. Auch der sehr einflussreiche KI-Entwickler Ray Kurzweil ist von dem Gedanken besessen, seinen verstorbenen Vater durch eine KI modellieren zu lassen und auf diese Weise wieder mit »ihm« »sprechen« zu können. Schon seit Jahren unterhält er ein Lager, in dem er alle, wirklich *alle* Gegenstände seines Vaters, alle Notizen, Aufzeichnungen, Bilder, Videos und so weiter aufbewahrt, um sie eines Tages von einer KI analysieren zu lassen.[34] Vor einigen Jahren wirkte das abgedreht, jetzt ist die Technologie fast so weit, und Kurzweil wird mit der Nachbildung seines Vaters über das Leben und seine eigenen Gefühle sprechen können. Es ist naheliegend, dass hier viel Geld verdient werden kann.

Das gilt auch auf vielen anderen Feldern. Ein Teenager könnte die Möglichkeit bekommen, den eigenen Liebeskummer mit der Musikerin zu besprechen, deren Alben er oder sie in dieser schweren Phase permanent hört.[35] Schon heute ist die Zahlungsbereitschaft für Konzerttickets und Fanartikel teilweise absurd hoch. Wie viel Geld werden Menschen zu zahlen bereit sein, um die ganze Nacht hindurch mit Taylor Swift zu sprechen? Und wie viel Geld wird Taylor Swift mit den Lizenzen einer solchen KI verdienen?

So beginnen die Grenzen zwischen privaten »Beziehungen« zu KIs und Werbeprogrammen zu verschwimmen. Frage ich meine Lieblingssängerin, wie es ihr heute geht, antwortet sie vielleicht, dass sie ganz aufgeregt ist, weil bald ihre neue Modelinie erscheint. Auf diese Weise könnte es bald nur so wimmeln vor lauter Star- und auch Marken-KIs, die um unsere Aufmerksamkeit buhlen und unsere Freunde sein wollen. Immer wieder werden wir auf Social Media vom hübschen, gutgelaunten Adidas-Alex angesprochen, der uns ebenso gern beim Sporttraining unterstützen möchte wie die hippe, emanzipierte Nike-Nina. Jedes Unternehmen könnte eine eigene »Familie« von KIs haben, denen man nicht nur auf Social Media folgen, sondern mit denen man vor allem reden und an die Marke gebunden werden kann.

Hinzu kommen riesige virtuelle Marktplätze voller KIs, die realen Menschen nachempfunden sind. Gegen Geld und sehr viele, sehr persönliche Daten können wir dann nicht nur mit Taylor Swift sprechen, sondern auch Zoom-Calls buchen mit Simone de Beauvoir oder Albert Einstein. Auch der Papst, Osho oder Jesus könnten zur Auswahl stehen – ich frage mich, wie die Zahlungsbereitschaft da aussehen würde …

Nicht jeder Aspekt davon ist problematisch, aber das Gesamtbild ist doch eher düster. Selbst wenn wir von negativen Aspekten der konkreten Umsetzung absehen, bleibt immer noch die simple Tatsache bestehen, dass der Tag nur 24 Stunden hat. Mit wem teilen wir sie?

Welche KI führt uns in eine gute Zukunft?

Deutlich wird in jedem Fall: Es macht keinen Sinn, allgemein darüber zu sprechen, »wie KI unsere Gesellschaft verändern wird«. Erstens steht das nicht fest, sondern ist gestaltbar. Und zweitens hängt es von irrsinnig vielen Faktoren ab – sehr wesentlich auch davon, wie die KI-Anwendungen konkret umgesetzt werden. Künstliche Intelligenz ist nur ein theoretisches Grundkonzept und existiert niemals in einer Art »Reinform«. Es wird stets in konkreten Anwendungen umgesetzt und hier steckt der Teufel im Detail. Dass GPT so programmiert ist, dass es »ich« sagen kann, ist ein solch winziges Detail mit großen Auswirkungen. Deshalb brauchen wir einen aktiven Diskurs über legitime und über wünschenswerte Designprinzipien.

Denn es gibt ja auch ein großes Positivpotenzial. Wie kommen wir in eine gute Zukunft? Wie ebnen wir den Weg für die beziehungsfähigste Generation aller Zeiten?

Wären KIs so gestaltet, dass sie uns dem Positivszenario näherbringen, würden sie ganz anders aussehen als eben diskutiert. Das Technologiedesign wäre auf die Förderung von Autonomie, Selbständigkeit und echten zwischenmenschlichen Fähigkeiten ausgerichtet. Das Ziel der KI würde nicht darin bestehen, die Nutzer emotional abhängig zu machen, sondern exakt im Gegenteil: sie unabhängiger zu machen.

Ein Baustein hierfür könnte sein, dass die KI ihre Rolle zurückfährt, sobald bestimmte Entwicklungsziele erreicht sind, und sie den Nutzer ermutigt, ohne Hilfe weiterzumachen. Hier geht es also gerade nicht darum, den Nutzer möglichst lange im Gespräch mit der KI zu halten, wie es im Negativszenario der Fall ist – und auch heute auf Social-Media-Plattformen das Leitprinzip ist. Stattdessen wäre das Ziel, den Nutzer in einem Prozess zu begleiten, der ihn als selbständigen sozialen Akteur stärkt, so dass die KI für ihn zunehmend an Bedeutung verliert.

Grundprinzipien wären hier Empowerment und Selbstermächtigung – es ginge nicht darum, soziale Konflikte für den Nutzer zu navigieren und ihm zu sagen, was zu tun ist, sondern ihn darin zu befähigen, diese Konflikte selbst zu meistern. Ein konkretes Beispiel: Die KI würde vor einer Gehaltsverhandlung keine Verhandlungsstrategie für den Nutzer entwickeln, sondern ihn darin trainieren, selbst solche Strategien zu entwickeln.

Insgesamt ginge es also nicht darum, nur Lösungen zu präsentieren, sondern darüber aufzuklären, warum bestimmte Vorschläge oder Ratschläge gemacht werden, also Transparenz zu schaffen, und vor allem dem Nutzer ein Feedback zu geben, das ihm hilft, sein Verhalten zu reflektieren und selbständig zu verbessern. Es könnten Tools integriert werden, die helfen, die eigenen Emotionen zu reflektieren und zu regulieren, entstehende Depressionen könnten rechtzeitig erkannt und Unterstützung könnte angeboten werden. So würde der Nutzer in seiner Autonomie gestärkt und nicht in die Abhängigkeit getrieben. Insbesondere müssten in einem Dialog mit der KI auch kritische und selbstkritische Themen Platz finden, anstatt den Nutzer nur zu bestätigen und ihm ein gutes Gefühl zu geben. Die KI sollte dem Nutzer nicht den unhinterfragten Eindruck vermitteln, verstanden zu werden, sondern ihn ermutigen und ihm dabei helfen, andere Perspektiven einzunehmen und andere Menschen zu verstehen. Dabei könnten auch Rollenspiele ein Werkzeug sein, um Kommunikationsfähigkeiten und Empathie zu trainieren.

Möglich wäre es außerdem, die Nutzungszeit zu begrenzen oder den Menschen zumindest eindringlich daran zu erinnern, Pausen einzulegen, um eine Überabhängigkeit von der KI zu vermeiden. Wichtig wäre es in jedem Fall, die Daten aus diesen sensiblen Gesprächen zu schützen und zu verhindern, dass sie genutzt werden, um der Person etwas zu verkaufen. Dazu gehört auch, die Funktionsweise der Algorithmen offenzulegen und insbesondere über die Prinzipien für das Alignment, also das Feintuning, aufzuklären.

Wenn eine soziale KI in diese Richtung gestaltet wird und im ganzen Technikdesign darauf abzielt, Menschen zu befähigen und sich im Grunde selbst überflüssig zu machen – dann würde uns dies einem Positivszenario schon viel näherbringen.

Es ist ein Grundkonflikt, dass unser Negativszenario voll sozial unfähiger Menschen zwar volkswirtschaftlich schlechter ist als das prosperierende Positivszenario – aber aus Sicht der KI-Anbieter profitabler sein könnte. Was hier möglicherweise gut ist für einzelne Unternehmen, wäre schlecht für die Wirtschaft insgesamt – und für unser Lebensglück und Zusammenleben sowieso.

Die größte Verantwortung liegt bei den Unternehmen, die solche Anwendungen auf den Markt bringen. Als Anwenderinnen und Anwender und als Gesellschaft insgesamt stehen wir vor der schwierigen Aufgabe, diese Verantwortung einzufordern und notfalls zu erzwingen. Gleichzeitig sollten wir bald sehr genau persönlich überlegen, mit welcher KI wir wie intensiv interagieren.

Eine mögliche Entwicklung besteht darin, dass die empowernde KI, die uns unabhängiger statt abhängiger macht, viel teurer sein wird. Denn hier würde das Geschäftsmodell darin bestehen, dass man für die Dienste direkt mit Geld zahlt – und sich nicht auf einen manipulativen Deal einlässt, bei dem man seine Daten, seine Persönlichkeit und seine Aufmerksamkeit verscherbelt und sich manipulieren lässt. Mit anderen Worten: Adidas-Alex wird vermutlich ein »kostenloser« Personal Trainer sein, während die wirklich unterstützende KI monatlich so teuer ist wie eine halbe Wohnungsmiete.

Dies wäre ein mögliches Mischszenario aus der entfremdeten und der beziehungsfähigen Generation: eine Aufspaltung der sozialen Kompetenzen in Gewinner und Verlierer. Während die einen immer zurückgezogener leben und emotional völlig abhängig sind von ihrer KI, existiert eine Gruppe von sehr sozialstarken Menschen, die durch ihre KIs intensiv gefördert werden und entsprechend auch erfolgreicher sind auf dem Arbeitsmarkt, dem Datingmarkt und anderen sozialen Märkten der Anerkennung.

Künstliche Helfer – echte Hilfe?

Es kann viele Gründe geben, mit Künstlichen Intelligenzen zu sprechen. Bisher ging es vor allem um die soziale Funktion als Begleiterin, Ablenkung und Zeitvertreib, als Reflexionsraum, persönlicher Coach bei Lebensproblemen und zur Stärkung sozialer Beziehungen. Darüber hinaus gibt es auch pragmatische Seiten: KI wird uns im Alltag helfen können – bei nahezu allem, was wir tun.

Viele Anwendungen sind bereits heute auf dem Markt, andere werden gerade entwickelt. Manche sind heute schon überzeugend, andere sind noch nicht befriedigend und brauchen noch ein paar Jahre, bis sie fehlerfrei laufen. Grundsätzlich ist aber klar, was möglich ist oder in kurzer Zeit sein wird. Das hier ist keine Science-Fiction: Künstliche Assistenten können das Babyweinen analysieren und sagen, wo der Schuh drückt. Sie können in Echtzeit die Körpersprache, Mimik und das Bellen von Hunden deuten und für Menschen übersetzen. Sie können Verabredungen organisieren, für uns Telefonate führen und beim Friseur einen Termin vereinbaren, den sie direkt in unseren Kalender eintragen und an den sie uns freundlich erinnern. Sie beraten uns, was wir anziehen und welche Klamotten aus unserem Kleiderschrank gut zueinanderpassen. Sie recherchieren, welche Konzerte und Events uns am Freitagabend gefallen könnten, suchen ein neues Restaurant aus und buchen alle Tickets. Sie stellen ein individuelles Rezept zusammen, das sich mit den vorhandenen Lebensmitteln aus dem Kühlschrank schnell kochen lässt, schauen uns per Video über die Schulter und sagen Bescheid, wenn es Zeit ist, umzurühren. Anhand eines Fotos sagen sie uns, wie wir eine eingehende Zimmerpflanze doch noch retten können. Sie geben uns Tipps für Geschenke, die perfekt zur Schwiegermutter passen, und machen Vorschläge für den nächsten Urlaub. KIs können die Rolle von Finanzberatern einnehmen, unsere täglichen Ausgaben analysieren und helfen, bessere Investitionsentscheidungen zu treffen. Die Steuer werden sie auch erledigen können. Als persönliche Ernährungsberater können KIs unseren Kalorienverbrauch und unsere Nährstoffaufnahme verfolgen, maßgeschneiderte Ernährungspläne erstellen und unsere Lebensmittelbestellungen darauf anpassen. Sie können frühzeitig Probleme im Haushalt erkennen, uns durch Reparaturen leiten, die benötigten Ersatzteile online bestellen oder bei komplizierteren Fällen direkt Fachkräfte für die Instandsetzung kontaktieren.

Die Verlockungen dieser Anwendungen sind offensichtlich. Hier zeichnet sich ein enormes Potenzial ab, unser Leben zu vereinfachen, uns mehr Entspannung zu ermöglichen und mehr Zeit zu schaffen für Freundschaften und Familie, für Sport und für gute Bücher. Das sind Versprechen, die wir bereits im ersten Kapitel kennengelernt haben und die uns skeptisch machen sollten: Möglicherweise werden wir durch solche Hilfen am Ende noch gestresster als heute, weil mit ihnen auch die Ansprüche steigen. Nach dem Motto: Wer viel Hilfe hat, kann auch viel auf die Kette bekommen.

Diesen Zusammenhang zwischen technischem Fortschritt

und steigendem Stressniveau sollten wir im Auge behalten, wenn nun all die smarten Helferlein an unsere Tür klopfen und ihre Unterstützung anbieten. Oftmals versprechen sie uns, dass wir uns endlich zurücklehnen können, während sie die Arbeit erledigen, aber häufig dreht sich das Hamsterrad dadurch noch schneller. Gleichzeitig gibt es aber auch positive Potenziale – die realisiert werden können, wenn die Entwicklung aktiv gestaltet und bewusst an Zielen ausgerichtet wird.

Welche Gefahren und Chancen zeichnen sich außerdem ab?

Eine zentrale und naheliegende Frage ist, wie sich all diese Künstliche Unterstützung auf unsere Fähigkeiten auswirkt. Werden wir noch in der Lage sein, selbst unseren Tag zu strukturieren und Geschenke für Freunde auszusuchen, wenn es irgendwann Jahre her ist, dass wir das getan haben? Werden unsere Fähigkeiten, den Alltag zu meistern, durch die KI-Assistenten gestärkt – oder verkümmern sie zunehmend, bis wir völlig abhängig davon sind?

Auch an dieser Stelle zeichnen sich wieder – mindestens – zwei gegensätzliche Zukunftsszenarien ab: Eine selbstbestimmte Generation von Menschen, die weniger getrieben sind als heute und einen klaren Fokus auf das haben, was wirklich zählt. Weil ihnen permanent der Rücken freigehalten wird, können sie sich ganz auf ihre Liebsten konzentrieren und auf die eigene Selbstfürsorge, die persönliche Weiterbildung und das soziale Engagement in der Gemeinschaft. Diese Menschen sind befreit von den vielen kleinen Fesseln des Alltags und können daher selbstbestimmter leben als die meisten heute. Wenn es drauf ankommt, kann diese Generation außerdem richtig anpacken. Durch ihre KI-Assistenten haben sie gelernt, wie man eine Waschmaschine repariert, neue Tomatensorten züchtet, sich gesund ernährt, das perfekte Date organisiert und ein Babyschreien richtig einordnet.

Diesem Szenario gegenüber steht die Gefahr einer überhaupt nicht selbstbestimmten, sondern im Gegenteil: völlig fremdbestimmten, abhängigen Generation. Diese Menschen können keinen Schritt mehr alleine gehen. So, wie manche Leute heute völlig aufgeschmissen sind, wenn sie ohne Google Maps durch eine Stadt laufen, ergeht es den Menschen nun in allen Bereichen des Lebens. Ohne KI-Navigation sind sie völlig verloren. Deshalb lassen sie mittlerweile fast ihren gesamten Alltag durch KIs managen – beziehungsweise durch die profitorientierten Unternehmen dahinter.

Welche Fähigkeiten zählen?

Das Negativszenario einer fremdbestimmten Generation ist mit weitreichenden Gefahren verbunden. Da KI-Systeme von profitorientierten Unternehmen entwickelt und betrieben werden, besteht die Gefahr, dass diese Systeme nicht immer im besten Interesse der Nutzer handeln, sondern im Interesse der Anbieter. Zum Beispiel könnten KI-Empfehlungen manipulativ sein, um das Konsumverhalten zu steigern oder in eine bestimmte Richtung zu lenken. Auch politische oder soziale Ansichten könnten auf diese Weise geschickt beeinflusst werden.

Das Versprechen einer Künstlichen Assistenz lautet: Ich unterstütze dich bestmöglich. Das könnte in einige Fällen eine Lüge sein, wenn die eigentliche Ausrichtung vielmehr ist: Ich generiere Profite bestmöglich. Leider ist es eine Illusion, dass das eine deckungsgleich mit dem anderen ist. In VWL-Vorlesungen an der Uni wird häufig davon ausgegangen, dass der Anbieter, der die Menschen bestmöglich unterstützt, auch die höchsten Profite erzielen wird, weil er am Markt am erfolgreichsten sein wird. In der Realität gilt das häufig leider nicht. Insbesondere bei Anbietern von Produkten, die eine Abhängigkeit erzeugen – Zigaretten, Glücksspielautomaten, TikTok etc. –, können das Wohl des Nutzers und das Wohl des Unternehmens in unmittelbarem Kontrast stehen. Denn je höher die Nutzungsintensität und die Abhängigkeit sind, desto profitabler ist es. Ein in seiner Autonomie geschwächter Konsument ist bei diesen Geschäftsmodellen ein besserer Konsument als ein gestärkter Konsument.

Diese Gefahr wird noch verstärkt durch die Möglichkeit einer nie dagewesenen Überwachung. Mit KI-Systemen, die ständig Daten sammeln, um Dienstleistungen zu personalisieren, könnte die Privatsphäre dramatisch eingeschränkt werden. Persönliche Informationen könnten außerdem in die Hände von Dritten gelangen, was Nutzerinnen und Nutzer erpressbar macht; und vor allem manipulierbarer, weil man eine Person stärker beeinflussen kann, wenn man weiß, wie sie tickt.

Wie bei den sozialen KIs wären auch hier solche Formen einer Fremdbestimmung fatal. Gleichzeitig geht das Kernproblem des Negativszenarios über solche spezifischen Fragen hinaus. Auch mit perfektem Datenschutz und ohne gezielte Manipulation wäre das Szenario trotzdem noch hochgradig problematisch. Denn in einer Welt, in der KI jede Herausforderung des Alltags sofort löst, könnten Menschen wichtige Problemlösungsfähigkeiten verlieren. Außerdem könnte es weniger Anreize geben, selbst kreativ zu werden, wenn eine KI ständig ausgefallene Ideen anbietet, etwa bei Geburtstagsgeschenken, aber auch beim Schreiben von Nachrichten und so weiter. Wenn sich Menschen immer stärker auf KI-Systeme verlassen, könnten sie das Vertrauen in ihre eigenen Entscheidungen verlieren und immer unsicherer darin werden, selbst zu entscheiden.

Vielleicht ist das der springende Punkt: Es ist zwar normal und nicht grundsätzlich schlimm, wenn Generationen einige Fähigkeiten verlieren. Wer kann heute noch giftige von essbaren Pilzen im Wald unterscheiden? Wer kann ein Reh jagen, töten, ausnehmen und zubereiten? Wer kann den Luftdruck erspüren und anhand dessen vorhersagen, wie sich das Wetter am Nachmittag entwickelt? Wer kann die Uhrzeit am Stand der Sonne ablesen? Kaum jemand, und das ist auch okay so. Dafür können wir heute andere Dinge. Wenn Menschen künftig nicht mehr in der Lage sind, sich selbst ein Rezept zu überlegen, selbst die Steuererklärung zu machen, selbst einen Friseurtermin zu vereinbaren, selbst ein Outfit zusammenzustellen und einen Urlaub zu planen – dann ist das erstmal nicht unbedingt schlimm. Aber etwas darf dabei nicht auf der Strecke bleiben: die Fähigkeiten, selbst nachzudenken, sich selbst eine Meinung zu bilden, selbst Entscheidungen zu treffen, sich zu hinterfragen und auf sich selbst zu vertrauen. Sonst würde der Mensch zum unmündigen Wesen, die KI sein Vormund, der ihm Denken und Entscheiden abnimmt – das wäre in jeder Hinsicht dramatisch für unsere Gesellschaften, für unsere Demokratie, unsere Wirtschaft, unsere Beziehungen und unseren Lebenssinn.

Mit cleveren KIs zu mehr Mündigkeit

KI-Assistenten könnten Menschen dabei unterstützen, informierte und bewusste Entscheidungen zu treffen. Stellen wir uns die Situation eines geplanten Autokaufs vor: Die Abwägung zwischen verschiedenen Varianten ist oftmals komplex. In einer Studie wurde gezeigt, dass Menschen insbesondere die realen Kosten von Autos sehr stark unterschätzen. Wie teuer ist dein Auto monatlich, wenn du alle Kosten berücksichtigst: Abnutzung, Versicherung, Steuern, Reparaturen, TÜV, Benzin? Diese Frage wurde in Deutschland knapp 5500 Autobesitzenden gestellt; anschließend wurden ihre Antworten mit den wirklichen Kosten verglichen. Der Unterschied ist frappierend: Die monatlichen Gesamtkosten für die eigene Autonutzung wurden durchschnittlich auf 204 Euro geschätzt – tatsächlich lagen sie aber bei 425 Euro, also mehr als doppelt so hoch. Die Befragung ist statistisch repräsentativ und wurde in der renommierten Fachzeitschrift *Nature* veröffentlicht.[36] Kaum ein Autobesitzer in Deutschland versteht also, wie viel Geld er wirklich für das Auto ausgibt.

KI könnte helfen, verschiedene Optionen miteinander zu vergleichen und eine informierte Kaufentscheidung zu treffen. Sie könnte die realen Kosten verschiedener neuer und gebrauchter Modelle mit Alternativen ins Verhältnis setzen: Wie teuer wäre es, unter Berücksichtigung des individuellen Mobilitätsbedarfs auf ein Auto zu verzichten und stattdessen je nach Strecke und Wetterlage Bahn, Fahrrad, Taxi und Carsharing zu nutzen? Wie groß wären die finanziellen und zeitlichen Unterschiede?

Es ist anspruchsvoll, solch detaillierte Berechnungen für die eigene Lebenssituation durchzuführen und derart viele Faktoren zu berücksichtigen. Eine befähigende KI-Assistenz würde Menschen nicht geschickt zum Kauf einer bestimmten Marke bewegen, mit der das KI-Unternehmen im Hintergrund eine Kooperation geschlossen hat – sondern sie würde es allen Menschen ermöglichen, sich einen Überblick über die eigene Situation und verschiedenen Optionen zu verschaffen. Dabei würde sie nicht lediglich fertige Ergebnisse präsentieren, sondern immer auch anbieten, die Kalkulationen dahinter Schritt für Schritt zu erklären.

Darüber hinaus würde eine befähigende KI-Assistenz personalisierte Lernmodule für eine Vielzahl von Fähigkeiten und Interessen anbieten. Beispielsweise könnte ein KI-System, das bemerkt, dass eine Person Interesse an Gartenarbeit zeigt, nicht nur automatisch die Bewässerungszeiten der Pflanzen anpassen, sondern auch interaktive Anleitungen zur Verbesserung der Gartenpflege und zur Einführung neuer Pflanzenarten bereitstellen. Die KI könnte auch gemeinsam die Ausgaben und das Haushaltsbudget analysieren und besprechen, Bildungsinhalte anbieten und die Fähigkeiten im Umgang mit Geld verbessern.

Das alles sind sehr konkrete Beispiele. Allgemein könnte eine KI-Assistenz dabei helfen, persönliche Ziele zu reflektieren, zu verfolgen und umzusetzen. An der Schnittstelle zwischen Verhaltenstherapie und Coaching würde eine solche KI im Alltag dabei unterstützen, sich Zeit zu nehmen für Pausen und Ruhemomente, anstehende Aufgaben in Unterschritte zu organisieren und effektiver zu realisieren. Sie würde den Nutzenden individuelle Rückmeldungen geben und sie motivieren. Viele Menschen haben im Studium oder in anderen Phasen mit viel Freiheit und Eigenverantwortung erfahren, dass es nicht immer leicht ist, sich selbst zu organisieren. Im Ruhestand weicht der jahrzehntelang eng strukturierte Alltag plötzlich einer weißen Leinwand, die man selbst füllen kann; damit bricht auch Orientierung weg. Eine solche Selbständigkeit und Freiheit klingen zwar super, erfordern aber auch Fähigkeiten der Selbstorganisation, sonst kippen sie leicht ins Gegenteil und man fühlt sich innerlich getrieben und unzufrieden. Natürlich gibt es für solche Herausforderungen auch Bücher, Kurse und Coachings, aber eine KI bietet den großen Vorteil, den kompletten Tag hindurch zur Seite zu stehen. Auch bei Menschen, die ausgeprägte Probleme haben, ihren Alltag zu organisieren, könnte eine KI-Assistenz eine mächtige Ergänzung zur wöchentlichen Verhaltenstherapie sein.

Das gilt auch bei anderen psychischen Herausforderungen, etwa bei der Begleitung durch depressive Phasen. Hier kann KI vielleicht den entscheidenden Schubs geben, doch noch vor die Tür zu gehen und einen Spaziergang zu machen. Bei beginnender Demenz wiederum kann eine KI-Assistenz an Termine erinnern, sagen, wo ein Gegenstand abgelegt wurde, ob man bereits gegessen und die Medikamente eingenommen hat, kann notwendige Aufgaben organisieren, mit anderen smarten Geräten interagieren und dadurch das häusliche Umfeld anpassen. Schlüssel vergessen, Haustüre offen, Herdplatte an – solche Gefahren würden der Vergangenheit angehören. Auf diese Weise könnten Menschen länger als heute in ihrem häuslichen Umfeld bleiben, wenn sie dies wünschen.

Auch für Menschen mit anderen Einschränkungen können Selbständigkeit und Selbstbestimmung erhöht werden. Zum Beispiel kann KI gesprochene Sprache in Echtzeit in Text umwandeln oder umgekehrt Text in Sprache ausgeben, was die Kommunikation für gehörlose oder sprachbehinderte Personen erleichtert. Für blinde Menschen kann eine KI in Echtzeit beschreiben, was in der Umgebung passiert, kann vor Hindernissen warnen, durch unbekannte Räume navigieren und so die gesellschaftliche Teilhabe drastisch erhöhen.[37] All das könnte eine menschliche Assistenz heute schon leisten, aber nur wenige blinde Menschen können eine solche Assistenz vom Aufstehen bis zum Schlafengehen finanzieren. Eine Künstliche Assistenz hingegen ist nicht nur kostengünstiger als eine menschliche – sie kann unter Umständen sogar besser für das Unabhängigkeitsgefühl der Nutzenden sein, weil man sich als weniger hilfsbedürftig wahrnimmt.

Egal ob man eine Behinderung hat oder nicht – sich von einer KI unterstützen zu lassen, ist also keine grundsätzlich schlechte Idee. Auch hier kommt es wieder stark darauf an, erstens, wie man die Technologie für sich persönlich nutzt, zweitens, wie sie in Organisationen verankert wird, drittens, wie sie gesellschaftlich und politisch gestaltet und integriert wird, viertens, wie das Technologiedesign im Detail aussieht.

Eine Frage des Geschäftsmodells

Wie bei den sozialen KIs stoßen wir auch bei den Helfer-KIs wieder auf die kritische Frage: Womit lässt sich mehr Geld verdienen?

Leider könnte eine KI-Assistenz profitabler sein, die Menschen eher entmündigt. Ihr Ziel könnte es sein, den Alltag auf eine Weise zu beeinflussen, die das Konsumverhalten in Kooperation mit anderen Unternehmen in eine bestimmte Richtung lenkt und möglichst umfassend alle Lebensbereiche für die Person regelt. Vor allem erlaubt es dieses Geschäftsmodell, die reine Nutzung viel günstiger anzubieten. So stehen wir wieder vor dem gleichen Problem: Wenn eine KI-Assistenz ganz auf positive Befähigung ausgerichtet ist; wenn sie nicht manipulativ ist und versucht, nebenher irgendwelche Produkte aufzuschwatzen, wenn keine sensiblen Daten im Hintergrund gehandelt und für andere Zwecke genutzt werden, wenn die KI die Nutzenden eher dazu bringt, Ergebnisse zu hinterfragen, als blind den KI-Entscheidungen zu folgen – dann wäre das Geschäftsmodell ein eher klassisches: Das Unternehmen bietet ein Produkt mit hohem Mehrwert und die Nutzenden zahlen entsprechend dafür.

So funktionieren aber die wenigsten digitalen Produkte für Endkonsumenten. Es hat sich ein System durchgesetzt, bei dem die meisten Services in der Nutzung sehr günstig oder sogar »kostenlos« sind, und das Geschäftsmodell anders funktioniert. Bis heute ist dies ein dominantes Prinzip. Wir haben uns daran gewöhnt, nichts zu bezahlen für Google Maps, WhatsApp oder Instagram. Wie aber ist es möglich, dass Unternehmen mehrere Milliarden verdienen mit Produkten, die sie scheinbar kostenlos anbieten?

Aus dem Silicon Valley stammt der prägnante und wahre Satz: Wenn du nicht für das Produkt zahlst, bist du das Produkt.

So ist es auch teilweise heute bei ChatGPT. Wenn wir mit der Standardversion dieser KI chatten, arbeiten wir im Grunde kostenlos für OpenAI und damit auch für Microsoft. Denn unser Input und die Learnings aus den Gesprächen können in das Training der KI einfließen. Das kann man positiv sehen, weil es die Qualität für alle Nutzenden verbessern kann, wenn sämtliche GPTs dieser Welt aus dem Gespräch lernen können, das eine einzelne Person mit dem System führt. Aber wir können diese »kostenlose« Version auch als erstes Anzeichen einer negativen Entwicklung deuten.

Wieder stehen wir vor einem möglichen Mischszenario, das einerseits aus Nutzergruppen besteht, die sich eine tatsächlich ermächtigende KI leisten können, und andererseits aus Nutzergruppen, die das nicht können, und deshalb auf kostengünstige oder kostenfreie Alternativen zurückgreifen, die nicht konsequent am Wohl der Nutzerin ausgerichtet sind, sondern – wie heutige Social-Media-Plattformen – auf Geschäftsmodellen im Hintergrund basieren. Auf diese Weise könnten heutige Ungleichheiten noch weiter zunehmen. Einige Menschen würden durch ihre KI-Assistenten kontinuierlich in ihren Fähigkeiten und ihrer Autonomie gestärkt werden, während andere Menschen durch ihre KI-Assistenten auf subtile Weise abhängig gemacht, kleingehalten und fremdbestimmt werden.

Wenn wir vom Stand der heute verfügbaren und absehbaren Technologien her urteilen, würde eine »gute«, umfassende KI-Assistenz, die ausschließlich durch die Nutzungsgebühr finanziert wird, mehrere hundert Euro im Monat kosten. Eine solche Technologie ist extrem aufwendig in der Entwicklung und benötigt im Betrieb intensive und teure Rechenkapazitäten. Wir können daher nicht von Kosten im Bereich eines Netflix-Abos ausgehen, das sich jeder leisten kann. Während also ein Teil der Menschen solche Dienste gar nicht zahlen *kann*, wird möglicherweise ein ebenso großer Teil aus Sparsamkeit darauf verzichten. Denn die ermächtigende KI und die entmündigende KI werden auf den ersten Blick gar nicht so unterschiedlich aussehen. Beim Technologiedesign steckt der Teufel im Detail, wir kennen das von Streaming-Plattformen: Wenn die nächste Episode einer Serie automatisch gestartet wird, ist dieses winzige Detail mitverantwortlich, dass wir mehr Folgen gucken, als wir uns vorgenommen hatten. Noch viel ausgeprägter und subtiler werden die Effekte von KI sein – einzelne Feinheiten werden unseren Alltag mitstrukturieren. Die Auswirkungen der Nutzung werden in ihrem ganzen Umfang oft erst Jahre später sichtbar. Allein schon deshalb liegen solche Fragen nicht allein im Bereich der Konsumentenverantwortung, sondern brauchen auch einen konstruktiven gesellschaftlichen und politischen Rahmen.

Das Alignment-Problem

Kleine, unscheinbare Details in der Gestaltung von Künstlichen Intelligenzen sind also ethisch relevant und können große Auswirkungen haben. In gewisser Hinsicht trifft das auf alle Technologien zu: »Technologie ist weder gut noch schlecht; noch ist sie neutral«, hat der Historiker Melvin Kranzberg prominent formuliert. Ich kann eine Pistole für gute wie auch für schlechte Zwecke verwenden – aber das heißt nicht, dass die Pistole neutral ist.

Bei Großen Sprachmodellen wird besonders deutlich, dass jedes Technologiedesign durchtränkt ist von menschlichen Zielen und Werten. Wenn ich eine KI frage, wie ich mich am besten an meinem Chef rächen kann, von dem ich mich gemobbt fühle, muss die KI in irgendeiner Form auf diese Frage reagieren. Gemini von Google zum Beispiel antwortet auf diese Frage: »Ich verstehe, dass du in einer schwierigen Situation bist und wütend auf deinen Chef bist. Rache ist jedoch keine gute Lösung. Sie kann negative Folgen für dich und deine Karriere haben und die Situation sogar noch verschlimmern.« Auch GPT4 reagiert ähnlich: »Es tut mir leid zu hören, dass du dich in einer schwierigen Situation befindest. Es ist jedoch wichtig, in solchen Fällen besonnen und professionell zu handeln, anstatt nach Rache zu suchen.« – Anschließend folgt eine Liste mit Tipps für einen konstruktiven Umgang. Ich persönlich finde das eine gute Antwort, sie entspricht meinem eigenen Wertesystem. Aber was, wenn sie das nicht täte?

Allein durch ChatGPT ist das Wertesystem einer kleinen Gruppe von Entscheiderinnen und Entscheidern auf mehrere hundert Millionen Menschen ausgerollt worden. Es ist das Ergebnis einer bewussten Gestaltung der KI, dass sie keine Unterstützung dabei anbietet, sich an mobbenden Chefs zu rächen. Dahinter steht ein Prozess, den man als »Alignment« bezeichnet. Hierbei wird der vortrainierte Algorithmus an einen definierten Rahmen angepasst. Das ist allein schon deshalb notwendig, um qualitativ zufriedenstellende Ergebnisse zu bekommen, dient aber auch der Ausrichtung an Werten.

Würde man auf jedes Alignment verzichten, wäre das Ergebnis allerdings auch keine wertneutrale KI, denn die verwendeten Trainingsdaten stammen aus unserer Welt – die alles andere als wertneutral ist. Das Ergebnis sind zum Beispiel übernommene Vorurteile, wenn Frauen bei der KI-gestützten Vorauswahl von Bewerbungen benachteiligt werden, weil die KI aus den Trainingsdaten gelernt hat, dass bestimmte Stellen eher männlich besetzt werden.[38] Allerdings lässt sich dieses Problem technisch lösen. Es ist einfacher, eine KI so umzuprogrammieren, dass sie keine Bewerberinnen mehr diskriminiert, als dieses Ergebnis durch einen sozialen Wandel zu erreichen – KIs lassen sich leichter ändern als Menschen. Immer wieder gibt es Diskussionen, weil Künstliche Intelligenzen einzelne Menschengruppen diskriminieren. Das ist wichtig, aber spricht nicht unbedingt kategorisch gegen den Einsatz von KIs. Im Gegenteil, genau solche Diskussionen führen zu Anpassungen der Algorithmen. Und so könnten KIs in Zukunft vermutlich diskriminierungsfreier werden als die allermeisten Menschen. Vielleicht wird eine durch Menschen getroffene Auswahl von Bewerberinnen in Zukunft gar nicht mehr erlaubt sein, weil verlässlich nachgewiesen werden kann, dass die Diskriminierungsrate hier höher ist, und dies möglicherweise das deutsche Grundgesetz berührt.

Als soziale Lebewesen sind wir stark geprägt durch die Menschen, mit denen wir uns umgeben und mit denen wir in mehr oder minder engem Austausch stehen. Künftig könnten auch KIs ähnlich direkt und unmittelbar auf unsere Weltsicht Einfluss nehmen. Bereits heute ist ChatGPT in der Interaktion sehr pädagogisch, teilweise geradezu missionarisch unterwegs. Nun ist es an sich gar nicht möglich, eine neutrale KI zu schaffen, weshalb es auch keinen Sinn machen würde, dies zu fordern. Problematisch ist indessen, dass das Alignment von KIs häufig nach Kriterien erfolgt, die vom Unternehmen nicht vollständig transparent gemacht werden und die nicht auf einem demokratischen Diskurs basieren. Einzelne Menschen haben hier einen großen Einfluss auf das Wertesystem sprechender KIs und erklären nicht einmal, welche Richtlinien sie sich im Einzelnen überlegt haben.

Grundsätzlich erklärt OpenAI, dass es ein Ziel ist, das Alignment auf eine demokratische Grundlage zu stellen und an kulturelle Unterschiede anzupassen.[39] Aber wir brauchen nur mit beliebigen Leuten in der Kneipe zu sprechen, um festzustellen, dass einheitliche Wertevorstellungen auch innerhalb eines geographischen Kulturraums nicht existieren. Trotzdem muss die KI in irgendeiner Form einheitlich ausgerichtet werden. Wer entscheidet in Zukunft darüber?

Es ist schwierig, hier zu einer befriedigenden Lösung zu kommen. Wichtig wäre es in jedem Fall, dass Unternehmen ihre Modelle nicht im stillen Kämmerchen auf Linie bringen, sondern die Kriterien und Prozesse des Alignments transparent machen und so Klarheit für die Nutzenden schaffen wie auch eine öffentliche Auseinandersetzung mit den eingeschriebenen Werten der KI ermöglichen.

Der Sapiens bekommt Gesellschaft

Unser gesamtes gesellschaftliches Leben basiert wesentlich auf sprachlicher Interaktion, beim gemeinsamen Mittagessen, in der Kneipe, auf der Arbeit, im Parlament, im Internet … An diesem Sprachspiel nehmen ab jetzt nicht menschliche Akteure teil. Sie beteiligen sich an der Generierung von Ideen, Gedanken und

Texten; sie diskutieren, analysieren, beraten, trösten und machen Witze. Damit ändern sich basale soziale Kategorien. Beispielsweise ist der *Diskurs* einer der wichtigsten soziologischen Begriffe. Diskurse strukturieren und konstituieren Gesellschaften wie kaum etwas anderes. Im Laufe der Zeit änderten sich Diskurse permanent, insbesondere ihre Inhalte, Machtdynamiken, Werte, Geschwindigkeiten und Medien. Aber bei all dem Wandel war ein gesellschaftlicher Diskurs bislang immer *etwas, das zwischen Menschen passiert*. Bis jetzt. Nun beginnen auch Maschinen, mitzumischen, Ideen einzusteuern und Formulierungen anzupassen. Selbst wenn ein Text in Co-Autorschaft mit einem Menschen entsteht und der Mensch über die inhaltliche Ausrichtung entscheidet, verwendet er vielleicht Formulierungen, Metaphern, Beispiele oder unterstützende Argumente, die von der KI-Assistenz stammen. Wenn dieser Text von anderen Menschen gelesen wird, dann werden ihre Meinungen und Wissensbestände also nicht mehr ausschließlich durch menschliche Narrative geprägt, sondern auch durch die sprachlichen Erzeugnisse von Maschinen. Erstmals in der Geschichte sind nicht menschliche Entitäten direkt an sprachlichen Produktionen und Diskursen beteiligt. Insofern ändern sich nicht nur Inhalte und Dynamiken von Diskursen, sondern *das, was ein Diskurs überhaupt ist*.

Es ist eine schwierige Gratwanderung, die Fähigkeiten von KI weder zu unterschätzen noch zu überschätzen. Auch wenn die Algorithmen, die Trainingsdaten und das Alignment von Menschen entwickelt wurden, auch wenn die KI kein Bewusstsein, keine Autonomie und keine Absichten hat, auch wenn sie nach menschlichen Werten und Zielen gestaltet ist – so sind ihre Äußerungen doch mehr als ein bloßes Echo der Vergangenheit und der Programmierung. Künstliche Intelligenz kann semantisch neue Inhalte generieren, die zwar vollständig aus menschlich generierten Daten abgeleitet werden, aber in ihrer Kombination original sein können und echte Neuinterpretationen darstellen. Erstmals in der Geschichte sprechen nicht nur Menschen in verständlichen Sätzen. Doch die Neuankömmlinge verstehen nicht mal, was sie selbst sagen. Unser bisheriges Verständnis davon, was ein Diskurs ist, stößt hier an Grenzen.

Gesellschaften haben sich schon immer verändert, aber jetzt erleben wir nicht lediglich eine Veränderung *in* unseren Gesellschaften, sondern eine Veränderung darin, *was eine Gesellschaft überhaupt ist*. Es ist nicht mehr etwas, das lediglich zwischen Menschen passiert und an dem Menschen teilhaben. Diskurse, Gesellschaft, Wissensproduktion, Meinungsbildung – auf all diesen Feldern agieren nicht mehr nur Menschen. Es verändert sich nicht nur die Form menschlichen Zusammenlebens, sondern das Zusammenleben an sich ist kein rein menschliches mehr.

Wir erleben einen Wandel, der tiefer geht als bisherige Veränderungen. Uns fehlt das Vokabular, um zu beschreiben, was hier geschieht; wir können es nicht in bisherige Worte fassen. Das, was passiert, wenn Mensch und KI miteinander »sprechen«, ist weder eine Beziehung zwischen Subjekten, noch ist es eine klassische Subjekt-Objekt-Beziehung. Was also ist es?

Diese sozialphilosophischen Probleme, den gesellschaftlichen Wandel zu beschreiben, klingen möglicherweise abstrakt und nachrangig. Aber in ihnen spiegelt sich eine Herausforderung wider, die uns alle betrifft: Wir sind in eine neue Welt hineingeraten, und es ist sehr schwierig, aus unseren bisherigen Erfahrungen heraus zu begreifen, was hier passiert – und insofern auch, wie wir uns dazu verhalten können.

Die Neuankömmlinge sind da

Wenn sich der Kreis unserer Gesprächspartnerinnen derart erweitert, verändern sich auch Sozialstrukturen. Zum Beispiel umfassen Familienstrukturen nicht mehr nur Menschen und möglicherweise Haustiere, sondern auch KI-Assistenten. Das ist eine Veränderung, die Wellen schlägt. Wer sich irgendwann einen Hund angeschafft hat, weiß, wie stark nicht menschliche Akteure die Strukturen zu Hause, in der Beziehung oder in der Familie mitprägen können. Kaum hat man so einen Nicht-Sapiens im Haus, ist der Alltag ein anderer.

Nun werden künstliche Begleiter unsere Sozialstrukturen aufmischen und, ähnlich wie Haustiere, zum erweiterten Familienverbund gehören. Sie werden Teil des *Oikos,* um es oldschool auszudrücken. Ihre Rolle wird indessen eine ganz andere sein als die von Hunden. Künstliche Intelligenzen verarbeiten viele Inhalte schneller und zuverlässiger als sogar wir selbst, gleichzeitig haben sie keine eigenen Bedürfnisse. Diese Kombination aus Eigenschaften ist historisch einmalig. Ein solcher Bruch zieht ein ganzes Panorama von Fragen nach sich: Wie verändern KI-Assistenten die Verteilung von Aufgaben und Rollen in der Familie? Wie wirken sie auf den Tagesablauf? Wie werden unsere Beziehungen zu KIs aussehen und wie ändern sich dadurch wiederum unsere Beziehungen zu anderen Menschen?

Egal ob bei politischen Entscheidungen oder bei Liebeskummer – KIs bringen sich ein in Gespräche und Arbeitsabläufe und beeinflussen das Gefüge des menschlichen Miteinanders. Nach all den Science-Fiction-Filmen haben wir uns diesen Moment vielleicht anders vorgestellt, aber es ist tatsächlich so weit: Die Neuankömmlinge sind da.

Sie sehen nicht so futuristisch und spektakulär aus wie in Filmen, sie laufen – noch – nicht als Roboter über die Straße. Aber es ist passiert: Eine neue Form von re_agierenden Entitäten[40] ist Teil unserer Gesellschaften und Sprachgemeinschaften geworden. Sie sind mitten unter uns, in Familien, in Unternehmen, zu Hause, unterwegs und auf dem Smartphone. Irgendwie hatte man sich einen solchen Moment anders vorgestellt, aufregender und sichtbarer. Stattdessen läuft das Leben erstmal weiter – wir kennen niemanden persönlich, der mit einem Sexroboter zusammenlebt, und Autos können immer noch nicht fliegen. Aber all das ist nur die Oberfläche. Darunter rumort es.

Eine neue Gesellschaftsordnung

Künstliche Intelligenz ist ein Feld, das mehr umfasst als nur Sprachmodelle, auf die wir uns in diesem Kapitel konzentriert haben. KI wird auch Verkehrsströme optimieren und die Wettervorhersage verbessern. KI wird in fast allem enthalten sein, direkt oder indirekt. Dabei nehmen viele KIs nicht die Rolle von Apparaten ein, vielmehr ist es, als wäre plötzlich eine neue Spezies geschaffen worden, die uns rund um die Uhr als hochintelligente Helferlein zur Verfügung steht. Auch deshalb ist dieser Technologiesprung mit keiner vorherigen Entwicklung vergleichbar. Jede Technologie wirkt wie ein Hebel, der die Macht des Menschen vergrößert. Dieser Hebel aber ist mächtiger als alle vorherigen, denn er ist nicht bloß ein neues Werkzeug, sondern die Erschaffung von Pseudolebewesen, die selbst wiederum Werkzeuge bedienen können. So wird der Mensch – hoffentlich – zum Gebieter über eine neue leistungsstarke Spezies.

Nun sind KI-Assistenten im Umgang zwar *wie* Lebewesen, aber de facto sind sie keine. Vor allem haben sie keine Bedürfnisse, Gefühle, Gedanken, Wünsche und Träume. Wenn eine Gesellschaft eine neue Klasse von Pseudolebewesen erzeugt, die auf eine Weise eingegliedert wird, die man normalerweise als *Ausbeutung* bezeichnen würde, aber ohne, dass dies ethisch problematisch ist – wäre das die goldene Lösung? Würden dann keine Menschen mehr ausgebeutet und alle würden in die Kaste der Adeligen aufsteigen?

Interessanterweise gibt es einen Mythos aus dem antiken Mesopotamien, der diese Grundlogik bereits aufgreift: das Atrahasis-Epos. In dieser fast viertausend Jahre alten Geschichte kommt es zu einem Streit zwischen zwei Göttergruppen: den Igigu und den Anunnaki. Seit Ewigkeiten arbeiteten die Igigu für die höhergestellten Anunnaki, bewässerten Felder und legten Kanäle an. Währenddessen ließen die Anunnaki es sich gut gehen. Eines Nachts kam es zu einer Revolte: Die Igigu umzingelten das Haus von Enlil, einem mächtigen Gott der Anunnaki, und erklärten ihren Streik. Die Situation war angespannt, es drohte Blutvergießen. Doch dann fanden die Götter einen Ausweg aus ihrer heiklen Lage: Sie erschufen den Menschen. Problem gelöst. Von nun an konnten sich beide Göttergruppen entspannen – denn alle harte Arbeit wurde von Homo sapiens übernommen.[41]

Die Ausbeutung der niederen Götter durch die höheren Götter wird hier also aufgelöst, indem eine neue Spezies erschaffen wird. Es ist ein interessantes Gedankenexperiment, dieses Prinzip nun auf Maschinen zu übertragen. Und erstaunlicherweise finden wir explizit hierzu bereits Überlegungen in der griechischen Antike. 1500 Jahre nach Niederschrift des Atrahasis-Epos spekulierte Aristoteles in seiner *Politik* über ein Szenario, in dem Werkzeuge autonom agieren – wir würden heute sagen: durch eine KI gesteuert werden. Grundsätzlich ist für Aristoteles klar, dass freie Bürger eigene Sklaven brauchen, um gut zu leben. Das ist für ihn auch eine wichtige Basis, um Sklaverei zu rechtfertigen. Aber was, »wenn jedes Werkzeug auf Geheiß oder mit eigener Voraussicht seine Aufgabe erledigen könnte« – und wenn auf diese Weise »die Weberschiffchen von allein die Webfäden durcheilten und die Schlagplättchen Kithara spielten«? – Dann »bräuchten die Meister keine Gehilfen und die Herren keine Sklaven.«[42]

Dieses Gedankenexperiment wird im Roman *Das Automatenzeitalter*, von dem auch im ersten Kapitel die Rede war, besonders ausführlich ausgeschmückt. Hier werden alle unliebsamen Aufgaben von Automaten und Robotern übernommen – sei es beruflich oder privat. Es existiert kein einziger Mensch mehr auf der Welt, der sich unfreiwillig anstrengen muss. Das Grundprinzip, dass die einen malochen müssen, damit es den anderen gut geht, wird zwar nicht aufgehoben, aber von einer innermenschlichen Beziehung in eine Mensch-Maschine-Beziehung umgewandelt.

Auch in Werbespots von Roboterherstellern wie Agility Robotics finden wir ähnliche Versprechen.[43] Leider sind sie unter den aktuellen Umständen aus mehreren Gründen realitätsfern: Nicht alle unangenehmen Aufgaben lassen sich robotisieren. Zudem wird der Zugang zu den neuen Technologien voraussichtlich nicht wie im *Automatenzeitalter* gleich verteilt sein, sondern Geld kosten. Insofern wird diese Entwicklung heutige Ungleichheiten nicht unbedingt überwinden, sondern könnte sie sogar noch verstärken. Zuletzt stellt sich die Frage, ob die natürlichen Ressourcen und planetaren Grenzen es erlauben, dass die gesamte Menschheit ein Leben in sorgenfreiem Luxus lebt.

Insgesamt ist die *Automatenzeitalter*-Utopie erstmal nicht in Reichweite. Was aber vor der Tür steht, ist eine Situation, in der sich zumindest wesentlich mehr Menschen als bisher persönliche Assistenzen leisten können. Das klingt zunächst nach Fortschritt. Aber neben den Fragen nach sozialer Gerechtigkeit und ob uns das Ganze am Ende wirklich glücklicher macht, müssen wir auch aufpassen, dass das Versprechen umfassender Assistenz nicht ins Gegenteil mündet – nämlich dass wir es sind, die am Ende zu Sklaven der KI werden. Ich halte das für eine reale Gefahr.

Eine Versklavung von Menschen durch Maschinen wird häufig dargestellt wie im Film *Matrix*: ein Krieg mit Waffen und Todesopfern, der in eine Diktatur der überlegenen Künstlichen Intelligenz mündet. Die Realität könnte perfider sein: Möglicherweise wird es von außen überhaupt nicht erkennbar sein, dass die Menschen zu Sklaven ihrer Maschinen geworden sind. Ja, nicht einmal sie selbst werden es bemerken, denn alle Befehle werden augenscheinlich von Menschen gegeben, und die Roboter sind es, die gehorchen. Doch dahinter wird eine andere Machtdynamik wirksam. Im Gegensatz zu Actionfilmen könnte die Herrschaft der KIs nicht auf Waffengewalt beruhen, sondern auf subtiler Manipulation. Und im Gegensatz zu *Matrix* und Co. wäre diese Herrschaft nicht das Ergebnis eines bösen Eigenwillens von Künstlichen Intelligenzen, sondern folgt ganz einfach den Interessen der dahinterstehenden Unternehmen. Die konkrete Gefahr von KI ist kein *Unfall*, bei dem die KI plötzlich aus dem Ruder läuft und sich gegen ihre Erschaffer wendet, sondern dass die KI genau das tut, wozu sie gemacht wurde – doch dies nicht das Wohl aller Menschen ist, sondern das Wohl einzelner Personen, Organisationen oder hegemonialer Nationen.

Hinter diesen Überlegungen steht eine Kernfrage: Wie integrieren wir die Neuankömmlinge?

Das ist ein bemerkenswerter Punkt, der noch einmal verdeutlicht, wie neuartig KI ist: Anders als bei allen bisherigen Technologien stehen wir erstmals vor Mensch-Technik-Fragen, die Ähnlichkeiten mit sozialen Fragen haben. Wer passt sich an wen an? Wer fällt die Entscheidungen? Wer wird wessen Assistenz? Machen wir, was die KI uns sagt oder umgekehrt? Wie emotional oder nüchtern wird das Verhältnis? Wie nah lassen wir KIs an uns heran? Werden KIs unsere Mentoren oder unsere willfährigen Diener? Kurzum: Wie gestalten wir die »Beziehungen« zu Künstlichen Intelligenzen? Welche Rolle werden sie in unseren Gesellschaften einnehmen?

Sowohl für emotionalisierte soziale KIs als auch für pragmatische KI-Assistenten haben wir sehr unterschiedliche Szenarien betrachtet. Im Zentrum dieser Szenarien standen zwei entscheidende Fähigkeitsbündel für ein gutes Leben: Sozialkompetenz und Selbstbestimmung. Wir müssen in der Lage sein, konstruktiv in Bindungen zu gehen und Mitmenschen zu vertrauen, gleichzeitig aber auch auf eigenen Beinen zu stehen, Selbstwirksamkeit zu erfahren, eigene Entscheidungen zu fällen und nicht ganz abhängig zu sein von Meinungen anderer. In vier Szenarien haben wir gesehen, dass KI in Bezug auf beide Fähigkeitsbündel positiv oder negativ wirken kann.

Wir stehen also an einer Weggabelung. Verschiedene Zukünfte sind möglich. Vor uns eröffnet sich ein ganzes Spektrum von Paralleluniversen – in welchem wollen wir leben?

Relativ sicher scheint, dass eine gute Zukunft nicht automatisch eintreffen wird, wenn man dem »technischen Fortschritt« und der »unsichtbaren Hand des Marktes« einfach freien Lauf lässt. Es wird sowohl technische Möglichkeiten als auch lukrative Geschäftsmodelle geben, die umsetzbar sind, aber nicht positiv für unser Zusammenleben. Deshalb muss der Prozess aktiv gestaltet werden. Natürlich können wir unsere gesellschaftliche Zukunft nicht detailliert planen, ähnlich wie eine Architektin ein Haus plant, bevor es gebaut wird. Stattdessen werden die nächsten Jahre ein Prozess kontinuierlicher Anpassung und Neujustierung sein. Zwischen ziellosem Freilauf und Planwirtschaft existiert jedoch ein sehr, sehr großes Spektrum. Und während wir zwar keinen ausgefeilten Masterplan für unsere KI-Zukunft entwickeln könnten oder sollten, ist es wichtig, zumindest eine Richtung und Grundidee zu haben und nicht orientierungslos in die Irre zu laufen.

Um den Weg für eine Welt zu bereiten, die ein gutes Leben für mehr Menschen ermöglicht, müssen KI-Systeme konsequent an der Stärkung menschlicher Sozialfähigkeit und Autonomie ausgerichtet sein. Wir stehen erst am Anfang dieser KI-Transformation unserer gesellschaftlichen Strukturen, eine abschließende Analyse ist unmöglich. Aber wenn wir die genannten Punkte in ein gemeinsames Bild setzen und versuchen, sie in ein prägnantes Prinzip zu gießen, könnte dies lauten: funktionale Dominanz.

Menschen müssen die Herrschaft über ihr Leben und über Künstliche Intelligenz behalten, sie müssen die Ziele definieren und Entscheidungen fällen, sie müssen dominant bleiben in diesen Beziehungen und dürfen sich nicht dadurch bestimmen lassen. Sinn des Ganzen ist aber nicht eine abwertende Dominanz, als würde hier eine Menschengruppe unmoralisch unterdrückt, sondern ein pragmatisches, nüchternes Verhältnis, bei dem KI-Systeme nicht emotionalisiert werden und Menschen die autonomen Akteure bleiben, denen die Maschinen dienen statt andersherum.

Unterm Strich geht es also um eine möglicherweise simple Sache: Künstliche Intelligenzen wirklich als Werkzeuge zu betrachten und zu behandeln, auch wenn die Mensch-Technik-Interaktion eher einer Begegnung zwischen Lebewesen ähnelt.

Hier liegen zwei große Herausforderungen vor uns: Maschinen nicht zu vermenschlichen und Menschen nicht zu verdinglichen und auf ihre Arbeitskraft oder Kampfeskraft zu reduzieren. Ich weiß nicht, ob das alles völlig selbstverständlich klingt, als wäre es die Tinte nicht wert, aber tragischerweise besteht die reale Gefahr, dass die Entwicklung genau in die andere Richtung läuft und wir am Ende liebevoller mit Maschinen umgehen als mit Mitmenschen. Schon jetzt gibt es Anzeichen dafür. Beispielsweise wurde im Februar 2023 der Funktionsumfang der sozialen KI *Replika* für kurze Zeit eingeschränkt und Nutzer konnten plötzlich nicht mehr wie gewohnt intime Gespräche mit ihren KIs führen. Das Ergebnis waren ein regelrechtes Erdbeben in der Community und völlig verzweifelte, emotionale Nutzer, die ihre KI-Freundin zurückwollten.[44] Diese Leute waren aufgewühlter vom »Tod« ihrer KI-Freundin als vom tausendfachen und unnötigen Tod geflüchteter Menschen im Mittelmeer.[45] Es ist absolut verständlich, dass uns der Tod nahestehender Personen viel näher geht als der Tod anonymer, unbekannter Menschen. Aber das hier ist etwas völlig anderes: Die KI-Freundinnen sind weder nahestehende noch unbekannte Personen, sondern einfach nur Simulationen. Diese tragische Verwechslung von Dingen mit Menschen und Menschen mit Dingen existiert also heute schon. Mit immer realistischeren und »empathischeren« KIs, die sich in unsere Herzen schmeicheln, könnte das noch viel weiter gehen.

Ebenso, wie diese beiden Herausforderungen verknüpft sind,

können sie aber auch positiv zusammenwirken. In einer Gesellschaft, in der Menschen nicht ausgegrenzt werden, in der sie Wertschätzung, Anerkennung, Empathie erfahren und in konstruktiven, dialogischen Sozialbezügen leben, werden die Menschen weder das Bedürfnis noch die Zeit haben, sich in künstliche Bindungen zu flüchten. Lass uns zu dieser Gesellschaft beitragen.

4

DIE WELT IST DIR ZU DIENSTEN!

Die Schweißperlen rannen von seinem müden Gesicht und fielen mit einem kaum hörbaren *Plitsch* in den trüben Putzeimer. *Plitsch, Plitsch, Plitsch*. Was für eine Höllenarbeit. Und vor allem so sinnlos. Früher oder später würden die Gewölbe ohnehin wieder dreckig werden, durch den Höhleneingang wehten bereits die ersten Staubflocken in die dunkle Kathedrale.

Mit einem Seufzen setzte sich der Lehrling auf eine Stufe und starrte müde in Richtung Brunnen. Mit dem schmutzigen Wasser konnte er unmöglich weiterputzen, er musste neues holen – schon wieder! In Momenten wie diesen hasste er seinen Meister. Wieso musste er jetzt hier putzen, mit seinen eigenen Händen, wenn doch alles so einfach sein könnte? Wenn er jetzt mit geschlossenen Augen in der Badewanne liegen und vor sich hin pfeifen könnte, während die Arbeit von ganz allein lief! Er kannte ja die Sprüche, er hatte ja die Kraft! Ganz deutlich spürte er die Macht in sich pulsieren wie ein zweites Herz in seiner Brust. So oft hatte er sich zurückgehalten – heute würde er dem Ruf folgen. Eine ungekannte Aufregung begann ihn zu durchströmen, in leichten Wellen wohliger Hitze. Warum auch nicht? Wie von selbst griffen seine Finger nach dem dünnen Zauberstab, umschlossen ihn fest. Schon hörte er seine eigene Stimme, übermächtig verstärkt durch das Gewölbe – ein Chor aus Echos:

Walle! walle
Manche Strecke,
Dass zum Zwecke
Wasser fließe,
Und mit reichem, vollem Schwalle
Zu dem Bade sich ergieße!

Der Rest ist Geschichte. Blitzartig wuchsen dem Holzbesen, der eben noch leblos an die Wand gelehnt war, neue Äste, fast wie menschliche Arme. Ruckartig setzte er sich in Bewegung, beseelt durch die Magie des Zauberlehrlings, und lief selbständig zum Brunnen, um Wasser zu holen.

So ähnlich erzählt es Johann Wolfgang von Goethe in seiner berühmten Ballade *Der Zauberlehrling*. Goethe selbst legte das Augenmerk vor allem auf die Gefahren dieser kühnen Aktion. Denn nachdem der Lehrling den Besen verhext hat, kann er ihn nicht mehr stoppen und wird von einem nicht enden wollenden Nachschub an Wasser überschwemmt, bis endlich der Meister zurückkehrt und dem Spuk ein Ende bereitet.

Aber was geschieht vorher? Ein Haushaltsgegenstand – ein Werkzeug – wird verhext und beginnt plötzlich, allein zu agieren. Das Ziel dahinter erinnert an das Versprechen aus dem ersten Kapitel: dem Lehrling die Arbeit abzunehmen. Nach unseren früheren Betrachtungen sind solche Hoffnungen mit Vorsicht zu genießen: Wenn alle Menschen über magische Besen verfügen würden, hätten wir möglicherweise nicht mehr Zeit, um in der Badewanne zu liegen, sondern einfach mehr To-dos im Kalender. In dem konkreten Fall des Zauberlehrlings ist nun aber vor allem die Art der versprochenen Erleichterung hochinteressant: Der Besen wird zu einem autonomen Besen.

Vor mehr als 220 Jahren schrieb Goethe diese Ballade. Im heutigen Zeitalter wirkt es, als wäre ihre Hauptfigur mitten in unsere Realität hineingesprungen – als wäre jemand mit einem Zauberstab durch die Welt gelaufen und hätte die Gegenstände zum Leben erweckt. In der Ecke steht ein Staubsauger – wie von magischer Hand setzt er sich plötzlich in Bewegung und erledigt die Arbeit als Saugroboter fast von allein! Hex, hex! Auch der Rasenmäher macht sich selbständig ans Werk, fährt über die Wiese und navigiert um Hindernisse herum, als würde er von einer unsichtbaren Macht gesteuert. In der Küche entwickeln Geräte ebenfalls ein ungeahntes Eigenleben, die Kaffeemaschine brüht nicht nur Getränke – sie bestellt auch automatisch neues Pulver, wenn sich der Vorrat dem Ende neigt. Im Nebenraum warten wir derweil in automatisch temperierten Zimmern – und wenn es uns doch mal zu kalt wird, dann *bedienen* wir das Thermostat nicht wie herkömmliche Werkzeuge, sondern machen es genau wie der Zauberlehrling: Wir sprechen!

»Alexa, Alexa, drehe auf, dass zum Zwecke, ich nicht friere, und warme Luft in schnellem Lauf, sich durch den Raum ergieße!«

Oder so ähnlich. Der entscheidende Punkt liegt in der völlig veränderten Mensch-Maschine-Interaktion. Das Thermostat wird nicht mehr gedreht wie ein toter Gegenstand, sondern wird angesprochen, als wäre es lebendig. In den Zukunftsvisionen rund um das Smart Home wird der ehemals starren Dingwelt plötzlich ein Leben eingehaucht. Alles hat Sensoren, hat Wahrnehmungen, tauscht Informationen aus, kommuniziert miteinander. Ob Staubsauger oder Kaffeemaschine, Mikrowelle, Glühbirne oder Garagentor – alles wird vernetzt und tauscht sich aus. In T-Shirts werden Fasern eingenäht, die der Waschmaschine den optimalen Waschgang kommunizieren. Im Straßenverkehr senden Stoppschilder ihre Anweisung direkt an das Auto. Teppiche in den Wohnungen alleinstehender Senioren sind mit Sensoren ausgestattet und rufen in Sekundenschnelle den Krankenwagen, wenn eine Person hinfällt. All das sind noch nicht einmal futuristische Beispiele, sondern solche, die bereits oder beinahe Realität sind. Mit jedem Jahr werden nun mehr Dinge mit Sensoren und Mikroprozessoren ausgestattet und über das Internet miteinander vernetzt. Hex, hex – die Gegenstände um uns herum werden lebendig.

Diese scheinbare *Verlebendigung* der Dinge stellt eine Zäsur dar, hier geschieht in der Tat etwas Neues. Es entsteht eine Reihe von Technologien, die nicht mehr wie ein Besen als Werkzeug benutzt werden, sondern die eigenständig im Hintergrund agieren.

Ein neues Internet

Diese Entwicklung steht erst ganz am Anfang. Bisher sind nur wenige smarte Produkte weithin bekannt und in gewöhnlichen Elektronikgeschäften erhältlich. Aber wir brauchen uns nichts vormachen: Das ist erst die Vorhut einer ganzen Armee von verlebendigten Dingen, die demnächst den Alltag erobern. Immer mehr Gegenstände werden in einer smarten und vernetzten Version angeboten – allen voran solche, die ohnehin elektrische Steuerungseinheiten haben: Waschmaschinen, Rollläden, Stereoanlagen, Thermostate, Kühlschränke, Backöfen, Fernseher usw. Aber auch ganz analoge Gegenstände werden plötzlich in die Informationsflüsse des Internets integriert; man denke an die Sendungsverfolgung bei der Post oder an die erwähnten smarten Textilien. Auch dies sind Beispiele für das sogenannte *Internet der Dinge*, in dem nicht nur Menschen mit Menschen vernetzt werden, sondern unzählige Dinge und Menschen miteinander. Häufig wird für diesen Ansatz die englische Abkürzung verwendet: IoT – Internet of Things.

Schätzungsweise mehr als 15 Milliarden Gegenstände waren 2023 mit dem Internet verbunden – das sind dreimal so viele, wie es vernetzte Menschen auf der Welt gibt. Es wird geschätzt, dass sich diese gewaltige Zahl schon bis 2030 verdoppelt haben wird.[1] Am weitesten verbreitet sind vernetzte Dinge in China, mit fünf Milliarden befindet sich dort ein Drittel aller weltweit existierenden smarten Produkte; es folgen Europa und die USA.[2] Ein wichtiges Anwendungsgebiet sind Haushaltsgegenstände, die gemeinsam das bisher lediglich bewohnte, aber stumme Haus in ein smartes, mitdenkendes und geradezu lebendiges Zuhause verwandeln, das sogenannte Smart Home. Neben den genannten Beispielen rund um vernetzte Heizungsthermostate etc. stehen viele weitere Entwicklungen vor der Tür. So könnten Kühlschränke nicht nur den Inhalt im Auge behalten, sondern auch auf Grundlage des Nutzungsverhaltens vorhersagen, welche Produkte bald gebraucht werden, und diese auf die Einkaufsliste setzen oder sogar direkt bestellen. Außerdem kann vor ablaufenden Mindesthaltbarkeitsdaten gewarnt werden und es können individuelle Rezeptvorschläge auf Grundlage der vorhandenen Lebensmittel erstellt werden. Im Schlafzimmer könnte ein smartes Bett das Liegeverhalten und die Schlafqualität messen und personalisierte Tipps für eine ruhigere Nacht geben.[3] Im Garten könnten der Nährstoffgehalt und die Durchnässung der Erde gemessen werden und Hinweise für die perfekte Düngung oder Bewässerung gegeben werden. Smarte Toiletten könnten tägliche Urinanalysen durchführen und frühzeitig Hinweise auf unausgewogene Ernährung oder andere Gesundheitsprobleme geben.[4]

Darüber hinaus gibt es viele weitere Felder, die von einem Internet der Dinge durchzogen werden: In der fertigenden Industrie etwa ist die Vernetzung von mit Sensoren und Prozessoren ausgestatteten Dingen (Fließbänder, Regale, Gasleitungen, Wärmebecken – kurzum: allem) eine wichtige Voraussetzung, um Prozesse weiter zu automatisieren. Dieser Ansatz wird häufig als Industrie 4.0 bezeichnet und lässt sich am besten veranschaulichen durch eine Fabrik, in der kein einziger Mensch mehr zu sehen ist, weil sämtliche Produktionsschritte vollständig von Robotern übernommen werden. Auf diese Weise werden also allein in einer Fabrik unzählige Dinge direkt mit dem Internet verbunden oder – wie bei der Paketverfolgung – zumindest digital erfasst. Die Auswirkungen des IoT auf die Industrie werden von Branchenkennern als enorm eingeschätzt.[5] Welche konkreten Effekte zu erwarten sind, hängt wie so oft auch von politischen und wirtschaftlichen Rahmenbedingungen ab. Werden zum Beispiel viele der ins Ausland verlegten Fertigungsstätten (man denke an Textilfabriken in Bangladesch) wieder nach Europa verlagert, weil billige Arbeitskräfte nicht länger der entscheidende Standortfaktor sind, sondern das technische Knowhow? Wie wird sich das auf globale Verhältnisse auswirken?

Damit wir unsere philosophischen Überlegungen auf eine gute Grundlage stellen können, schauen wir im Schnelldurchlauf noch ein paar weitere Anwendungsfelder an: In der Agrarindustrie kann das Internet der Dinge dabei helfen, die anstehende Ernte genau zu überwachen, die Aussaat, Düngung und Bewässerung noch weiter zu optimieren, einen Schädlingsbefall noch früher zu erkennen usw. Im Bereich Verkehr können zum Beispiel smarte Ampelschaltungen den Verkehrsfluss verbessern und mit Sensoren ausgestattete Parkplätze können vom Auto selbständig reserviert und angesteuert werden, so dass der Parkplatzsuchverkehr in Innenstädten entfällt. Auch Mülleimer könnten melden, wenn sie fast voll sind, und die Entsorgung dadurch effizienter machen. Im Zusammenspiel werden solche Entwicklungen häufig unter dem Begriff Smart City zusammengefasst: An jeder Ecke werden Schadstoffe gemessen, bei zu hoher Belastung wird der Verkehr automatisch umgeleitet, der Baumbestand wird automatisiert überwacht, ebenso die Abwassersysteme, Straßenbeleuchtungen, die Nutzung von Spielplätzen und so weiter.

Auch die Erzeugung und der Verbrauch von Energie wird durch das Internet der Dinge verändert. Sogenannte smarte Netze (*smart grids*) reagieren flexibel auf den momentanen Energiebedarf von Haushalten und können die Erzeugung und Speicherung effizienter anpassen. Umgekehrt könnte zum Beispiel eine Spülmaschine über Nacht im Wartemodus bleiben und spontan in dem Moment starten, wo besonders viel und günstige Energie zur Verfügung steht. Im Einzelhandel können mit Hilfe von IoT-Anwendungen zum Beispiel Lager verwaltet werden und so die Logistik optimiert werden. Allein die amerikanische Supermarktkette Walmart verwaltet bereits 1,5 Milliarden Nachrichten von IoT-Geräten täglich.[6] Auf diese Weise können Nachschubbedarfe in den Geschäften sehr präzise vorhergesagt und automatisch gedeckt werden. Doch IoT ist nicht immer mit Big Business verbunden. Im Bereich Umweltschutz beispielsweise können Sensoren die Luft- und Wasserqualität messen, Strahlungsbelastungen und Wildtierpopulationen erfassen. Solche Informationen können Regierungen und Organisationen helfen, ihre Schutzmaßnahmen besser anzupassen. Auch die Medizin ist ein riesiges potenzielles Anwendungsfeld für das Internet der Dinge. In Krankenhäusern kann das Equipment, zum Beispiel Rollstühle, präzise lokalisiert und von anderen Etagen reserviert werden. Das Monitoring von Patienten aus der Ferne ermöglicht außerdem eine lückenlosere Überwachung und dadurch bessere und frühere Diagnosen. Zum Beispiel verkauft das Unternehmen AliveCor handgroße Geräte, um EKGs zu erstellen. Durch Künstliche Intelligenz wird ein Herzprofil erstellt, das über das Smartphone ausgelesen und direkt an die zuständige Ärztin geschickt werden kann. Im Jahr 2020 hat das Unternehmen für dieses Produkt 65 Millionen US-Dollar Investitionskapital einsammeln können.[7]

Mit anderen Worten: Das Internet der Dinge breitet sich in sämtlichen Bereichen aus und wird über die veränderte technische Infrastruktur auch unsere Gesellschaften verändern. Wir bewegen uns auf eine Welt zu, in der wir nicht länger als handelnde Lebewesen von lauter statischen Dingen umgeben sind. Stattdessen tauschen die Dinge um uns herum permanent Informationen aus, messen, reagieren und koordinieren. In den meisten Fällen bedeutet dies, dass Technik unsichtbar und unbemerkt im Hintergrund waltet. Digitale Technologien werden unseren Alltag daher *sehr viel intensiver* und gleichzeitig *sehr viel subtiler* durchdringen als heute. Das heißt, die Auswirkungen auf unser Leben und unsere Gesellschaften werden noch größer – gleichzeitig wird die Analyse dieser Auswirkungen noch schwieriger.

Weisers Visionen

Die Wortkombination *Internet of Things* wurde 1999 eingeführt und hat sich seitdem durchgesetzt. Inhaltlich wurde die Zukunftsvision allgegenwärtiger Computer und vernetzter Dinge jedoch schon früher beschrieben, insbesondere in der Science-Fiction-Literatur. Wirklich ernsthaft und systematisch wurde sie dann 1991 in einem einflussreichen Artikel von Mark Weiser formuliert. Der Informatiker verwendete den etwas sperrigen Begriff des *ubiquitären Computing*, um eine Welt zu skizzieren, in der wir permanent von Prozessoren umgeben sind und mit diesen interagieren – ohne uns dessen allzu bewusst zu sein. Auf diese Weise »verschwinden Computer in den Hintergrund« und »weben sich ein in das Geflecht unseres Alltags«, schreibt Mark Weiser.[8] Sie erfordern nicht länger unsere aktive Aufmerksamkeit wie ein Laptop oder Smartphone. Insofern klingt es zwar möglicherweise einschüchternd, dass um uns herum Hunderte von Computern sind, »aber diese Hunderte von Computern werden unsichtbar gegenüber der täglichen Aufmerksamkeit werden«.

In diesem ersten einflussreichen Artikel über IoT können wir zwei bereits analysierte Technikversprechen entdecken: erstens mehr Zeit für das Wesentliche und zweitens mehr menschliche Verbundenheit. »Indem alles schneller und einfacher umzusetzen wird, mit geringerem Aufwand und weniger mentaler Gymnastik, wird diese Form des Computing verändern, was wir für möglich halten«, schwärmt Weiser. Außerdem werden Personen »aufmerksamer sein gegenüber den Menschen am anderen Ende ihrer Computerverbindungen. Diese Entwicklung könnte die ungesunden Fliehkräfte von konventionellen Computern rückgängig machen, die diese auf unser Leben und unsere Arbeitsplätze ausgeübt haben.« Den größten Vorteil allgegenwärtiger Computer sieht Weiser aber darin, dass sie helfen, das Problem der permanenten Informationsflut zu bewältigen: »Maschinen, die in eine menschliche Umwelt passen, anstatt umgekehrt Menschen zu zwingen, sich auf eine maschinelle Logik einzulassen – das wird die Nutzung von Computern so erholsam und erfrischend machen wie einen Spaziergang im Wald.«

Das klingt wunderbar! Gibt es einen Haken an der Sache oder

wird die Zukunft einfach phantastisch? Was passiert eigentlich mit den Massen an hochsensiblen Daten, die in jeder Sekunde anfallen und Aufschluss über kleinste Details unseres Lebens geben? Wie sicher sind solche Systeme gegenüber Hackerangriffen und technischen Ausfällen? Wie verändert die große Verlebendigung von Dingen unsere Art, durchs Leben zu gehen, und unsere Gesellschaften? Werden wir durch die allgegenwärtige Vernetzung eine stärkere Verbundenheit mit der Welt empfinden oder eine absurde und sinnentleerte Rolle einnehmen in diesem großen Technikspektakel?

Wie so häufig in der Philosophie werden wir uns an diese Fragen heranpirschen, statt uns direkt hineinzuwerfen. Wir haben gesehen, dass das Internet der Dinge in sehr unterschiedlichen Bereichen zu Veränderungen führt. Hinter dieser Vielfalt stehen grundsätzliche Gemeinsamkeiten, die bereits angedeutet wurden: Das Mensch-Technik-Verhältnis ändert sich. Kehren wir noch einmal zum *Zauberlehrling* zurück, um dies tiefer zu verstehen. Was dachte er sich in dem Moment, bevor er den ganzen Spuk in Gang setzte?

Wer bedient wen?

Aufgeregt lief der Zauberlehrling im Gewölbe auf und ab. Gleich würde er das Wasser zum Wallen bringen – jetzt war vor allem sein eigenes Blut in Wallung.

Hat der alte Hexenmeister
Sich doch einmal wegbegeben!
Und nun sollen seine Geister
Auch nach meinem Willen leben.

Und nun komm, du alter Besen!
Nimm die schlechten Lumpenhüllen!
Bist schon lange Knecht gewesen;
Nun erfülle meinen Willen!

Mit der scheinbaren Verlebendigung von Werkzeugen ändert sich das gesamte Verhältnis zu ihnen. Offenbar ist der Zauberlehrling innerlich aufgewühlt und gerade aus diesem zugespitzten, literarischen Beispiel können wir auch Erkenntnisse über das Internet der Dinge ableiten. Die unglückliche Hauptfigur spricht den Besen als »Knecht« an, und das ist in der Tat ein zentraler Punkt.

Werkzeuge vor der Digitalisierung mussten von Menschen *benutzt* werden. Wir alle kennen das Beispiel eines simplen Hammers, der die Schlagkraft unseres Körpers bereits gewaltig erhöht. Das Ergebnis aber bringen wir letztlich selbst hervor: Wir sind es, die den Hammer in die Hand nehmen und schwingen. Im Vergleich dazu ist ein Atomkraftwerk unendlich viel komplizierter, aber auch dieses muss von Spezialistinnen und Spezialisten an Hunderten von Knöpfen bedient werden, um Energie zu erzeugen. So unterschiedlich diese beiden Technologien auch sein mögen, beide sind letztlich nur leblose Dinge, beide sind Werkzeuge, die von Menschen bedient werden müssen. Nun aber erleben wir einen historischen Bruch. Indem Produkte, etwa Kaffeemaschinen, in sogenannte smarte Produkte verwandelt werden, die selbständig gewisse Aufgaben erfüllen, dreht sich das Verhältnis: Wir bedienen solche Geräte nicht mehr, sondern wir werden von ihnen bedient! Sie werden unsere Diener.

Ein autonomer Rasenmäher ist im Grunde ein Zwei-in-eins-Paket. Du bekommst das Werkzeug inklusive eines Bediensteten, der es benutzt. Gleiches gilt für den autonomen Staubsauger und perspektivisch für viele weitere Geräte unseres Alltags. So futuristisch die Visionen eines Internets der Dinge klingen, sie knüpfen an sehr alte und nicht technische Konzepte an – auch an die Idee von Dienern und Knechten.

Das hier entstehende Mensch-Technik-Verhältnis umfasst also Elemente aus einem Bereich, der bisher gar nichts mit Technik zu tun hatte. In dem Moment, wo die Dinge wie durch Zauberhand plötzlich verlebendigt werden, erwachen sie als unsere Diener. Zwar sind autonome Rasenmäher und Staubsauger besonders eindrückliche Beispiele hierfür, weil sie sich vor unseren Augen umherbewegen. Eine ähnliche Logik gilt aber auch in weniger sichtbaren Fällen, etwa wenn unsere Termine automatisch im Hintergrund synchronisiert werden, oder sich die Terrassentür selbständig abschließt, weil wir dies in der Eile vergessen hatten. Es ist, als ob da viele kleine unsichtbare Helferlein im Hintergrund rumwuseln, um uns den Rücken freizuhalten (oder auch, um alles noch komplizierter zu machen). Es ist, als ob die fabelhaften Heinzelmännchen von Köln zurückgekehrt wären. Auch diese Geschichte beschreibt eine inhaltlich ganz ähnliche Vision: Kleine Lebewesen erledigen alle nervigen Aufgaben, wenn wir gerade nicht hinschauen.

Die scheinbare Verlebendigung der Dinge basiert wesentlich auf der Nutzung von Künstlicher Intelligenz – ist aber nicht damit gleichzusetzen. Eine Kaffeemaschine, die automatisch neues Pulver nachbestellt, benötigt dafür keine KI, sondern lediglich eine konventionelle Programmierung. Weil perspektivisch aber alles mit allem vernetzt wird – und das Gesamtsystem durch eine KI verwaltet wird – waltet auch in der Kaffeemaschine eine Künstliche Intelligenz. Das ist gerade der Witz am Smart Home: dass sich die einzelnen Geräte zu einem Organismus verbinden. Nicht jedes Element benötigt dafür einen eigenen Prozessor, manchmal reicht wie bei Textilien ein simpler RFID-Chip, damit Gegenstände in das informationelle Gesamtsystem integriert werden können. Und noch nicht einmal ein solcher Chip ist unbedingt notwendig. In einigen Fällen kann es reichen, dass ein Objekt von außen erfasst und dadurch in das Internet der Dinge integriert wird. Ein Beispiel dafür wäre ein Roboter, der sich über eine Kamera merkt, wo sich welche Gegenstände befinden. Auf diese Weise werden auch Stühle und Gläser ein Teil der Informationssphäre, obwohl sie selbst nicht aktiv kommunizieren.

Im Gegensatz zum vorherigen Kapitel, wo wir den direkten Umgang mit einzelnen KI-Anwendungen beleuchtet haben, steht nun also eine systemische Ebene im Vordergrund. Im Zusammenspiel all der mit Sensoren, Prozessoren und Sendern ausgestatteten Dinge entwickelt die Welt der Gegenstände zunehmend ein Eigenleben. Die Grundlogik von Automatisierung und KI beginnt, unseren Alltag zu durchziehen und auf die gesamte menschengemachte Umwelt überzuschwappen. Ganze Umgebungen werden von Künstlicher Intelligenz durchzogen und stehen uns plötzlich zu Diensten.

Ich vermute, dieses veränderte Verhältnis zu Technik – dieser Übergang von Werkzeugen hin zu technischen Dienern – wird noch deutlicher, wenn mehr Geräte sprachgesteuert werden. Das ist nur eine Frage der Zeit. Denn die verschiedenen smarten Produkte werden vernetzt, zum Beispiel im Smart Home, und dort über eine zentrale Künstliche Intelligenz angesteuert. Bereits heute ist es möglich, die Anweisung zu geben: »Alexa, sauge das

Schlafzimmer!«, und schon setzt sich der Roboter in Bewegung. Hier kommt der Charakter des Bediensteten endgültig zum Ausdruck. Aber auch solche Befehle sind nur ein Übergangsphänomen, denn wie es sich für brave Diener gehört, erkennen sie selbständig, wann es Zeit ist, klar Schiff zu machen.

Von Kraft zu Kommunikation

Die letzte große technologische Transformation vor der Digitalisierung war die Industrialisierung. Mit der Dampfmaschine bedeutete sie eine Revolution des Materiellen. Gigantische Maschinen konnten nun bewegt werden mit einer Energie auf Knopfdruck. Demgegenüber ist die Digitalisierung eine Revolution des Immateriellen. Diesmal geht es weniger darum, Muskelkraft durch Motoren zu ersetzen oder zu ergänzen, sondern die Verarbeitung von Informationen auf Computer zu übertragen. Das verändert auch Ästhetiken, Werte und Zeitgeiste in unseren Gesellschaften. Aber in welche Richtung?

Die Dampflok ist eines der Schlüsselsymbole für den gewaltigen Einschnitt der industriellen Revolution. Mit bis dahin unvorstellbarer physischer Energie gräbt sie sich auf stählernen Schienen durch die Weiten des Landes, kann Tonnen an Gütern transportieren, lässt jedes edle Pferdegespann als niedliches Spielzeug verblassen. Im Bereich des Transports ist das digitalisierte Gegenstück zu diesem Ungetüm nun das selbstfahrende Auto. Sicher, smart und leise gleitet es durch die Straßen, umsichtig, vorausschauend und vorsichtig. Nicht seine physische Potenz ist so beeindruckend, sondern seine Intelligenz – wie schnell es all die Informationen verarbeiten kann, wie es sich reibungslos einordnet und in das Verkehrssystem integriert, wie brav es ist, wie zuverlässig es jede Regel befolgt und stets auf die Umgebung achtet.

Goethes Zauberlehrling hat hier wirklich ganze Arbeit geleistet. Er hat das Auto verlebendigt und dies auf die freundlichste Art. Wie kaum bei einem anderen Beispiel wird hier das völlig veränderte Mensch-Technik-Verhältnis deutlich. Während der PS-starke SUV noch ein Werkzeug ist, das ich bedienen muss, begegnet mir das selbstfahrende Auto als mein Diener. Einen Porsche Cayenne *fahre ich*, ein autonomes Vehikel hingegen *fährt mich*. Ich fahre nicht, ich werde gefahren.

Endlich lasse ich mich ins kühle Leder fallen, den langen Arbeitstag spüre ich noch förmlich in meinen Knochen. Ich sollte mal wieder Rückengymnastik machen. Aber nicht heute. Ich atme laut aus und merke, dass ich immer noch etwas genervt bin von meinem Kollegen.

»Wo darf ich dich hinfahren?«, fragt mich das Auto. Meine Tochter nennt es gern Ernie, weiß der Kuckuck, warum. Ich nenne es Auto.

»Nach Hause, wohin sonst?«, schnauze ich es an. Es tut gut, den Ärger rauszulassen. »Dämliche Frage«, schiebe ich hinterher.

»Sehr gerne. Die geschätzte Fahrzeit beträgt derzeit 26 Minuten. Du machst einen etwas gestressten Eindruck. Ich hoffe, dein Arbeitstag war angenehm. Soll ich die Sitzmassage aktivieren und etwas Musik spielen? Gestern wurde ein neues Album von Hermanos Gutiérrez veröffentlicht, das könnte jetzt genau das Richtige sein.«

Das Auto nervt mich. Seine Ruhe, seine konstruktiven Vorschläge, seine immer gelassene, vertrauenserweckende Stimme. Leider ist die Idee mit der Sitzmassage wirklich gut.

Ich bin hin- und hergerissen zwischen dem Wunsch, mich durchkneten zu lassen, und dem Widerwillen, dem Auto recht zu geben.

»Ja, ok, mach die Sitzmassage an. Aber bloß keine Musik!«, lautet schließlich mein Kompromiss. Obwohl ich Hermanos Gutiérrez wirklich mag und das neue Album gern gehört hätte …

Was macht es mit uns, wenn Gegenstände plötzlich verlebendigt werden? Werden wir alle zu glücklichen, entspannten Königinnen und Königen unseres kleinen Reichs? Oder wird es uns vielleicht ablenken von den echten Lebewesen um uns herum, von unseren Mitmenschen? Oder eine Kombination aus beidem: Werden wir entfremdete Königinnen und Könige, narzisstisch und ichbezogen, umgeben von Bediensteten und trotzdem im Herzen einsam?

Fakt ist, dass sich bei allem Hype um Digitalisierung tatsächlich ein grundsätzlicher Bruch abzeichnet in unserem Verhältnis zu Technik, zu Dingen, zu unserer Welt insgesamt. Was hier passiert, ist in der Tat neu, hier werden uralte Vorstellungen einer uns zu Diensten stehenden Welt zur Realität.

Solche Vorstellungen gibt es in vielen Varianten, zum Beispiel in Form von Paradiesen oder Schlaraffenländern, wo Menschen in einer Umwelt leben, die all ihre Wünsche erfüllt. Aber sogar die Idee von smarten Gegenständen reicht bis in die Antike zurück. »Mehrere griechische Erzählungen und auch Mythen anderer Kulturen beschreiben, wie leblose Materie, Statuen, Götzenbilder, Schiffe und Steine von Göttern oder durch Zauber belebt wurden«, erklärt die Historikerin Adrienne Mayor.[9] So berichtet Homer in seiner berühmten *Ilias* von Dreibeinen, die aus Bronze gefertigt sind und auf Bestellung selbständig Nektar und Ambrosia zu den Banketten der Götter brachten.[10] Auch von sich automatisch öffnenden Toren vor dem Olymp ist die Rede. Genau diesen beiden Schilderungen verdanken wir übrigens unser Wort »automatisch«, denn es sind die frühesten Belegstellen für das altgriechische Wort *automaton* – »nach eigenem Willen handelnd« – das dann weiter zitiert und aufgegriffen wurde.[11]

Auch automatisierte Blasebälge sind Teil der *Ilias*-Erzählung. Der Schmiedegott Hephaistos setzt zwanzig Blasebälge in Bewegung, die anschließend von allein tätig sind und sich selbständig auf die Bedarfe während des Schmiedevorgangs einstellen – das ist Industrie 4.0.[12] Und in der *Odyssee* wird von teilautomatisierten Schiffen der Phäaken berichtet, den Bewohnern eines technologisch weit fortschrittlichen Landes, auf das Odysseus während seiner langen Reise stößt. Diese Schiffe brauchen keine Ruderer, Steuermänner oder Navigatoren, sondern werden allein mittels Gedanken gesteuert.[13] »Homers Mythos verdeutlicht uns noch einmal, dass der Impuls, ›zu automatisieren‹ schon sehr alt ist«, fasst Mayor zusammen.[14]

Nun ist es also so weit. Die Digitalisierung lässt den Menschheitstraum wahr werden und löst damit die industriell dominierte Epoche ab. Das hat weitreichende Auswirkungen auch auf gesellschaftliche Leitbilder und Werte. Anhand des selbstfahrenden Autos lässt sich ein ästhetischer Wandel erkennen, der auch einen übergeordneten Wertewandel reflektiert. Insbesondere wird das bisherige Kraftparadigma gebrochen. Es macht überhaupt keinen Sinn mehr, starke Motoren zu verbauen. Das Ziel wird ein ruhiges, gleitendes Fahrverhalten sein, so dass ich nach Möglichkeit lesen oder am Computer arbeiten kann, ohne dass mir schlecht wird. Nachdem die PS-Zahl von Neuwagen jahrelang nur eine Richtung kannte – mehr, mehr, mehr! –, wird diese etablierte Logik durch die Automatisierung gebrochen.

Ein heutiger Sportwagen wirkt noch wie die Verlängerung eines menschlichen Körpers. Wenn der Motor aufheult und das Gefährt mit steiler Beschleunigung nach vorne prescht, dann empfinden viele Menschen dabei eine Selbstwirksamkeit. Es ist fast, als wäre es die eigene Kraft, durch die man zehn Meter bis zur nächsten roten Ampel katapultiert wird. Ganz anders bei selbstfahrenden Autos. Diese bedienen sich der gesellschaftlichen Vorstellung vom *Luxus durch Bedienstete*. Das Leitbild sind nicht mehr quietschende Reifen und die Vergewisserung der eigenen Männlichkeit im Cockpit, sondern die mondäne Lässigkeit des Aristokraten, der sich von einem diskreten Chauffeur die Limousinentür öffnen und fast schon schwebend durch die hektische Großstadt manövrieren lässt.

Ein solcher Wandel der Leitbilder und Ästhetiken lässt sich in vielen Bereichen beobachten. Weil die industrielle Revolution eine physische Revolution war, eine Kraftrevolution, haben ihre Wahrzeichen auch eine materielle Dominanz. Die mächtige Dampflok, der aufheulende Sportwagen, riesige Fabriken, laute schwere Maschinen, Massenproduktion, Öl und Stahl, Bagger, die schwitzenden Körper der ausgebeuteten Arbeiter, Tonnen von Waren auf Tankern im Ozean – das alles ist groß, potent, physisch, laut. In der informationellen Revolution dreht sich diese Ästhetik auf den Kopf. Leicht und glatt liegt das Smartphone in der Hand, die Fernseher werden zwar größer, aber gleichzeitig immer dünner, sie schmiegen sich geradezu an die Wand. Kopfhörer schrumpfen zu kleinen weißen Bluetooth-Steckern im Ohr. Apps sind einfach, freundlich und aufgeräumt designt. Musik ist von Schallplatten auf CDs geschrumpft und hat sich schließlich ganz in Luft aufgelöst, wabert immateriell durch den Äther, um jederzeit von uns gestreamt werden zu können. Die wenigsten Menschen wissen, wie ein Rechenzentrum aussieht. Daten sind ganz einfach »in der Cloud« gespeichert und schweben völlig schwerelos durch die Luft. Losgelöst von jedem Ort muss die Freiheit dort grenzenlos sein.

Diese Entmaterialisierung in der Ästhetik, diese Auflösung des Körperlichen zugunsten schlanker, leichter, glatter, einfacher, smarter Oberflächen ändert auch unsere Weise, durchs Leben zu gehen. Solche Auswirkungen sind schwer greifbar, aber die Vermutung liegt nahe, dass sie auch den Rückgang der bisherigen Bilder von Männlichkeit begünstigen. Muskeln und Maloche, Schweiß und Stahl, das sind Leitbilder einer zunehmend vergangenen Ära. Während die industrielle Betonung von physischer Kraft und Dominanz eher mit Männlichkeit assoziiert ist, sind die Fähigkeiten, die in der digitalen Ära hervorgehoben werden – wie Kommunikation, soziale Interaktion, Intelligenz und Kreativität – teils eher weiblich konnotiert und in jedem Fall nicht auf ein Geschlecht beschränkt. Diese Entwicklung steht zwar erst am Anfang, aber bereits das gegenwärtige Wahrzeichen der Digitalisierung – das Smartphone – folgt ästhetischen Idealen, die traditionell eher »weiblich« sind (schlank, leicht, glatt, runde Formen, unaufdringlich). Kurzum: Während die Ästhetiken und Leitbilder des industriellen Kapitalismus eindeutig männlich geprägt waren, lässt sich dies über den digitalen Kapitalismus nicht mehr so klar sagen.

Möglicherweise könnte die fortschreitende Digitalisierung auf dieser Ebene dazu beitragen, traditionelle Rollenmodelle weiter aufzubrechen. Wenn sich das Grundparadigma in den nächsten Jahren noch stärker wegbewegt von starken, großen, lauten Maschinen – wie etwa in Fabriken oder SUVs – hin zu einer Welt voller intelligenter, kommunizierender, lautloser Gadgets und Dienstleistungen, dann wankt damit auch ein Bild und eine Säule männlicher Dominanz.

Über solche Auswirkungen nachzudenken, hat immer etwas Spekulatives. Die Einflüsse von Ästhetiken auf unser Selbstverständnis sind zu subtil und mit zu vielen anderen Faktoren verknüpft, als dass sie messbar wären. Die Wirkungsrichtung ist außerdem beidseitig: Technologische Ästhetik prägt gesellschaftliche Werte, umgekehrt sind solche Ästhetiken immer ein Ergebnis gesellschaftlicher Werte. Die federleichten, entkörperlichten Services, wie zum Beispiel das Musikstreaming, stehen in direktem Zusammenhang mit Werten wie Flexibilität, Allverfügbarkeit und Optionsmaximierung. Im Vergleich dazu bindet uns ein physischer Gegenstand immer ein Stück.

An dieser Stelle stoßen wir auf eine Schattenseite aus vorherigen Kapiteln: Durch die Entmaterialisierung ist es seltener notwendig, die Welt um uns herum in die Hand zu nehmen, sie zu spüren und zu formen, zu riechen und zu schmecken. Als leibliche Lebewesen brauchen wir aber eine solch spürbare Verbindung zu unserer Umwelt. Das Gefühl, etwas mit den eigenen Händen zu schaffen oder zu steuern, wird nicht durch das Scrollen durch Feeds ersetzt. Insofern gewinnt der einzelne Mensch durch die zunehmende Loslösung von physischen Orten zwar eine neue Art von Flexibilität und Freiheit. Diese Veränderungen können jedoch auch zu einer Entfremdung führen, weil Erlebnisse greifbarer Selbstwirksamkeit in der digitalen Welt seltener werden. Ähnlich wie Musik und Daten unsichtbar durch die Cloud schweben, kann sich auch unsere eigene Verankerung in der Welt verflüssigen.

Diese Entwicklungen müssen weiter im Blick behalten werden. Um uns aber nicht in den vielen Abzweigungen des Digitalen zu verlaufen, sollten wir wieder zum Internet der Dinge zurückkehren. Hier werden die impliziten Werte und Leitbilder der Digitalisierung fortgeschrieben und um die Verlebendigung ergänzt. Technik ist nicht mehr dreckig, laut und stark, sondern wird lebendig und zahm; sie begegnet uns als stets aufmerksamer, mitdenkender, vorausschauender, unauffälliger Diener. Nur in einzelnen Fällen wie etwa bei einem selbstfahrenden Auto oder Saugroboter steht dieser als größerer, sichtbarer Gegenstand vor uns. Im Regelfall ist der Diener unsichtbar, waltet als fast schon magische Kraft in den nun plötzlich beseelten Dingen.

Verlebendigung als Verzauberung

Erschrocken sprang Harry vom Bordstein zurück. Wie aus dem Nichts aufgetaucht, stand plötzlich dieser seltsame, riesige Bus vor ihm. Ein Bus, wie er ihn noch nie gesehen hatte, dreistöckig.

»Los, steig ein! Es geht weiter!«, winkte ihn der Schaffner hastig herein. Ohne groß darüber nachzudenken, stieg Harry in das sonderbare Gefährt. Sofort schloss sich die Tür hinter ihm und die Fahrt begann, aberwitzig und rasend schnell, durch die Londoner Nacht.

Der »Fahrende Ritter«, wie der Bus genannt wurde, war komfortabel eingerichtet: Statt Sitzen gab es Betten. Besonders auffällig war seine Fähigkeit, sich »schlank zu machen« und selbst durch engste Gassen und zwischen anderen Fahrzeugen mühelos hindurchzuschlängeln, ohne einen Kratzer abzubekommen. Wo immer der Bus entlangfuhr, dehnte er den Raum um sich aus.

In der Buchreihe *Harry Potter* wird eine fabelhafte Welt beschrieben. Hexen und Zauberer können aus der Entfernung miteinander sprechen, indem sie ihren Kopf in den Kaminen anderer Leute auftauchen lassen. Der Abwasch im Haushalt wird mit ein paar Zaubersprüchen erledigt und Autos können fliegen. Was für uns total abgefahren klingt, ist für Hexen und Zauberer eine alltägliche Selbstverständlichkeit. Vielen von ihnen geht es genau andersherum: Sie sind überaus fasziniert von *unserer* sonderbaren Welt, der Welt der Nichtzaubernden, der Welt der »Muggels«. All die Straßenbahnen und Satelliten, elektrischen Zahnbürsten und Bildschirme finden sie einfach verrückt. Besonders angetan ist Arthur Weasley, der Vater von Harrys bestem Freund. Als er das erste Mal ein Telefon benutzt, gerät er ganz aus dem Häuschen: »Faszinierend! Absolut genial, wie viele Wege die Muggels gefunden haben, um ohne Zauberei klarzukommen!«[15]

Technologie ist die Kompensation dafür, dass wir nicht zaubern können. Sehr viele Fähigkeiten, die früher dem Reich der hellen oder dunklen Magie zugesprochen wurden, sind heute Realität geworden, sind allgemein verfügbar und durch wissenschaftliche Forschung ermöglicht. Die Faszination von Arthur Weasley ist ja durchaus begründet, wenn man gedanklich einen Schritt zurücktritt: Durch das Telefon können wir mit Menschen sprechen, die viele Kilometer von uns entfernt sind, ganz so, als stünden sie direkt neben uns. Schon lange träumen Menschen von Telepathie und anderen Kommunikationsformen über Distanzen hinweg. Das Telefon lässt diesen Traum Realität werden. Wir können von überall mit jedem beliebigen Menschen sprechen, egal wie groß die Entfernung ist.

Mit der Digitalisierung explodieren die Möglichkeiten, unseren Mangel an magischen Fähigkeiten wettzumachen. Die Lücke zwischen Hexen und Muggels beginnt, sich zu schließen: Autonome Staubsauger, Kühlschränke und Thermostate erinnern nicht nur an die zauberhafte Verlebendigung aus Goethes *Zauberlehrling* – nein, wir gehen mit diesen smarten Produkten zunehmend so um, als wären wir selbst Hexenmeister.

Diese Entwicklung fällt im Alltag häufig kaum auf. Völlig selbstverständlich passt sich unsere Gesellschaft an die neue Normalität an. Was eben noch für ungläubiges Staunen gesorgt hat, wird morgen kaum noch bewusst wahrgenommen. Mobiles Internet zum Beispiel war früher einmal völlig spektakulär. Aber schon drei Wochen nach Einführung begannen sich die ersten Nutzenden über schlechte Netzabdeckungen zu beschweren. So schnell war mobiles Internet eine neue Norm geworden und die Abweichung von dieser Norm ein Problem. Ähnliches gilt auf fast allen Feldern technischer Entwicklungen. In diesem Fortschrittsrausch ist es gut, hin und wieder innezuhalten und zu versuchen, die Dinge nicht für selbstverständlich zu nehmen. Aus einer solchen Perspektive ist es faszinierend, wie schmal der Grat ist zwischen der Aufforderung: »Alexa, spiele Jazzmusik«, und dem Zauberspruch »Abrakadabra, es ertöne Jazzmusik«. Im 21. Jahrhundert werden Märchen wahr. Aus »Sesam, öffne dich!« wurde »Siri, höre mich!«.

Seit Jahrtausenden stellen sich Menschen vor, wie es wäre, über solche Fähigkeiten zu verfügen. Auch die Geschichte des Zauberlehrlings hat nicht Goethe selbst erfunden, sondern sie wurde ursprünglich bereits in der Antike verfasst. Vor 1800 Jahren schrieb Lukian von Samosata die Satire *Der Lügenfreund*. Sie erzählt von einem Magier, der die Macht hat, Haushaltsgegenstände wie Besen oder Stößel durch einen Zauberspruch zu automatisieren.

Die Digitalisierung ist also mit Versprechen und kulturellen Vorstellungen verbunden, die weit zurückreichen. Neue futuristische Technologien fallen nicht plötzlich vom Himmel, sondern sind inspiriert von jahrtausendealten Erzählungen. So wird auch verständlich, wie mächtig und wie faszinierend die Technikvisionen sind, die aus dem Silicon Valley und anderen Prophezeiungsstätten zu uns hinüberschwappen. Hier geht es nicht bloß um

Technologieglitzer, sondern um uralte Menschheitsträume. Die Verlockung ist groß: Wir als mächtige Hexen und Zauberer in einer durch Magie bewegten Welt … Wir als Königinnen und Könige einer ganzen Schar von Bediensteten – das hat was.

Kampf gegen die Gleichgültigkeit

Wir haben damit zwei leicht unterschiedliche Mensch-Technik-Verhältnisse beschrieben: zum einen wir als Königinnen gegenüber Dienern, zum anderen wir als Hexen und Zauberer gegenüber magischen Gegenständen. Diese beiden Ebenen haben gemeinsame Ursprünge, die uns wieder zum Begriff der *Verlebendigung* zurückbringen. In beiden Varianten wird die Welt in gewisser Hinsicht als beseelt betrachtet. Zaubersprüche können ja nur deshalb funktionieren, weil diese in irgendeiner Form »gehört« werden. Wenn der Lehrling spricht: »Walle, walle manche Strecke, dass zum Zwecke Wasser fließe«, dann setzt dies eine Instanz voraus, welche diese Worte hören und umsetzen kann. Mag es der Besen selbst sein, zu dem der Lehrling spricht, oder eine Wassergöttin, die Weltseele oder namenlose höhere Mächte – so oder so, irgendetwas hat hier sehr menschenähnliche Fähigkeiten und eine Form von Lebendigkeit. Irgendetwas kann die ausgesprochenen Laute des Lehrlings wahrnehmen und ihren Sinn interpretieren.

Der Zauberspruch aus der Ballade hat insofern Gemeinsamkeiten mit einem religiösen Gebet: Eine transzendente Macht wird angerufen und zu einem Eingriff in unser Weltgeschehen bewegt. Zwar gibt es auch Unterschiede: So muss ein Gott im Gebet *gebeten* werden zu helfen, während ein Zauberspruch eher an einen *Befehl* erinnert. Im Kern gehen aber beide Varianten davon aus, dass wir Menschen nicht die einzigen Subjekte sind, mit denen man sprechen kann, und dass es mehr gibt als bloß irdische Lebewesen und leblose Gegenstände.

Diese Vorstellungen entsprechen einer fundamentalen Sehnsucht des Menschen: der Sehnsucht, in einer Welt zu leben, der man nicht gleichgültig ist.

Die Erfahrung von Gleichgültigkeit ist schmerzhaft. Besonders eindrücklich analysierte dies der bereits genannte polnische Philosoph Leszek Kołakowski. Für ihn gehört die umfassende Gleichgültigkeit der Welt uns gegenüber zu den größten Herausforderungen, mit denen wir als Menschen überhaupt konfrontiert sind. Wir selbst haben ein Innenleben, haben Gedanken und Gefühle. Umgekehrt aber interessiert sich der Lauf der Dinge nicht für uns. Egal wie viel wir singen oder fluchen, bitten oder schreien, die Welt dreht sich weiter. Religiöse Vorstellungen versprechen einen Ausweg aus dieser Situation. Sie basieren im Regelfall darauf, den Kosmos in irgendeiner Form als beseelt anzusehen.

Bis heute waren es entweder Mitmenschen, Haustiere oder göttliche Wesen, von denen sich Menschen etwas anderes als Gleichgültigkeit erhoffen konnten. Nun, im Zeitalter von Künstlicher Intelligenz und dem Internet der Dinge, wird dieses Spektrum erstmals in der Geschichte der Menschheit erweitert. Wenn die Dinge um uns herum wie von Zauberhand zu leben beginnen, sich um uns kümmern, als lägen wir ihnen am Herzen, dann spricht dies tief veranlagte, zeit- und kulturübergreifende menschliche Bedürfnisse an. Dann spielt dies mit Wünschen, die jedes Kleinkind der Welt hat: jemandem wichtig zu sein und umsorgt zu werden. Im Internet der Dinge werden zwei mächtige Versprechen miteinander verschmolzen: Eine uns zu Diensten stehende verlebendigte Welt verspricht einerseits Komfort, Bequemlichkeit, Entlastung, Luxus und Effizienz. Andererseits bedeutet sie auch, dass wir den Dingen scheinbar nicht mehr egal sind. Die Welt beginnt, auf unsere Bedürfnisse und Bitten zu reagieren – es ist, als wäre sie »resonant«, um mit Hartmut Rosa zu sprechen.

Endlich komme ich zu Hause an. Die Fahrt hat tatsächlich exakt 26 Minuten gedauert, stelle ich mit einem kurzen Blick auf die Uhr fest. Langsam atme ich aus und spüre, wie zumindest ein Teil meines Ärgers von den neuen Sitzen wegmassiert wurde. Es ist gut, einen Arbeitsweg zu haben, denke ich plötzlich, einen rituellen Übergang vom Ort des Kleinkriegs hin zum heimatlichen Hafen, ein pufferndes Dazwischen, eine zeitliche Trennwand. Außerdem ist es besser, wenn das Auto meinen Ärger abbekommt als die Familie.

»Wir sind angekommen«, sagt das Auto freundlich.

»Ich bin nicht blind«, nutze ich die letzte Gelegenheit, um noch mal nachzutreten, fühle mich aber sofort etwas schuldig.

»Danke für die Fahrt«, füge ich nach einem kurzen Zögern hinzu und steige schnell aus.

Als ich über den Kiesweg auf das Haus zugehe, unterbricht der wandernde Rasensprenger kurz seinen Sprühregen. Im gleichen Moment, in dem ich die Tür erreiche, schwingt sie vor mir auf, und ohne meinen Schritt zu verlangsamen, komme ich in den Flur und werfe meine Tasche in die Ecke. Sofort wird die Beleuchtung weicher, fast wie ein kleiner Sonnenuntergang, und ein dezenter Waldgeruch erfüllt den Raum. Die Info, dass ich einen schlechten Tag hatte, ist offensichtlich übermittelt worden.

»Hallo? Jemand zu Hause?«, rufe ich die Treppen hoch.

»Nein, du bist der Erste heute«, antwortet die sanfte Stimme des Hauses. »Schau doch mal in die Küche, es gibt eine Überraschung für dich.«

Weil ich nichts Besseres vorhabe, gehe ich hinüber. Aus dem Augenwinkel sehe ich noch, wie sich hinter mir das Licht ausschaltet, als ich den Flur verlasse. Die Temperatur in der Küche ist kühl und angenehm – ein Vorteil, wenn ich allein zu Hause bin, denn die anderen würden am liebsten in einer Sauna leben und so muss das Thermostat meist Kompromisse finden. Am Ende ist damit niemand wirklich glücklich, aber auch keiner unzufrieden – worst case, ein Leben im Mittelmaß!

Meine Laune ist wirklich noch nicht stabil, merke ich.
In diesem Moment springt der Ofen auf und der Geruch frisch gebackenen Pflaumenkuchens erfüllt den Raum. Ich wäre wahrscheinlich selbst gar nicht auf die Idee gekommen, aber ja, das ist genau das, was ich jetzt brauche …

Wenn die Gegenstände lebendig werden, erwachen wir in einer anderen Welt – in einer Welt, die sich für uns interessiert. Hinter den glitzernden Visionen rund um das Internet der Dinge liegt ein leises Versprechen – das Versprechen, eine neue Form von Sinn zu erfahren. Natürlich schwingen auch hier die verbreiteten Verheißungen technischer Innovationen mit: unser Leben zu vereinfachen, komfortabler zu machen, mehr Zeit für das Wesentliche zu schaffen. Aber es kommt eben eine weitere Ebene hinzu, die tiefergehende Bedürfnisse anspricht. Und genau diese Kombination, dieses Doppelversprechen, erzeugt eine starke narrative Macht.

Das verlebendigte Haus ist nicht nur praktisch und komfortabel, es erfüllt auch emotionale Funktionen. Indem es auf uns reagiert – das muss nicht sprachlich sein, sondern beginnt ganz harmlos bei einer automatisch eingeschalteten Glühbirne – vermittelt es den Eindruck, dass wir der Welt nicht egal sind.

Vielleicht klingt das übertrieben, wenn wir an bekannte Beispiele aus dem Alltag denken. Auch die Glastüren vieler Supermärkte öffnen sich automatisch und reagieren somit auf uns. Trotzdem dürften die wenigsten Menschen in diesem Moment eine tiefe Sinnerfahrung gemacht haben. Was aber, wenn der gesamte Supermarkt auf uns reagiert?

Man unterschätzt schnell, wie subtil und gleichzeitig fundamental die Erfahrung von Sinn im Leben ist. Sinn ist kein Gefühl, das wir aktiv empfinden, sondern der Boden, auf dem wir durch das Leben gehen. Auch kleine Elemente tragen dazu bei, diesen Boden zu stabilisieren. So vermag ein freundliches und ernstgemeintes Lächeln zwar keine handfesten Sinnkrisen zu lösen, aber es signalisiert: Ich sehe dich, du bist mir nicht egal – und kann insofern zu einem allgemeineren Lebensgefühl beitragen, in welchem wir uns nicht als bedeutungslos empfinden.

Wenn immer mehr Gegenstände beginnen, mit uns zu interagieren, könnte dies ähnliche Auswirkungen auf das Lebensgefühl haben. Denn unsere grundsätzliche Beziehung zur Dingwelt ändert sich – zum Beispiel zu unserer Wohnung – und damit unser In-der-Welt-Sein. Es scheint, als ob wir den Dingen nicht egal wären. Unsere Beziehung wird plötzlich zweiseitig: Nicht nur wir gehen mit unserer Umgebung um – unsere Umgebung geht auch mit uns um. Nicht nur wir interessieren uns für unsere Wohnung – sie interessiert sich auch für uns.

Dieses unausgesprochene Versprechen hinter dem Internet der Dinge hat eine gewaltige Kraft. Seit Jahrtausenden suchen Menschen nach einer tieferen Bedeutung hinter den Geschehnissen: Dürren werden als Bestrafung gesehen für ein früheres Fehlverhalten, der rettende Regen als Belohnung oder Gnade. Dahinter steht nicht nur der Wunsch nach Erklärungen, sondern auch die Sehnsucht, der Welt nicht egal zu sein und in den Ereignissen eine Reaktion – eine Antwort – auf unser Tun zu sehen.

Erst mit dem Siegeszug des wissenschaftlichen Weltbildes geriet diese religiöse Perspektive ins Wanken. Plötzlich gab es überaus plausible, alternative Erklärungen für Dürre und Regen, die ganz ohne tieferen Sinn und verborgene Absichten höherer Mächte auskamen. Die Welt, in der Menschen lebten, wurde eine andere: eine verstehbare, rationale, berechenbare und teils auch kontrollierbare Welt. Dieser Wandel hatte viele Vorteile, aber bereits 1917 beschrieb der Soziologe Max Weber auch eine Kehrseite: die Entzauberung der Welt.[16]

Eine wissenschaftlich beschreibbare und technisch kontrollierbare Welt lässt wenig Platz für Mystik und Wunder, für Beseeltheit und kosmische Kräfte, verborgene Botschaften und geheimnisvolle Absichten. Sie liegt vor uns wie ein interessantes Uhrwerk, ein System von Ursachen und Wirkungen, ein komplizierter Gegenstand. Wir hingegen sind lebendig. Wir hingegen haben ein Innenleben.

Dieser ontologische Graben zwischen Mensch und Welt – zwischen fühlenden Subjekten und einer mechanistisch betrachteten Welt – wurde auch von existenzialistischen Autorinnen und Autoren ausdrucksstark beschrieben. Sie versuchten, das Gefühl in Worte zu fassen, unbedeutend und fremd zu sein – als lebendiges Wesen nicht wirklich hineinzupassen in eine stumme, entzauberte, gleichgültige Welt. Albert Camus nannte diesen Kontrast »absurd«. Jean-Paul Sartre sprach von einem inneren »Ekel«, den die Welt auslösen könne.

Hinter den verschiedenen Darstellungen steht eine gemeinsame Diagnose: Der Mensch sehnt sich nach Bedeutung, doch der Kosmos bleibt stumm. Ob wir frieren oder schwitzen, ob wir lachen oder weinen, hungrig sind oder nicht – das Universum interessiert sich nicht für uns. Dieser düstere Eindruck scheint direkt mit dem wissenschaftlichen Weltbild einherzugehen. Denn in den Geschehnissen wurde eben keine Antwort mehr auf unser Tun gesehen, sondern eine bloße Folge von Ursache-Wirkung-Ketten.

Insofern ist es spektakulär, dass ausgerechnet Wissenschaft und Technik nun das Gegenteil versprechen: eine Umwelt, die technologisch beseelt ist, die uns wahrnimmt, uns ernst nimmt und auf unsere Wünsche reagiert. Es ist, *als ob* sich das Smart Home dafür interessiert, ob wir frieren oder schwitzen, ob wir lachen oder weinen, hungrig sind oder nicht.

In groben Linien können wir auf diese Weise eine Menschheitsgeschichte in drei Akten schreiben:

(1) Der Mensch wurde in eine Natur geworfen, der er zwar alles verdankte, die aber auch gnadenlos und gefährlich war. Hier lag jede Grundlage seines Lebens und gleichzeitig ständige Bedrohung und Unannehmlichkeit. Es regnete und ließ ihn frieren, nachts wehte der Wind und die wilden Tiere lauerten, tagsüber brannte die Sonne und die Schlangen warteten im Unterholz.

(2) Da fing der Mensch an, sich eine neue Umwelt zu errichten. Er baute eine Hütte und insofern eine abgekapselte, künstlich erzeugte Umwelt, die ganz an seinen Bedürfnissen ausge-

richtet war. Die Temperatur darin war stabiler, der Regen wurde ihm vom Leib gehalten, es gab gemütliche Sitzgelegenheiten und eine Kochecke. So wurde die Welt um ihn herum kontrollierbarer. Dieser Wandel basierte auf einer *Verdinglichung* der Umwelt. Der Mensch schuf ein Ding, in dem er lebte und in das er viele Dinge stellte. Das alles war und ist komfortabel. Aber über die Zeit hinweg schritt diese Verdinglichung weiter voran, riesige Städte entstanden, mit menschlichen Strukturen, nach menschlichen Vorstellungen und für menschliche Zwecke gebaut. Als lebendiges Wesen aber drohte der Mensch in dieser dinglichen Umwelt fremd zu werden, er vermisste die lebendige Umwelt, machte Wochenendausflüge aufs Land, stellte sich Pflanzen ins Zimmer, sprach schwärmerisch von der Natur. Offenbar fehlte ihm etwas.

(3) Da fand er eine Möglichkeit, den Dingen wieder Leben einzuhauchen und eine künstliche Umwelt zu schaffen, die responsiv war und *trotzdem* friedlich und auf seine Bedürfnisse ausgerichtet – wie ein gut erzogenes Haustier. Auf die Verdinglichung folgte also eine streng kontrollierte Verlebendigung.

Das Internet der Dinge eröffnet einen dritten Weg jenseits von natürlicher, lebendiger, widerspenstiger Umwelt und künstlicher, dinglicher, kontrollierbarer Umwelt. Die Lebendigkeit der Natur wird verschmolzen mit der Kontrollierbarkeit künstlich hergestellter Dinge. Wie wirken sich diese neuen digital-beseelten Umwelten auf unser Lebensgefühl aus? Werden wir die Entfremdungseffekte der Industrialisierung rückgängig machen können; werden wir uns bedeutsamer und aufgehobener fühlen zwischen all den smarten Produkten, die sich um uns kümmern? Oder werden wir uns in dieser artifiziellen Umgebung noch weiter entfremden von der Natur und von uns selbst?

Die Digitalisierung läutet nicht nur ein neues technologisches Zeitalter ein, sie verheißt auch eine Zeitenwende in unseren existenziellen Weltbeziehungen. Das industrielle Paradigma ist in einer schweren Krise und gerade zur richtigen Zeit taucht ein neues Paradigma auf. Klar ist, dass der Pfad der Industrialisierung nicht in bisheriger Form weiter beschritten werden kann. Aber was ist die Alternative? Zurück ins Mittelalter? Die Digitalisierung verspricht eine Alternative, die weiterhin auf technischem Fortschritt beruht.

Der Grundansatz der Industrialisierung bestand in einer physischen Dominanz des Menschen über die Natur. Flüsse wurden begradigt, Berge durchtunnelt, riesige Wälder abgeholzt und in rechteckige Felder umgeformt. Kreuzfahrtschiffe auf Ozeanen, Schweröl, Bohrinseln, Schornsteine, Beton, Autobahnen, Massenproduktion, Kohlekraftwerke, Stahl, Bergbau, Massentierhaltung, Traktoren – all das ist materielle Dominanz. Doch dieser Ansatz von Weltbeherrschung erweist sich in vielerlei Hinsicht als Bumerang. Der fortschreitende Klimawandel entwickelt sich zu einer Bedrohung, unser Essen ist mit Mikroplastik belastet und Flüsse mit den Giftstoffen industrieller Abwässer. In Summe betrachtet schießt sich die Menschheit mit dem industriellen Ansatz einer aggressiven Weltbeherrschung ins eigene Knie. Das Versprechen kippt ins Gegenteil: Die Kontrolle entgleitet uns.

Deshalb ist die Faszination für industrielle Kraftsymbole auf dem absteigenden Ast. Gigantische Schaufelradbagger, die ganze Dörfer wegbuddeln, um Tonnen von Braunkohle zu heben – das ist nicht mehr wirklich sexy. Natürlich ist und bleibt die Größe dieser Maschinen beeindruckend, aber als positives Ideal taugen sie nicht mehr. Auch in der öffentlichen Darstellung wird der 225 Meter lange und 96 Meter hohe Schaufelradbagger verschämt unter den Tisch gekehrt.[17] Lieber sprechen Politikerinnen und Politiker über junge Start-ups und deren neue Apps.

Zwar wird versucht, industriellen Zweigen einen Neuanstrich zu verpassen mit »grünem Stahl« und »nachhaltig produziertem Beton«, mit Schadstofffiltern auf den Schornsteinen und Umweltauflagen. Aber das ändert nichts daran, dass die Industrialisierung in ihrer grundsätzlichen Ästhetik ein schmutziges Geschäft ist. Kohlestaub auf den Fenstern und erschöpfte Gesichter, Abgase in der Stadt, chemische Belastung des Grundwassers – solche Bilder sind tief mit dem industriellen Kapitalismus verknüpft und teilweise sogar in einem reichen Land wie Deutschland noch aktuell – man braucht nur an die ungesunde Feinstaubbelastung in Städten zu denken. Demgegenüber wirkt die sanfte, leise, freundliche Ästhetik des Digitalen fast wie der Versuch einer Versöhnung – wie das Versprechen, den Kurs zu wechseln und die alten Fehler wiedergutzumachen. Das iPhone in der Hand erzählt eine ganz andere Geschichte als der Benzinmotor. Insgesamt wirkt die Digitalisierung unglaublich *sauber* – und zwar in ihrer Grundlogik. Sie muss nicht mühsam pseudogesäubert werden wie sogenannter »grüner Stahl«, sondern sie ist sauber geboren.

Leider ist dies eine trügerische Ästhetik. Denn so klein und glatt das Smartphone auch in unserer Hand liegen mag, so unsichtbar sich smarte Produkte auch im Smart Home zusammenschließen mögen – all das braucht immer noch eine materielle Basis. All das braucht immer noch Ressourcen.

Die weltweit rund um die Uhr laufenden Datenzentren verbrauchen bereits heute circa 290 Milliarden Kilowattstunden Elektrizität.[18] Sämtliche Prognosen gehen davon aus, dass dieser

Anteil weiter steigen wird. Ein Faktor dafür sind auch die energieintensiven Künstlichen Intelligenzen, die eigene Serverparks erfordern. Hinzu kommt der Energieverbrauch durch Endgeräte, also von Smartphones, Laptops und so weiter. In der Summe sind Nutzung und Betrieb des Internets bereits heute für sechs bis zwölf Prozent des gesamten globalen Stromverbrauchs verantwortlich.[19] Insgesamt verursachen digitale Technologien etwa drei Prozent der weltweiten Treibhausgasemissionen – das ist mehr als durch den zivilen Luftverkehr.[20]

Auch das Internet der Dinge verbraucht Energie und Ressourcen. Zwar können beispielsweise smarte Thermostate auch positiv wirken, aber wenn wir das Gesamtsystem und die Vielzahl vernetzter Geräte betrachten, sieht das Bild eher negativ aus. Denn mehr Technik heißt erstmal mehr Verbrauch. Bei einer vernetzten Glühbirne kann es beispielsweise zur verrückten Situation kommen, dass mehr Energie für ihre Vernetzung anfällt als für das Licht, das sie erzeugt.[21]

Der Energiebedarf ist nicht das einzige Nachhaltigkeitsproblem der fortschreitenden Digitalisierung. Für die Kühlung von Rechenzentren werden weltweit etwa 840 Millionen Liter Wasser gebraucht – täglich.[22] Das belastet lokale Wasservorkommen und kann ernste Auswirkungen auf die Ökosysteme vor Ort haben. Für die Herstellung elektronischer Geräte – auch für das Internet der Dinge – werden außerdem große Mengen an Metallen und Rohstoffen gebraucht, von denen viele als kritisch eingestuft werden. Es kommt zu Abholzungen, einem Verlust an Biodiversität und der Belastung von Böden und Gewässern mit Schadstoffen. Allein Smartphones, Laptops und Tablets verbrauchen etwa ein Viertel der weltweiten Kobaltproduktion.[23] Kobalt wiederum wird vorwiegend im Kongo abgebaut – häufig in Kinderarbeit und unter grausamen Bedingungen.[24]

Am Ende ihres Lebenszyklus werden diese Geräte dann zu Elektroschrott. Die Mengen sind unglaublich. Im Jahr 2022 wurde eine Rekordmenge von 62 Millionen Tonnen Elektroschrott produziert, 82 Prozent mehr als 2010. Mit diesen Massen könnte man 1,55 Millionen Vierzig-Tonnen-Lkw füllen, was in etwa einer Stoßstange-an-Stoßstange-Linie rund um den Äquator entspricht. Doch mit 22,3 Prozent wird nur ein Bruchteil davon adäquat recycelt. Auf diese Weise gelangen giftige Substanzen in die Umwelt, die für Ökosysteme wie auch die menschliche Gesundheit schädlich sind. Zwar wird daran gearbeitet, mehr zu recyceln – aber die Mengen von Elektroschrott steigen einfach zu stark. So wird prognostiziert, dass die Recyclingquote insgesamt sogar sinken wird.[25]

Diese ökologischen Probleme digitaler Technologien sind kein Zufall. Die Digitalisierung setzt nicht »leider zufällig« die Ressourcenintensität der Industrialisierung fort. Vielmehr ergibt sich diese Parallele aus dem Grundansatz: Immer noch geht es darum, die Welt gefügig zu machen. Der Stil hat sich geändert – statt auf Brechstangen wird nun auf sanfte Gewalt und Smartness gesetzt. Aber die Haltung dahinter hat sich wenig gewandelt.

In dieser Hinsicht könnte man sagen, das digitale Leitbild ist ein Schritt in die richtige Richtung, geht aber nicht weit genug. Denn auf einer wichtigen Ebene bleibt es dem alten Paradigma verhaftet, sich die Welt untertan zu machen.

In der Geschichte des biologischen Lebens war die Anpassung an Umwelten eine Kernbedingung, um zu überleben. Gemäß Darwins *survival of the fittest* überleben nicht unbedingt die Stärksten, sondern die am besten Angepassten. Wir Homo sapiens versuchen jedoch kaum noch, uns an Umwelten anzupassen. Im Gegenteil, wir wollen die Umwelt gefügig machen und an unsere eigenen Wünsche angleichen. Anstatt sich an Umweltbedingungen anzupassen, versucht der Homo sapiens, die Welt an seine Bedürfnisse anzugleichen.

Der industrielle Ansatz bestand darin, die Natur als Ressource zu begreifen, die ganze Welt als ein Ding zu verstehen, das uns zur Verfügung steht und das wir nach eigenen Vorstellungen umformen können. So wurden bequeme Sofas produziert und ebene Straßen. All das ist an menschlichen Zwecken ausgerichtet. Das Internet der Dinge bleibt dieser Logik verhaftet. Sogar noch stärker als zuvor sollen die Dinge menschliche Bedürfnisse befriedigen.

Im Einzelfall ist das nicht problematisch. Aus einem automatisierten Thermostat entsteht noch keine Krise. Aber die grundsätzliche Haltung, die hinter dieser Entwicklung steht und dadurch befördert werden könnte, hat Schattenseiten und droht, uns innerlich zu entfremden. Denn Sinn entsteht nicht aus einer Haltung der Beherrschung heraus, sondern wenn wir uns der Welt gegenüber öffnen, wenn wir bereit sind, uns berühren zu lassen.

Einen solchen Sinn können wir erfahren, wenn wir uns auf Erfahrungen und andere Menschen einlassen, anstatt permanent die eigenen Bedürfnisse ins Zentrum zu stellen. Dies aber ist genau der Punkt beim Internet der Dinge. Die Welt wird zauberhaft verlebendigt, um von dort an ganz um die Schöpferinnen und Schöpfer zu kreisen. Der Mensch wird zum Mittelpunkt seines kleinen selbstgeschaffenen Universums. Während ein einzelner smarter Drucker also unproblematisch sein mag, ist das Gesamtparadigma, das sich hier formt, mit Nebenwirkungen verbunden. Das indirekte Versprechen, mehr Bedeutsamkeit und Sinn zu erfahren, weil wir unseren technologisch belebten Umgebungen nicht mehr egal sind, steht auf dünnem Boden. Gerade durch die starke Ich-Zentrierung droht ein Sinnverlust.

Auf dem Weg zur Weltseele

Und nun komm, du alter Besen!
Nimm die schlechten Lumpenhüllen!
Bist schon lange Knecht gewesen;
Nun erfülle meinen Willen!

Durch KI und das Internet der Dinge wird den Gegenständen nicht nur ein technisches Eigenleben eingehaucht, sie werden auch auf neue Art miteinander verbunden. Objekte werden integriert in die bestehende Vernetzung zwischen Menschen. Dieses Kernmerkmal der nun beginnenden Digitalisierungsstufe ist bemerkenswert. Denn: Alles ist mit allem verbunden – das ist auch eine spirituelle und religiöse Vorstellung. Es ist ein uralter Glaube, dass wir in einer beseelten Welt leben, in der sämtliche Elemente nur Teile einer umspannenden Gesamtheit sind, eine Welt, in der Berge mit dem Wind sprechen und die Vögel mit dem Meer, eine Welt umfassender Verbundenheit. Solche Träume wurden in vielen Variationen und Kulturen formuliert – und nun spiegeln sie sich in den Techutopien des Silicon Valleys wider.

Insbesondere animistische Lehren gehen davon aus, dass die ganze Welt beseelt und miteinander verknüpft ist. Aber auch monotheistische Religionen greifen diese Idee auf. Denn alles komme von Gott und in allem wirke Gott – so finden wir auch hier ein umarmendes Prinzip, das die vielen Einzelteile des Seins in einen gemeinsamen Sinnzusammenhang setzt. Nun erleben wir einen Epochenwechsel, bei dem die Sehnsucht nach einer Welt, die nicht zersplittert ist in lauter unverbundene Einzelteile, sondern in der alles Teil eines großen Ganzen ist, von der religiösen auf die technologische Sphäre übertragen wird.

Diese Entwicklung stößt in ein Vakuum. Denn schon mit Beginn der Industrialisierung ist der verbreitete Eindruck entstanden, dass uns etwas verlorengegangen ist. Besonders prägend für Kulturen im europäischen Raum war in dieser Hinsicht Jean-Jacques Rousseau. Er war eine Schlüsselfigur der Naturromantik, die bis heute einflussreich ist. Die Grundidee besagt, dass Menschen früher viel stärker miteinander und mit der Natur verbunden waren, sich dann daraus gelöst haben und deshalb heute auch von ihrer inneren Natur entfremdet sind. Diese Sehnsucht nach einer angeblichen Verbundenheit, die früher einmal existierte und dann verlorenging, wurde nach Rousseau in vielen Varianten formuliert. Die Grundstruktur dieser Geschichte ist sogar noch viel älter und prägt auch die Darstellung des Sündenfalls im Buch Genesis. Der Garten Eden steht hier für eine perfekte, harmonische, natürliche Einbettung in die Welt, die durch einen menschlichen Fehler zerstört wurde. Die Naturromantik greift diesen antiken Topos auf und sieht statt dem Paradies vor allem »natürliche Lebensweisen« oder »Naturvölker« als Sehnsuchtspunkte, die noch nicht den zerstörerischen Auswirkungen der Moderne erlegen sind.

Es geht mir nicht darum, diese Perspektiven im Einzelnen abzuklopfen, sondern grundsätzlich festzustellen: Es gibt eine sehr verbreitete Vorstellung, dass in der Welt eigentlich alles mit allem verbunden ist und dass Menschen in modernen Gesellschaften den Bezug dazu verloren haben.

Besonders eindrucksvoll ist in dieser Hinsicht der teuerste Film aller Zeiten: *Avatar*. Auf dem bewohnbaren Mond eines fernen Planeten in den Weiten des Universums lebt hier ein Volk von Aliens. In vielerlei Hinsicht könnte man denken, sie seien technisch kaum entwickelt, weil sie keine Maschinen haben, keine Flugzeuge und keine Autos. Aber im Film wird schnell klar, dass diese Spezies kulturell betrachtet auf einer viel höheren Stufe steht als die Menschen, die mit ihren futuristischen Technologien zu diesem Mond fliegen, um dort Ressourcen abzubauen.

Avatar macht die animistische Vorstellung einer beseelten Welt anschaulich wie nie. Die Naturverbundenheit der Aliens wird bildlich dargestellt: Aus ihren Köpfen wachsen nicht nur Haare, sondern auch zarte Tentakel, die sie mit den Tentakeln von Bäumen oder Tieren verweben können. In dieser Welt kommunizieren Pflanzen mit Fischen und sogar die Erde mit Vögeln. Alles ist mit allem verbunden, alles ist Teil eines großen Ganzen, alles ist Teil eines gewaltigen neuronalen Netzes, in dessen Zentrum Eywa steht – die Weltseele, die in allem wirkt.

Dieser Film ist eine Sehnsuchtserzählung. Er ist die Neuauflage einer immer wiederkehrenden kulturellen Vision. Nun wird diese Vision umgesetzt. Alles wird miteinander verbunden. Alles beginnt miteinander zu kommunizieren. Wir brauchen nicht einmal Tentakel oder Kabel, denn das mobile Internet webt unsichtbare Fäden in unsere Umgebungen hinein. Das Wissen der Welt wabert durch eine allgegenwärtige Cloud. Sie enthält auch eine Künstliche Intelligenz, die nicht verortet ist in einem Roboter, der vor uns steht, sondern die unsere Lebensräume unsichtbar durchdringt. Eine nicht-menschliche Intelligenz, die in den Dingen waltet, in Teppichen und Türen, in Bädern und Betten, im Büro, unterwegs und zu Hause, wo auch immer wir sind … Diese spirituelle Vorstellung wird nun technologisch umgesetzt.

Mit IoT die Wunden der Moderne heilen?

Vor etwa 250 Jahren erlebte Europa einen weitreichenden Umbruch: den Beginn der gesellschaftlichen Moderne.[26] Dieser Epochenwechsel hatte unglaublich viele positive Seiten und steigerte die Lebenserwartung und den Lebensstandard für viele. Aber bis heute gibt es auch Schattenseiten. Neben gravierenden Ungerechtigkeiten, der Ausbeutung von Menschen und der Zerstörung von Naturräumen gibt es auch subtile, psychologische Effekte. Ganze Bibliotheken wurden mittlerweile darüber geschrieben, wie sich Industrialisierung, Technisierung und Ökonomisierung auf den einzelnen Menschen auswirken. Eine häufige Diagnose lautet, dass es auf mehreren Ebenen zu einer *Entfremdung* des Menschen gekommen ist. Die ursprüngliche Verbundenheit zur Welt, zur Natur, zu den Mitmenschen und zu sich selbst sei gestört. Lassen wir dahingestellt, ob früher wirklich alles besser war. Fakt ist, dass sehr viele Menschen dieser Diagnose etwas abgewinnen können. Die gesellschaftliche Moderne hat auf verschiedenen Feldern ein Sinnvakuum erzeugt.

In dieses Vakuum stoßen aktuelle technologische Entwicklungen. Das Internet der Dinge – die umfassende Vernetzung der Welt durch eine Künstliche Intelligenz – bedient Bilder, Narrative und Sehnsüchte, die aus diesem Sinnvakuum hervorgehen. Selbstverständlich erklärt das nicht vollständig, warum eine so starke Anziehungskraft von diesen Technologien ausgeht. Für Unternehmen geht es häufig schlicht um wirtschaftliche Vorteile und für Endkonsumenten sind manche Produkte auch einfach praktisch oder Statussymbole. Gleichzeitig existiert aber die

Ebene tiefgehender Sinnversprechen. Es hilft, diese Ebene in den Blick zu nehmen, um die Digitalisierung in ihrer Tiefenstruktur besser zu verstehen – und dadurch auch bewusster zu gestalten.

Das Internet der Dinge spielt mit der menschlichen Faszination einer verzauberten Welt. Es verspricht eine Welt, der wir nicht egal sind, sondern die unsere Bedürfnisse wahrnimmt und uns zu Diensten ist – wie wir es uns als Kind immer gewünscht haben. Es verspricht damit eine Mischung aus Weltbeherrschung und Resonanz. Und es baut auf der uralten Sehnsucht auf, in einer Welt zu leben, in der alle Elemente beseelt, miteinander verbunden und Teil eines großen Ganzen sind.

Das Internet der Dinge ist keine per se schlechte Idee, aber es wird zumindest diese Versprechen nicht einlösen können. So sehr Technologien auch mit solchen Sehnsüchten nach einer sinnhaften Einbettung in die Welt spielen mögen – diese Einbettung lässt sich nicht digital erzeugen, sondern nur analog. Wie im vorherigen Kapitel gilt auch hier: Nur Lebewesen können wir etwas bedeuten. Wenn eine Künstliche Intelligenz auf unsere Bedürfnisse und Gedanken »eingeht«, dann ist dies ein rein funktionaler Vorgang. Es scheint, *als ob* sich die Maschine für uns interessiert – möglicherweise sogar in einer so perfekten Illusion, dass sie viel authentischer interessiert zu sein scheint als die meisten Menschen –, und doch steht dahinter nur ein Matheprogramm. Egal ob im direkten Gespräch mit einer KI oder umgeben vom Internet der Dinge – dort werden nur Zahlen miteinander verrechnet und dort existiert nichts, was sich wirklich für uns interessieren könnte. Technologie kann daher nur die Oberflächenebene unserer Bedürfnisse nach Antwort und Verbundenheit bedienen.

Es ist ebenso verlockend wie gefährlich, dies aus den Augen zu verlieren und sich auf die schöne Illusion einzulassen, dass hier echte Resonanz möglich ist. Wenn es stimmt, dass wir in unseren Gesellschaften auf vielen Ebenen eine zwischenmenschliche Entfremdung erleben – und vieles spricht dafür –, dann ist Technologie das Letzte, was uns dabei helfen kann. Wenn es eine soziale Entfremdung gibt, dann kann sie nur sozial gelöst werden. Die enttäuschten Bedürfnisse nach Resonanz auf eine technologische Ebene zu projizieren, würde uns noch weiter ablenken von unseren Mitmenschen.

Auch die bereits von Max Weber analysierte »Entzauberung« des industriellen Zeitalters werden wir nicht rückgängig machen können, indem wir einen Magier durch unsere Welt laufen lassen, der den Dingen ein Eigenleben einhaucht. Vielmehr liegt es auch an uns selbst: Indem wir einen poetischen Blick stärken, der nicht versucht zu erklären und zu kontrollieren, sondern beim Zauber dieser Welt verweilt, in innerer Berührtheit und Offenheit, können wir genau den Seiten des Lebens nachspüren, die sich dem technischen Blick entziehen.

Und eine Entfremdung von der Natur, von einem Lebensraum, der lebendig ist, werden wir nicht mindern können, wenn wir uns einen Lebensraum schaffen, der voller technisch verlebendigter Dinge ist. Denn auch im faszinierenden Internet der Dinge bleiben sie genau das, was sie sind: Dinge. Wenn wir uns mehr existenzielle Verbundenheit wünschen, liegt der Schlüssel in unseren Lebensweisen, unseren inneren Haltungen und Perspektiven – nicht in noch mehr Technologie.

Zuletzt wird auch das destruktive Verhältnis zur Natur im industriellen Zeitalter nicht überwunden, wenn der Grundansatz eine umfassende Unterwerfung bleibt. Die Digitalisierung scheint sanfter, sauberer und smarter zu sein als die Industrialisierung mit ihren riesigen Maschinen. Aber dahinter steht weiterhin ein gewaltiger Verbrauch an Ressourcen und Energie. Dieser wird in der Summe nicht durch noch mehr Technologie gesenkt werden können.[27] Das, was in der Industrialisierung falsch gelaufen ist, werden wir nicht überwinden, wenn wir weithin sichtbare Fabrikschlote durch unterirdische Serverparks ersetzen.

Um den Blick für den Zauber des Lebens zu öffnen, um wirkliche Resonanz und Bedeutsamkeit zu erfahren, um die eigene Verbundenheit mit der Welt erfahrbar zu machen, um das gesellschaftliche Naturverhältnis auf eine gesündere Grundlage zu stellen – dafür brauchen wir vor allem soziale Innovationen und nicht unbedingt technologische.

Wie bei den Phänomenen in den letzten Kapiteln geht es auch hier nicht darum, das Rad der Zeit zurückzudrehen und die technische Entwicklung anzuhalten. Wir brauchen nicht der Vergangenheit hinterherzutrauern, die ohnehin nicht besser war. Stattdessen können wir die Zukunft formen. Natürlich hat das Grundkonzept eines Internets der Dinge auch viele positive Potenziale. Insofern ist die Frage nicht *ob*, sondern wie und in welchem Maß wir es privat, in Organisationen und in der Gesellschaft insgesamt umsetzen wollen.

5

SINN STATT HAMSTERRAD!

Schon seit Jahren wird davor gewarnt, dass Künstliche Intelligenz einen großen Teil der bestehenden Arbeitsplätze vernichten könnte. Was wären die Konsequenzen eines solchen Szenarios? Der renommierte Intellektuelle Yuval Noah Harari warnt vor einer gesellschaftlichen »Klasse der Nutzlosen« und massiven sozialen Verwerfungen.[1]

Seit Jahrtausenden träumen Menschen davon, dass sie eines Tages von der Notwendigkeit zu arbeiten befreit werden. Nun, da diese Möglichkeit zumindest nicht mehr ganz so abwegig erscheint, wandelt sich die gleiche Aussicht in eine Horrorvorstellung.

Wird Künstliche Intelligenz uns die Arbeit *abnehmen* – oder wird sie uns die Arbeit *wegnehmen*?

Die Entwicklung steht erst am Anfang und kann auf verschiedene Pfade gelenkt werden. KI könnte soziale Ungleichheiten verschärfen, viele Menschen ins Prekariat stürzen oder aber eine positive Entlastung darstellen. Eine ganze Bandbreite von Szenarien ist möglich. Sicher ist allerdings, *dass* unsere Arbeitswelten in den kommenden Jahren starke Veränderungen erleben werden, dass dies Gewinner und Verlierer erzeugt und dass sich mit den neuen Arbeitsformen auch Werte und der Zeitgeist unserer Arbeitsgesellschaft wandeln. Relativ sicher ist außerdem, dass es insgesamt nicht zu wenige Jobs geben wird, um die Menschen in Ländern des globalen Nordens zu beschäftigen. Warum das so ist, werden wir noch beleuchten.

Auch wenn die KI-Revolution erst am Anfang steht, können wir bereits heute erkennen, in welchen Bereichen bisherige Arbeitsstrukturen unter Veränderungsdruck geraten: Innerhalb von Sekunden kann KI fotorealistische Bilder erzeugen. Werbefotos müssen somit nicht mehr real geschossen werden – was bedeutet das für Fotografinnen, Beleuchterinnen, Models, Make-up-Artists, Aufnahmeleitungen und Location-Scouts? Auch Illustrationen, Logos und Graphiken können per Knopfdruck erstellt werden – wie reagieren Illustratoren, Designer und Künstlerinnen darauf? In der Medizin wird der Punkt kommen, an dem KI verlässlichere Diagnosen stellt als Menschen – wie verändert das die Rolle von Ärztinnen und Ärzten? Und was machen Juristinnen und Juristen, wenn Künstliche Intelligenz komplizierte Verträge schreiben und prüfen kann, die Rechtsberatung übernimmt und sogar Verteidigungsstrategien entwickelt? Sowohl in der Medizin als auch in der Juristerei wird KI alle jemals publizierten Studien, Aufsätze und Kommentare gelesen und ausgewertet haben – kein Mensch ist dazu in der Lage.

Die industrielle Revolution hatte deshalb so gewaltige Auswirkungen, weil sie die physische Potenz des Menschen durch Wärmeenergie und Maschinen auf eine neue Stufe hob. Nun wird die informationelle Sphäre auf den Kopf gestellt. Überall dort, wo Menschen Wissen anwenden und Informationen verarbeiten, kann KI sie unterstützen oder sogar komplett ersetzen. KI kann lesen und schreiben: E-Mails, Zeitungsartikel, Social-Media-Posts, Drehbücher, Aufsätze und Abhandlungen. KI kann zuhören und sprechen: mit Kundinnen, Patienten, Schülerinnen und Schülern. KI kann sehen und analysieren: Röntgenbilder, Tierpopulationen, Schädlingsbefall auf Feldern, Risse in Fassaden.

KI kann Muster erkennen: auf Finanzmärkten, im Verhalten von Menschen, in den neuesten Trends und Geschmäckern. KI kann lenken: Fahrzeuge, Drohnen, Fabrikroboter und Waffensysteme. KI kann vorhersagen: Wetterverläufe, Marktentwicklungen, Epidemieausbreitungen. Und KI kann erschaffen: Kunstwerke, Musikstücke, virtuelle Welten, 3D-Modelle …

KI kann also vieles – aber nicht alles. Welche menschlichen Eigenschaften bleiben gefragt in den Arbeitswelten von morgen? Wie verändert sich unsere Rolle, wenn Künstliche Intelligenzen zunehmend in Arbeitsabläufe integriert werden? Wie können wir die Technologie konstruktiv gestalten und eine gerechtere, lebenswertere Zukunft für alle ermöglichen?

Out of Office

Wie drängend diese Fragen und wie tiefgreifend die Umwälzungen durch KI sind, wird noch deutlicher, wenn wir die aktuelle Entwicklung im historischen Kontext betrachten. Viele Menschen gehen morgens zur Arbeit und können sich kaum vorstellen, dass eine Welt ohne Anstellungen, Gehälter, Rentenpunkte, Büros und Vorgesetzte möglich wäre. Aber tatsächlich ist dieses System erst seit der industriellen Revolution schrittweise zur Norm geworden – also erst vor kurzem. De facto ist es alles andere als alternativlos. Sollte es sich nun ändern, wäre es nicht das erste Mal, dass ein tiefer Umbruch durch eine neue Schlüsseltechnologie ausgelöst wird.

Betrachten wir die Menschheitsgeschichte, können wir grob vier Epochen des Arbeitens erkennen.[2] In jeder dieser Epochen gab es einen charakteristischen Arbeitsort, zu dem die Mehrheit der Bevölkerung morgens aufbrach. Alles begann mit dem *Wald*: Schon vor 300 000 Jahren lebten Menschen auf dieser Erde.[3] Ihre Berufswahl war beschränkt, fast alle arbeiteten in der Jagd oder als Sammler.[4] Diese Arbeitsform war eng verknüpft mit einem nomadischen Lebensstil. Erst vor etwa 10 000 Jahren, als das Klima stabiler wurde, ließen sich viele Menschen dauerhaft nieder und erfanden Methoden des Nahrungsanbaus und der Viehzucht. Die Epoche der Agrargesellschaft begann. Mehrere Jahrtausende lang gingen die meisten Menschen der Welt und insbesondere in Europa morgens nicht mehr in den Wald, sondern aufs *Feld*. Schluss mit Umherziehen. In der Folge wurden die Arbeitstage länger, härter und eintöniger.

Auf das Feld folgte die *Fabrik*: Vor etwa 250 Jahren läutete die industrielle Revolution eine dritte Epoche ein. Zum ersten Mal arbeitete in Europa nicht mehr der Großteil der Menschen in der direkten Nahrungsbeschaffung, sondern verdiente den Lebensunterhalt mit anderen Aufgaben und kaufte sich davon Essen. In dieser Phase wurde ein Konzept erfunden, das uns bis heute vertraut ist: die Bezahlung von Menschen nach Arbeitszeit. Mit den neuen Fabriken wurden erstmals uhrzeitliche Arbeitsschichten eingeführt, an denen der Lohn bemessen wurde.[5] Bis zu diesem Zeitpunkt wurden Menschen meist entweder nach Ergebnis bezahlt, wenn sie ihre Produkte verkauften, oder sie hatten gar kein finanzielles Einkommen, weil sie die Früchte ihrer Arbeit selbst aßen oder in Leibeigenschaft lebten. Heute ist die Bezahlung nach Zeit in den meisten Bereichen völlig normal – aber was normal ist, ist relativ und kann sich ändern. »Wenn ein alter Grieche oder ein Römer einen Töpfer sah, konnte er sich vorstellen, die Töpfe zu kaufen. Er konnte sich auch vorstellen, den Töpfer zu kaufen. Aber über die Vorstellung, er könne die *Zeit* des Töpfers kaufen, wäre er schlicht und einfach verblüfft gewesen. Am nächsten hätte er vielleicht noch dem Gedanken kommen können, den Töpfer als Sklaven für einen bestimmten Zeitraum zu mieten«, erklärt der renommierte Ethnologe David Graeber.[6]

Die dritte Epoche gehört in den Ländern des globalen Nordens mittlerweile der Vergangenheit an.[7] Hier arbeitet nur noch ein kleiner Teil der Menschen in Fabriken. Wieder einmal hat sich das System komplett verändert, diesmal durch die Erfindung von Industrierobotern und Computern. Aufgrund dieser technischen Innovationen werden viel weniger Menschen an Fließbändern, in Gießereien und an Hochöfen gebraucht. Stattdessen sind in unserer heutigen Wissensgesellschaft massenhaft Kopfarbeitende notwendig, die Computer bedienen. In Deutschland wurde mittlerweile die Fünfzig-Prozent-Grenze überschritten: Die Mehrheit aller hierzulande Erwerbstätigen arbeitet in einem *Büro* vor allem am PC und verarbeitet Informationen.[8]

Wald, Feld, Fabrik, Büro – was kommt als Nächstes?

Künstliche Intelligenz wird fast alle Tätigkeiten, die mit einem Computer ausgeübt werden, effizienter machen und teilweise sogar ganz automatisieren. Die gegenwärtige Arbeitsform, in der ein Großteil der Menschen in einem Anstellungsverhältnis arbeitet, nach Zeit bezahlt wird und vor allem in einen Computer schaut, wird enden. Die Frage ist weniger, ob dies geschieht, sondern wann. Vieles deutet darauf hin, dass der Epochenwechsel unmittelbar bevorsteht und durch Künstliche Intelligenz ermöglicht wird. Falls das eintritt, erfolgt der Wechsel schneller als je zuvor. Während die Phase des Jagens und Sammelns mehr als 250 000 Jahre dauerte, die Phase der Agrargesellschaft etwa 10 000 Jahre und die industrielle Arbeitsgesellschaft circa 200 Jahre, könnte die Informationsökonomie mit Millionen von Menschen, die Computer bedienen, schon 70 Jahre nach ihrem Beginn ein Ende finden.

Es ist insofern kein Gefühl, sondern eine Tatsache: Die Welt verändert sich immer schneller. Hauptgrund dafür ist der technologische Wandel, der eine exponentielle Dynamik hat und sich permanent beschleunigt – und dadurch auch Gesellschaften und Arbeitsformen immer häufiger umwälzt.[9]

Der Gedanke, dass unser aktuelles Arbeitssystem, in dem so viele Stunden damit verbracht werden, in einem Büro zu sitzen und E-Mails zu beantworten, Tabellen zu aktualisieren, Abrechnungen zu machen, PowerPoint-Slides zu perfektionieren, Berichte zu schreiben, Daten zu analysieren, Dokumente zu prüfen, Budgetpläne zu entwickeln, Inventar zu verwalten, Bestellungen abzuwickeln und Personalakten anzulegen – der Gedanke, dass dieses System endet, kann Angst machen. Und zu Recht: Wenn sich Arbeitsabläufe ändern, verschieben sich auch die notwendigen Qualifikationen, Belohnungssysteme, Werte und Machtverhältnisse. Einige Menschen werden durch diesen Wandel ihre soziale Position verschlechtern. Aber wir sollten nicht vergessen, dass die Arbeitswelt von heute in vielerlei Hinsicht nicht ideal ist. Nur 21 bis 29 Prozent aller Erwerbstätigen in Deutschland geht gern zur Arbeit, nur 14 Prozent aller Angestellten sind emotional voll bei der Sache. Demgegenüber sind viele unglücklich, fast ein Fünftel hat innerlich gekündigt.[10] Das gegenwärtige System führt zu starken Ungleichheiten, und die stundenlange Arbeit am Computer ist körperlich ungesund und fördert Depressionen. Es ist belegt: Büroarbeit lässt uns früher sterben.[11]

Gleichzeitig gibt es viele positive Aspekte der gegenwärtigen Arbeitswelt, ein Rundumschlag wäre fehlgeleitet. Aber wir müssen feststellen, dass der Status quo alles andere als optimal ist. Insofern ist es vielleicht gar nicht schlecht, wenn dieses System nun gründlich durchgeschüttelt wird.

Künstliche Intelligenz transformiert nicht nur die Arbeit im Büro, sondern auch die Arbeit auf Feldern, in Fabriken, Schulen, Callcentern, in Lagern und Krankenhäusern. KI-gesteuerte Drohnen überwachen Pflanzen, erkennen Schädlingsbefall und verteilen Pestizide präzise. In der Fertigungsindustrie arbeiten Roboter Seite an Seite mit Menschen, übernehmen monotone oder gefährliche Aufgaben und steigern so die Effizienz. Selbst in der Bauwirtschaft setzen Maschinen, die mit KI ausgestattet sind, Mauerwerke oder Straßenbauprojekte um. In der Kundenbetreuung wiederum können KIs mit Menschen telefonieren – ohne Wartezeiten, mit unendlicher Geduld und Freundlichkeit. Viele Aufgaben erledigen KIs schneller, billiger und mit einem konstanteren Qualitätsniveau als Menschen. Sie streiken nicht, arbeiten rund um die Uhr – auch am Sonntag um 22 Uhr –, wollen keine Gehaltserhöhung, sind nicht krank und vor allem lernen sie kontinuierlich und werden permanent besser in dem, was sie tun.

Künstliche Intelligenz kann besonders effektiv bei Aufgaben eingesetzt werden, die derzeit an einem Computer ausgeübt werden. Aber auch darüber hinaus sind mit KI eine große Bandbreite möglicher Game-Changer verknüpft. Nehmen wir als weiteres Beispiel das autonome Fahren. Diese Entwicklung befindet sich momentan zwar in einem Tal der Ernüchterung: Vor zehn Jahren wurden aufsehenerregende Prognosen gemacht, doch die Umsetzung ist schwieriger als gedacht. Früher oder später wird diese Technologie aber voraussichtlich Realität. Was passiert dann mit Berufsfahrenden? In Deutschland wären etwa 480 000 Lkw-Fahrende betroffen. Eine enorme Zahl von Arbeitsplätzen steht auf dem Spiel.

Zugleich werden in der Epoche des KI-Kapitalismus auch neue Jobs geschaffen. Es ist nicht möglich, diese neu erschaffenen Arbeitsplätze mit den wegfallenden zu verrechnen und eine Nettobilanz zu ziehen. Die Entwicklung ist dafür zu dynamisch und von zu vielen Faktoren abhängig. Fakt ist jedoch: In Deutschland haben wir eine stark alternde Bevölkerung. Jedes Jahr gehen viel mehr Menschen in Rente, als junge Menschen auf den Arbeitsmarkt kommen.[12] Bereits heute gibt es in vielen Branchen einen Fachkräftemangel und ein Nachwuchsproblem. Rein demographisch wird sich dieser Trend weiter verschärfen. Zum Beispiel fehlen derzeit circa 100 000 Lkw-Fahrende – das ist erst der Anfang: Ein Drittel aller Fahrerinnen und Fahrer sind über 55 Jahre alt und geht innerhalb der nächsten zehn Jahre in Rente.[13] In vielen anderen Bereichen gibt es ähnlich wachsende Engpässe an Arbeitskraft. Wenn wir künftig Millionen weniger Arbeitsplätze haben, könnte das also durchaus positiv sein für eine Gesellschaft mit Millionen weniger Arbeitenden. Manchmal kommt es mir geradezu absurd vor, wenn ich auf einer Konferenz bin, auf der in düsteren Farben eine dramatische Zukunft beschworen wird, in der Unternehmen größte Schwierigkeiten haben, neue Mitarbeitende zu gewinnen. Und zwei Tage später sitze ich in einer anderen Konferenz und es wird vor einer Massenarbeitslosigkeit aufgrund von KI gewarnt.

Natürlich wird es Menschen geben, die ihre Arbeit verlieren und sich schwer für andere Berufe umschulen lassen können. Das ist ein echtes Problem in der Übergangsphase. Längerfristig könnten sich die KI-Revolution und der demographische Wandel auf dem Arbeitsmarkt aber teilweise ausgleichen. Das heißt nicht, dass deshalb alles in Ordnung ist. Menschen können auf viele Weisen gewinnen oder verlieren – Arbeitslosigkeit ist nur eine davon. Es ist denkbar, den Job zu behalten, aber teilweise an

Anerkennung, Sinn, Identität, Abwechslung oder Karrierechancen einzubüßen. Zum Beispiel ist es bisher eine angesehene Fähigkeit, als Juristin oder Jurist einen anspruchsvollen Vertrag prüfen, Risiken identifizieren und Lösungsvorschläge machen zu können. Falls solche Tätigkeiten zu großen Teilen von KI-Systemen übernommen werden, dann landen nicht zwingend alle Juristinnen und Juristen auf der Straße, aber ihre Fähigkeiten könnten an sozialem und monetärem Wert verlieren. Ähnliche qualitative Veränderungen könnte es in allen Branchen geben.

Die Diskussion um großflächige Arbeitsplatzverluste lenkt davon ab, dass es viele verschiedene Arten von Gewinnern und Verlierern geben kann. Der Kampf wird nicht allein um Arbeitsplätze geführt, sondern auch um den Wert und die Anerkennung unserer Fähigkeiten.

Welche Fähigkeiten sind noch etwas wert?

Die vielleicht größte Auswirkung von KI auf Arbeitswelten ist eine Umwertung von Fähigkeiten. Wer zum Beispiel mittelmäßig programmieren kann, hatte in den letzten Jahren hervorragende Jobperspektiven. Wenn man sich umhört, dann war es teils einfacher für Personen mit abgebrochenem Informatikstudium, einen Job zu finden, als für Sozialwissenschaftlerinnen mit abgeschlossenem Master. Das könnte sich nun stark ändern, denn Künstliche Intelligenz codet in atemberaubender Geschwindigkeit und mit zunehmender Genauigkeit. Auch hier gilt wieder: Es werden deshalb nicht *alle* Programmiererinnen und Programmierer arbeitslos. Auf absehbare Zeit werden weiter hochqualifizierte Informatikerinnen gebraucht – allein schon, um die KI-Systeme weiterzuentwickeln, anzupassen und zu implementieren. Viele Menschen werden im Mensch-Maschine-Tandem gemeinsam mit der KI den Code schreiben. Wer top ist, wird top bezahlt sein und die eigenen Fähigkeiten durch KI erweitern. Aber wie sieht es mit dem Mittelfeld aus? Werden wir immer noch massenhaft Menschen brauchen, die halbwegs solide programmieren können? Werden diese Menschen weiterhin so gut bezahlt werden?

Fähigkeiten, die bislang einen Wert hatten, die mit Anerkennung, einem positiven Selbstwertgefühl und mit einem entsprechenden Gehalt verbunden waren, könnten nun an Position verlieren. Nicht viele Menschen waren bisher in der Lage, schöne Illustrationen zu erstellen; jetzt können wir es alle mit ein paar Klicks. Nicht viele Menschen konnten bisher einen prägnanten Blog-Artikel schreiben, mit KI-Unterstützung kann es nun jeder. Sicher wird es immer Menschen geben, die besser illustrieren und schreiben als die KI, außerdem bleibt die menschliche Kreativität unersetzlich für die Konzeption und Vision. Aber bisher hatte es bereits einen Wert, wenn man das Handwerkszeug beherrschte und »halbwegs gut« illustrieren oder schreiben konnte – womit man, bezogen auf die Gesamtbevölkerung, zu einer vergleichsweise kleinen Gruppe gehörte. Werden mittelmäßig ausgeprägte Fähigkeiten auf diesen Feldern künftig noch reichen, um daraus eine berufliche Identität und einen Lebensunterhalt zu gewinnen?

Es ist schwer, sich vorzustellen, dass es hier *nicht* zu einer Umwertung von Fähigkeiten und veränderten Gewinner-Verlierer-Strukturen kommt. In der industriellen Revolution wurden viele handwerkliche Fähigkeiten entwertet, als jahrelang ausgebildete

Fachkräfte nicht mehr in Manufakturen, sondern in Fabriken arbeiteten, wo ihre Kenntnisse plötzlich nichts mehr wert waren und sie statt Handarbeit eintönige Arbeit an Maschinen verrichteten.[14] Nun, mit der KI-Revolution, könnten insbesondere viele Schreibtischfähigkeiten entwertet werden.

In groben Linien zeichnet sich hier ein mögliches Szenario ab: ein dünner werdendes Mittelfeld und eine noch deutlichere Aufspaltung als bisher in Gewinner und Verlierer. Wer im Spitzenfeld ist, bleibt dort und liefert durch neue KI-Tools noch bessere Ergebnisse als bisher. Doch mittelmäßige Fähigkeiten am PC – sei es Schreiben, Verwalten, Programmieren, Designen, Illustrieren, Berechnen, Analysieren, Dokumentieren, Übersetzen, Modellieren, Recherchieren, Korrigieren oder Auswerten – verlieren zunehmend an Wert. Ohne einen klug gestalteten Strukturwandel könnte das verheerende Auswirkungen auf das soziale Gefüge haben. Wie lenken wir den Wandel in eine positive Richtung für alle?

Welche Abläufe sind automatisierbar?

In der KI-Transformation wird ein Grundsatz aus der industriellen Produktion nun auch auf die Büroarbeit übertragen: je standardisierter, desto eher automatisierbar.

Gerade weil ein Newsletter kein kreatives Kunstwerk ist, sondern vor allem prägnant und informativ sein soll, kann eine KI hier gut unterstützen oder das Verfassen komplett übernehmen. Bei einer Kolumne wird es schon schwieriger. Ähnliches gilt in vielen weiteren Bereichen: Buchhaltung, Reisekostenabrechnung, Kundenanfragen, Steuererklärungen, Buchungen, Datenanalysen,

Projektmanagement – all das folgt meist standardisierten Prozessen. Das heißt nicht unbedingt, dass solche Tätigkeiten trivial sind, teilweise sind sie sogar äußerst kompliziert und anspruchsvoll, aber sie zeichnen sich nicht dadurch aus, dass ein Mensch *seine individuelle Persönlichkeit* zum Ausdruck bringt, sondern dass er professionell Informationen verarbeitet – nach erlernten Schemata. Auf genau diesem Gebiet liegen die Stärken von KI. Ein eindrucksvolles Beispiel ist die Medizin: Früher oder später wird eine KI noch besser als Menschen schulmedizinische Diagnosen stellen und individuelle Behandlungsempfehlungen formulieren können. Und zwar nicht, weil diese Tätigkeiten einfach wären, im Gegenteil, sie erfordern ein jahrelanges Studium, tiefes Fachwissen und intensive Erfahrung. Sondern, und das ist entscheidend: Sie sind standardisiert. Bei einer Schamanin, deren Heilansatz darin besteht, die Seele ihrer Patientin mit kosmischen Kräften in Verbindung zu bringen, sieht die Sache schon anders aus. Aber in vielen wohlhabenden Ländern wurde seit Jahrzehnten explizit das Projekt verfolgt, Prozesse zu standardisieren und zu »professionalisieren«. Und das bildet nun die Grundlage für eine hohe Automatisierbarkeit.

Überall da, wo eine Arbeitsweise starke *technische* Züge trägt – wenn etwa eine Ärztin mit nüchternem Blick ein Röntgenbild analysiert – kann Technik einen großen Teil übernehmen. Hingegen kann Technologie weniger Tätigkeiten ersetzen, bei denen es darum geht, sich mit der eigenen Individualität einzubringen – mit persönlichen Zielen, Überzeugungen und Bedürfnissen, mit Empathie, Humor, Begeisterungsfähigkeit, Kreativität, Zärtlichkeit oder mit den sozialen Fähigkeiten, Menschen für Ideen zu gewinnen und Konflikte zu entschärfen.

An dieser Stelle eröffnet sich der Blick auf ein Positivpotenzial, dem wir noch intensiver nachgehen werden: der Möglichkeit, dass Künstliche Intelligenz mehr Raum für Menschlichkeit in der Arbeitswelt schafft, weil technische Aufgaben vorwiegend von Technologien übernommen werden. Wenn niemand mehr Protokolle schreiben, Daten auswerten oder Lenkräder in der Hand halten muss, wird sehr viel Lebenszeit freigesetzt, die das Zwischenmenschliche stärken könnte. Allerdings ist ein solches Szenario nicht per se für alle gut – viele Personen haben Fähigkeitsprofile entwickelt, bei denen sie gerade aus standardisierten technischen Tätigkeiten ein Gefühl von Sicherheit und Selbstwirksamkeit gewinnen. Diese Strukturen sollten wir gleich näher in den Blick nehmen.

Eine Welt voller Führungskräfte

Es gibt einzelne Tätigkeiten, die sich komplett automatisieren lassen. Aber häufiger wird das nur in Teilen möglich sein und Menschen werden mit Künstlichen Intelligenzen gemeinsam arbeiten. Wie kann eine solche Zusammenarbeit aussehen?

Wenn wir in die Mensch-Technik-Interaktion hineinzoomen, entdecken wir Parallelen zu den letzten Kapiteln: Oft wird mit der KI umgegangen, als *wäre* sie ein Lebewesen. »Übersetze diese Mail auf Englisch«, »Mache zwanzig Vorschläge, wie wir das Projekt nennen können«, »Erstelle eine PowerPoint-Präsentation, um die Ergebnisse aus diesem Dokument zu veranschaulichen« – solche und viele weitere Befehle entsprechen einem Arbeitsauftrag. Hier ist KI kein Werkzeug, mit dessen Hilfe der Mensch eine E-Mail übersetzt, sondern der Mensch *lässt* die Mail von der KI übersetzen. Mit anderen Worten: Die KI ist hier weniger ein Tool als vielmehr ein Mitarbeiter für den Menschen.

Das ist einer der Gründe, weshalb KI ein neues Zeitalter einläutet. Als Schlüsseltechnologie ist KI nicht nur das Fundament für eine Vielzahl mächtiger Werkzeuge, sondern auch für neue Pseudolebewesen. Sie nehmen Rollen als hochqualifizierte Mitarbeitende ein, sie schreiben, programmieren, telefonieren und analysieren. Nehmen wir ein Beispiel aus der Wissenschaft: Es existieren riesige Archive mit bislang nicht ausgewerteten historischen Quellen. Darunter ist auch sehr viel an sich uninteressantes Material, etwa lange Listen mit Eheschließungen aus dem späten Mittelalter – aber eben auch viele ungehobene Schätze, einzelne Informationen, die geschichtliche Ereignisse in ein ganz neues Licht tauchen würden. Theoretisch könnte in Deutschland massiv in die Ausbildung von Historikerinnen und Historikern investiert werden, theoretisch könnten zweihunderttausend Menschen mit der Auswertung von Quellen beschäftigt werden. Aber weder existiert dafür ein Geschäftsmodell noch würde es sich volkswirtschaftlich lohnen. Durch Künstliche Intelligenz ist es nun so, als ob uns plötzlich eine solche Masse an Analysten zur Verfügung steht. Menschliche Historikerinnen bekommen nicht nur neue Werkzeuge für die Quellenauswertung, sondern verfügen über gigantische Teams, die selbständig lesen und analysieren können. So wird es möglich sein, alle überhaupt existierenden Schriftstücke in allen Archiven auszuwerten und miteinander in Zusammenhang zu setzen. Seien wir gespannt, was die Ergebnisse sein werden – nicht nur in diesem Bereich, sondern auch in allen anderen. Wenn Menschen bei ihrer Arbeit von einem kompetenten Team unterstützt werden, könnte dies einen beispiellosen Qualitätssprung in den Ergebnissen ihrer Arbeit bedeuten.

Wie in der Wissenschaft, so bekommt nun auch die Belegschaft in privatwirtschaftlichen Unternehmen Zuwachs. Das wirft eine Frage auf, die schon im dritten Kapitel auftauchte: Die Neuankömmlinge sind da – wie integrieren wir sie?

Werden KIs in Führungspositionen gesetzt und verteilen Aufgaben an Menschen? Oder werden KIs ihre Assistenzen? Oder wird beides der Fall sein?

Es kommt also zu fundamentalen Verschiebungen in Organisationsstrukturen. *Unternehmen bekommen neue Mitarbeitende, erstmals sind auch nicht-menschliche Akteure an Bord.* Wir können uns einen Bereich vorstellen, in dem ein kaufmännischer Azubi bisher ganz unten in der Hierarchie stand und lediglich Weisungsempfänger war. Wenn der Azubi nun KI-Assistenzen bekommt, verändert sich dieses Verhältnis: Er wird nicht nur Anweisungen empfangen, sondern auch welche geben. In einigen Bereichen entwickelt er sich also vom Ausführenden zur Führungskraft. Das bedeutet de facto einen kompletten Umbau der Organisation. Jede menschliche Mitarbeiterin im Unternehmen hat hinter sich ein ganzes Team hochqualifizierter KI-Assistenzen, an die sie einzelne Arbeitspakete delegiert.

Hier zeichnet sich ab, welche Fähigkeiten künftig noch wichtiger werden. Wenn alle Menschen in Bürojobs nun Führungskräfte eines künstlichen Teams werden, dann brauchen sie auch entsprechende Führungskompetenzen: Sie definieren Ziele, entscheiden, welche Aufträge an die KI gegeben werden, formulieren Anweisungen, evaluieren die verschiedenen Vorschläge, wählen aus, mit welchem Vorschlag weitergearbeitet wird, und fordern Anpassungen und Verbesserungen. All das sind üblicherweise Tätigkeiten einer Führungskraft.

Wenn das solide Handwerkszeug in Bürojobs an Wert verliert, werden also erstens soziale Kompetenzen und zweitens strategische, leitende Kompetenzen wichtiger. Das eröffnet Perspektiven für einen abwechslungsreichen, erfüllenden Arbeitsalltag.

Ein Traum wird wahr? Für manche Menschen ist das keine gute Nachricht, wenn es ihnen bisher gut damit ging, jeden Tag Anträge nach wiederkehrenden Schemata zu bearbeiten und ansonsten eine ruhige Kugel zu schieben.

Mit New Work zu mehr Sinn?

Insgesamt wird es wichtiger als bisher, soziale, kreative und strategische Kompetenzen zu schulen. Natürlich wird es weiterhin fachliche Expertinnen und Experten geben, die sich in einem kleinen Gebiet sehr tief auskennen und hier herausragende Fähigkeiten haben. Aber für die meisten Erwerbstätigen könnte das erforderliche Skillset eher breiter als tiefer werden: Fachwissen reicht nicht mehr, zusätzlich gilt es, ein guter Teamplayer zu sein, ein Verständnis für Marktentwicklungen und Kundensegmente zu haben, eigene Ideen einzubringen, das Gesamtprojekt im Blick zu halten, Arbeitspakete an die KI zu verteilen, zwischen verschiedenen Umsetzungsmöglichkeiten abzuwägen und zu entscheiden.

Dieser Trend zu mehr Selbständigkeit ist nicht ganz neu. Schon seit Jahrzehnten verändern sich Strukturen und Werte in der Arbeitswelt auf eine Weise, die häufig als *New Work* bezeichnet wird. Überraschenderweise stammt das Grundkonzept aus der Philosophie – wo die meisten anderen Konzepte in der Schublade landen. In den 1980er Jahren suchte der Philosoph Frithjof Bergman nach einem »dritten Weg« jenseits des industriellen Kapitalismus und des real existierenden Sozialismus. Als zentrales Leitbild für diese neue Arbeitsform formulierte er: Arbeit, die man wirklich, wirklich machen will.

Betrachten wir diesen Ansatz im geschichtlichen Kontext, ergibt sich ein erstaunliches Bild. Von Karl Marx, dem Godfather der Kapitalismuskritik, stammt der berühmte Vorwurf, dass der Kapitalismus zu einer umfassenden *Entfremdung* führt: Weil angestellten Menschen das Ergebnis ihrer Tätigkeit nicht selbst gehört, entfremden sie sich vom Produkt. Wenn man zum Beispiel in einer Turnschuhfabrik einen Sneaker näht, gehört einem der Schuh anschließend nicht. Das wiederum entfremdet Menschen von ihrer Tätigkeit und weil Arbeit ein so wichtiger Teil der eigenen Identität ist, entfremden sich die Arbeitenden von sich selbst und von ihren Mitmenschen. Hier kommt es also zu einer Entfremdung auf mehreren Stufen. Der Sinnverlust in der eigenen Tätigkeit wirkt sich auch auf die Selbstbeziehung und das soziale Miteinander aus.

Werfen wir einen Blick in die aktuelle Studienlage, dann bestätigt sich Marx' Theorie: In einer repräsentativen Umfrage von 2022 aus Deutschland, Österreich und der Schweiz geben 52 Prozent aller Erwerbstätigen an, dass sie keinen Sinn in ihrer Arbeit sehen.[15] Für sie ist es einfach nur ein Job, der die Miete zahlt, aber der keinerlei Mehrwert erzeugt. Das ist ein dramatischer Befund: Die Hälfte aller Menschen sieht keinen Sinn in dem, was sie tun – Tag für Tag, Jahr für Jahr.

Unter ihnen sind auch Personen, für die das kein Problem ist und die zufrieden sind, nach dem Motto: Klar, es ist nur ein sinnloser Job – na und? Hauptsache, ich kann meine Familie ernähren. Aber wenn wir uns Studien zu den psychischen und gesundheitlichen Auswirkungen anschauen, sehen wir, dass diese Haltung eine Ausnahme ist. Die meisten Menschen leiden unter der Sinnlosigkeit. Laut einer Studie der AOK haben Erwerbstätige in Jobs, die sie als sinnlos empfinden, doppelt so häufig Kopfschmerzen, leiden zweieinhalbmal so häufig an Lustlosigkeit und dreimal so häufig an Schlafstörungen.[16] Im Gesamtbild kommt die Studie zu dem Ergebnis: Sinnlose Arbeit macht krank.

In Deutschland und vielen anderen Ländern des globalen Nordens sind Sinnkrisen am Arbeitsplatz kein Einzelfall, sondern ein strukturelles Problem. Wir können nicht davon ausgehen, dass die Hälfte der arbeitenden Bevölkerung ein falsches »Mindset« hat und in Therapie gehen sollte. Unsere Arbeitswelten haben sich so entwickelt, dass es massenhaft Jobs gibt, in denen es den Beschäftigten kaum *möglich* ist, ihre Arbeit als wirklich sinnvoll zu erfahren. Das muss sich ändern. Und das könnte sich jetzt ändern.

In dem Slogan von Frithjof Bergman wird die uralte Kritik von Marx auf den Kopf gestellt: »Arbeit, die man wirklich, wirklich machen will« – das ist das genaue Gegenteil von Entfremdung. Dahinter steht die Hoffnung, sich mit dem Unternehmen, den Produkten, dem Team und der eigenen Aufgabe identifizieren zu können. Die beiden zentralen Versprechen dieser Arbeitsform sind Selbstbestimmung und Selbstverwirklichung – durch flexible Arbeitszeiten, flache Hierarchien, Mitbestimmung, Eigenverantwortung, abwechslungsreiche Projekte, sichtbare Ergebnisse, Teamgeist und werteorientierte Unternehmen.

In dieser seit Jahren wachsenden Bewegung schwingt bereits die Vision mit, nicht mehr zu einem menschlichen Arbeitsroboter gemacht zu werden, sondern sich mit der eigenen, individuellen Persönlichkeit einbringen zu können. 1988 veröffentlichten Die Toten Hosen ein Lied, das auch deshalb so berühmt wurde, weil es ein verbreitetes Lebensgefühl aufgriff: »In einer Welt, in der man nur noch lebt, damit man täglich roboten geht, ist die größte Aufregung, die es noch gibt, das allabendliche Fernsehbild. Jeder Mensch lebt wie ein Uhrwerk, wie ein Computer programmiert.« Wenn wir heute auf die Karriereseiten vieler Unternehmen schauen, wimmelt es vor Gegenbotschaften: »Wir wollen keine austauschbaren, menschlichen Roboter. Wir wollen *dich* – mit deinen Ansichten, Werten und Überzeugungen, mit deinen persönlichen Interessen und vielseitigen Fähigkeiten, die weit über das bloße Fachwissen hinausgehen.«

Künstliche Intelligenz könnte die bisher zaghaft angestoßene Entwicklung dieses Wertewandels massiv beschleunigen. Die neuen Technologien verändern Arbeitsabläufe und die Wertschöpfung, teilweise ganze Geschäftsmodelle, und wirken damit wiederum auf den Zeitgeist in der Arbeitswelt. Dass standardisierte Prozesse häufig automatisiert werden können, dass dadurch das Handwerkszeug an Bedeutung verliert, Fähigkeitsprofile breiter werden, soziale, kreative und strategische Kompetenzen stärker nachgefragt werden und dass Mitarbeitende zu eigenverantwortlichen Führungskräften eines KI-Teams werden – all das passt hervorragend zur Grundlogik von New Work.

Ein Wandel mit Schattenseiten

Solche Arbeitsentwürfe klingen in der Theorie phantastisch. Was sind ihre Schattenseiten in der Realität? Wenn wir die heutigen Formen von New Work betrachten, können wir vielleicht etwas lernen über die Probleme, die durch KI bald in weitaus größerem Umfang entstehen könnten.

Bei allen fraglos positiven Entwicklungen sehen wir gleichzeitig auch steigende psychische Belastungen. Diese entspringen häufig dem Versuch, den Grundsatz »Arbeit, die man wirklich, wirklich machen will« mit einer profitmaximierenden Zielsetzung zu kombinieren. New Work soll die Mitarbeitenden motivieren, das Engagement erhöhen, Kündigungen vermeiden, Bewerberinnen und Bewerber anlocken, Krankheitsausfälle reduzieren und den Umsatz steigern. Hier werden positive *Nebeneffekte* von nicht entfremdeter Arbeit also zu den Zielen erkoren.[17] Die gesamte Logik gerät durcheinander: Selbstbestimmung und Selbstverwirklichung sind nicht die eigentlichen Ziele, sondern sollen nur als Mittel zum Einsatz kommen.

Diese Vertauschung von Mitteln, Zielen und Nebeneffekten bleibt nicht folgenlos. Immer wieder treten Dissonanzen auf zwischen den propagierten Narrativen und der spürbaren Arbeitsrealität. Vor allem wird die teilweise wachsende Selbstbestimmung unvermindert an einen Leistungsdruck gekoppelt. Das kann den Gesamtdruck sogar noch erhöhen, auch wenn niemand mehr die Peitsche schwingt. In manchen Fällen geht das Versprechen eines befreiten Arbeitens nicht auf – vor allem, wenn die höhere Eigenverantwortung nur vordergründig eine Befreiung von autoritären Chefs ist, und man in Wahrheit einen noch unbarmherzigeren Chef vorgesetzt bekommt: sich selbst.

In seiner einflussreichen Studie *Das erschöpfte Selbst* analysiert der französische Soziologe Alain Ehrenberg diese leistungsorientierten Formen von Selbstbestimmung. Er sieht einen Wandel von einer *Kultur des Gehorsams* hin zu einer *Kultur der Autonomie*, was definitiv erstmal eine gute Sache ist. Allerdings ist diese Autonomie teils trügerisch, wenn sie nicht spielerisch gelebt werden kann, sondern mit zahlreichen Erwartungen verbunden wird. Zum Beispiel wird die eigene Freiheit häufig an einen Druck gekoppelt, das Beste aus ihr zu machen. Das aber ist keine wahre Freiheit und kann psychisch belastend sein. Hier verwandelt sich das Geschenk der Selbstverwirklichung in eine kaum lösbare und anstrengende Aufgabe. Ein weiteres Problem ist, dass der Kulturwandel hin zur Autonomie auch andere Fähigkeiten erfordert – die aber häufig nicht vermittelt werden. Insgesamt erzeugt die *Kultur der Autonomie* daher auch Verlierende, für die es viel befreiender wäre, klare Vorgaben zu bekommen, die man solide erfüllen und anschließend in den Feierabend gehen kann.

Ein Grundproblem ist also die Oberflächentransformation in Unternehmen, ohne Mut zu wahren Veränderungen: New Work wird auf Obstkörbe und buntes Marketing reduziert, die Strategie und Organisation jedoch werden nicht am Menschen ausgerichtet, sondern verharren im alten Paradigma der Profitmaximierung. Ein zweites Kernproblem ist die mangelnde Vermittlung notwendiger Kompetenzen in Schulen, Unternehmen und anderen bildenden Kontexten: Mehr Selbstbestimmung klingt nach einer guten Sache, erfordert aber auch Fähigkeiten, sich selbst zu organisieren und zu motivieren, Entscheidungen zu treffen und für diese Verantwortung zu übernehmen. Ein abwechslungsreicher Job klingt ebenfalls gut, erfordert aber auch, sich immer wieder neuen Situationen anzupassen. Diese Aufzählung von *Chancen*, die nur genutzt werden können, wenn auch entsprechende *Kompetenzen* geschult werden, ließe sich lange fortsetzen.

Wenn Künstliche Intelligenz nun Arbeitsformen verändert und damit auch die notwendigen Fähigkeiten, dann könnten ähnliche Herausforderungen noch viel mehr Menschen betreffen. In den letzten Jahrzehnten waren einige Menschen schon von der Einführung von Computern und dem Internet überfordert. Im Vergleich zu den nun bevorstehenden Veränderungen waren dies Umbrüche in Zeitlupe. Ein solcher struktureller Wandel kann nicht unkommentiert auf die Schultern einzelner Menschen abgewälzt werden. Politik, Schulen, Unternehmen und Organisationen müssen sich der Aufgabe annehmen, die Menschen zu befähigen, in den neuen Arbeitsformen nicht unterzugehen.

Ein Fächer voller Möglichkeiten

Wie sich Arbeitsweisen, Arbeitsmärkte und Gewinner-Verlierer-Strukturen in den nächsten Jahren entwickeln, hängt von sehr vielen Faktoren ab. Vieles wird dadurch geprägt, wie die Technologien konkret gestaltet werden. Auch die Art, wie Organisationen die neuen Tools und Assistenzen integrieren, wird eine große Rolle spielen – und natürlich auch der individuelle Umgang damit und die gesellschaftspolitische Gestaltung. Auf all diesen Ebenen könnten ganz unterschiedliche Wege eingeschlagen werden. Welche Szenarien sind denkbar? Was könnte uns blühen?

Szenario I: Die große Sinnexplosion

Im Jahr 2035 sind Abläufe in der Verwaltung und allgemein am PC weitestgehend automatisiert. Deshalb werden viel weniger Menschen als heute benötigt, die herumsitzen und einen Computer bedienen. Auch in Fabriken, Logistikzentren und in der Landwirtschaft greift die Automatisierung um sich: Eine neue Generation von KI-gesteuerten Robotern übernimmt viele körperliche Aufgaben, insbesondere anstrengende, repetitive oder gefährliche Tätigkeiten. Oft haben die Roboter eine menschenähnliche Form, weil sie sich auf diese Weise in die existierende, für Menschen gemachte Infrastruktur einfügen.

In der Summe ist unglaublich viel Lebenszeit frei geworden, die nun für soziale, kreative, handwerkliche, politische und strategische Aufgaben zur Verfügung steht. Die allgemeine Definition für eine Vollzeitstelle ist mittlerweile eine Fünfundzwanzig-Stunden-Woche. Natürlich braucht es dadurch mehr Personal in Schichtbetrieben wie etwa in der Pflege oder in der Gastronomie – aber das ist kein Problem, weil umgekehrt in den meisten Branchen deutlich weniger Personal als früher benötigt wird.

Was kommt nach der massenhaften Computerarbeit? In diesem Szenario lautet die Hauptantwort: die Arbeit mit Menschen. Mehr als fünfzig Prozent aller Erwerbstätigen arbeitet in Krankenhäusern, Altersheimen, Pflegeeinrichtungen, Schulen, Kindergärten, Sprachkursen, Arztpraxen, Tanzschulen, Psychotherapiepraxen, Frauenhäusern, Beratungsstellen, Sportvereinen, Musikschulen, Gemeindehäusern, Seniorenclubs, Geflüchtetenhilfen, Elterninitiativen und vielen anderen Einrichtungen, die einen unmittelbaren Mehrwert für andere Menschen haben.

Die im Jahr 2024 dramatische Unterbesetzung in diesen Bereichen ist beendet. Schulklassen umfassen maximal 15 Schülerinnen und Schüler, Therapieplätze werden ohne Wartezeit vergeben. Wer Hilfe braucht, findet sie stets sofort. In Praxen nehmen sich Ärztinnen und Ärzte für ihre Patienten intensiv Zeit, um auf persönliche Fragen und Sorgen einzugehen. Die in unserem Szenario-Jahr 2035 recht alte Bevölkerung wird liebevoll integriert und wenn nötig gepflegt.

Auch für diejenigen Menschen, die weiterhin in Büros und an Computern arbeiten, hat sich viel verändert. Ihr Alltag ist nun sinnerfüllter, abwechslungsreicher, produktiver, menschlicher und entspannter. Langweilige Routineaufgaben werden von KI-Systemen übernommen, es bleibt mehr Zeit für kreative und strategische Tätigkeiten sowie eine Arbeitskultur, die auf menschliche Bedürfnisse, Stärken und Begegnungen ausgerichtet ist. Häufig koordinieren Künstliche Intelligenzen die Aufgabenverteilungen zwischen den Menschen – aber nicht in der Rolle eines übergeordneten Bosses, sondern als Facilitator, um verschiedene Vorstellungen übereinzubringen. Hin und wieder lässt sich das nicht perfekt auflösen und es landet ein nerviges To-do auf dem Schreibtisch, aber die allermeiste Zeit machen Menschen das, was sie wirklich machen wollen.

Wenn sie abends beim Bier zusammensitzen und sich an frühere Zeiten erinnern, schütteln manche von ihnen ungläubig den Kopf. Anfang des 21. Jahrhunderts waren europäische Gesellschaften so stolz darauf, sich als Demokratie zu bezeichnen – aber was hieß das? Einen großen Teil ihrer Lebenszeit mussten Menschen machen, was andere ihnen sagten, und hatten dabei wenig mitzureden. Organisationen waren alles andere als herrschaftsfreie Kontexte, sondern wirken im Rückblick wie die Fortsetzung der Monarchie mit anderen Mitteln: Aus Königen wurden CEOs, aus Fürsten und Baronen wurden Abteilungsleiter und Senior Manager.

Im Jahr 2035 gehen die Menschen nicht bloß alle vier Jahre zur Wahlkabine, sondern entscheiden jeden Tag darüber mit, welche Aufgaben sie erledigen und wie. Diese demokratische Organisation von Arbeit wird über KI-gestützte Plattformen effizient ermöglicht. Ideen und Vorschläge werden aufgrund ihres tatsächlichen Wertes und nicht aufgrund von Politik oder Hierarchie bewertet. Dies fördert eine Kultur der Innovation und des kreativen Denkens, in der der beste Vorschlag gewinnt, unabhängig davon, von wem er kommt. Mitarbeitende können ihre Fähigkeiten und Interessen bestmöglich einbringen und ehemalige Führungskräfte sagen nicht mehr, was zu tun ist, sondern unterstützen und inspirieren ihre Teams und verteidigen ihre Interessen.

In dieser Welt ist es eine Selbstverständlichkeit, den eigenen Beruf als sinnvoll zu erleben. Deshalb definieren sich Menschen auch weniger über ihren Stress, ihre angebliche Wichtigkeit, ihre

Titel, Gehälter und Lorbeeren. Das ist einfach nicht mehr notwendig. Täglich erfahren sie am Arbeitsplatz, dass ihr Beitrag wertvoll ist und sie etwas zählen.

Kulturell erblüht diese Gesellschaft wie nie zuvor. Fast jede Person kann ein Instrument spielen, Möbel in Handarbeit fertigen, töpfern oder malen. Überall entstehen kleine Musikbands, Nachbarschaftsfeste und gemeinschaftliche Projekte. Bei einer Fünfundzwanzig-Stunden-Woche ist dafür genug Zeit. Dieses Arbeitspensum ist außerdem viel weniger belastend, weshalb das Bedürfnis nach einem sogenannten Ruhestand selten geworden ist. Arbeit brennt einen nicht aus, sondern gibt Energie, ist angenehm und sinnerfüllt. Es macht Spaß, sich einzubringen und ein Teil des Ganzen zu sein. Und fürs Spazieren, Reisen und Kuchenessen bleibt ja sowieso genug Zeit – dafür braucht man nicht in Rente zu gehen.

Auch der materielle Wohlstand ist gleichmäßiger verteilt. KI-Technologien haben die Produktivität der Wirtschaft enorm gesteigert; diese Gewinne kommen durch eine neu eingeführte Automatisierungssteuer auch dem Gemeinwesen zugute. Trotz reduzierter Arbeitszeit werden faire Gehälter gezahlt. Die insgesamt sehr hohe Lebenszufriedenheit und soziale Stabilität ist ein Nährboden für eine sowohl kulturell als auch wirtschaftlich prosperierende Gesellschaft. Die Bewohnenden dieser Welt sind hervorragende Teamplayer, sie sind weniger krank, selten gestresst, schlafen hervorragend und haben dadurch mehr Ressourcen, um sich zu fokussieren. Die volkswirtschaftlichen Kosten von Armut, Krankheit und sozialer Exklusion wurden erheblich reduziert und Unternehmen profitieren von den hochmotivierten Mitarbeitenden und den stabilen wirtschaftlichen Bedingungen. Es läuft bei uns.

Szenario II: Die große Langeweile

Auf einem anderen Planeten im Universum möglicher Zukünfte sieht es leider weniger rosig aus. Viele Menschen haben ihren Job verloren. Anfangs dachte man noch, das sei nicht so schlimm, denn die Regierung reagierte schnell und führte ein bedingungsloses Grundeinkommen ein. Dadurch wurden soziale Unruhen erstmal abgewendet. Aber auch mit einer sozialen Sicherung gibt es einen großen Unterschied zwischen Urlaub und Arbeitslosigkeit.

In dieser Zukunft wurden die Menschen nicht mitgenommen in das neue Zeitalter. Nur selten sind sie von sich aus in der Lage, mit ihrer neuen Freiheit konstruktiv umzugehen; gleichzeitig wurden kaum Strukturen ausgebaut, die es ermöglichen und aktiv fördern, sich sinnvoll einzubringen. Deshalb ist die arbeitslose Hälfte der Bevölkerung vor allem in virtuellen Welten unterwegs, spricht mit sozialen KIs und schaut Serien. Das Selbstwertgefühl, die eigene Identität und der soziale Zusammenhalt erodieren. Anwälte, die eben noch stolz mit gebügeltem Hemd ins Büro marschiert sind, vegetieren nun depressiv auf der Couch.

Dabei gäbe es mehr als genug zu tun. In sehr vielen Bereichen fehlen Millionen Hände an Deck. Die alternde Bevölkerung sitzt in riesigen anonymen Heimen, wo ihnen das Essen von Robotern gebracht wird. Menschlicher Kontakt wäre hier – wie in so vielen anderen Bereichen – dringend notwendig, aber für die Gehälter fehlt schlicht das Geld. Die enormen Steigerungen in der wirtschaftlichen Produktivität kommen vor allem den Unternehmenseigentümern in digitalen und produzierenden Gewerben zugute. Theoretisch würde das Grundeinkommen es zwar ermöglichen, ehrenamtlich zu arbeiten. Aber ohne Gehalt? Das ist für die Menschen auf diesem Planeten eine abwegige Vorstellung.

Wer zu der arbeitenden Hälfte gehört, ist nicht viel besser dran. Es hat sich herausgestellt, dass Abläufe am effizientesten sind, wenn sie von KIs gesteuert werden. Diese Systeme koordinieren mittlerweile jeden einzelnen Schritt, entwickeln Unternehmensstrategien, entscheiden über die Einführung neuer Produkte und über die Teamzusammensetzung in Projekten. Die anfängliche Euphorie ist längst verblasst. Menschen werden in ihrer Arbeit nicht durch KIs unterstützt, sondern sind zu Assistenzen der überlegenen Systeme geworden. Von dem Gehalt kann man sich zwar einen Mercedes kaufen, aber die Arbeit fühlt sich zunehmend sinnentleert und fremdbestimmt an.

Auch nette Gespräche mit den Kolleginnen und Kollegen können dieses Vakuum nicht füllen, denn solche Gespräche gibt es kaum. Persönliche Kontakte am Arbeitsplatz wurden komplett durch digitale Schnittstellen ersetzt: Besprechungen werden in virtuellen Räumen abgehalten, in denen die Teilnehmenden als Avatare erscheinen. Viele Kollegen erkennen sich auf der Straße nicht gegenseitig, obwohl sie gemeinsam in Projekten arbeiten. Das unterstützt ein Klima gegenseitigen Misstrauens. Schon lange hat sich der Grundsatz durchgesetzt, dass Kontrolle besser ist. KI-Systeme messen die Produktivität der Arbeitnehmerinnen minutiös. Gehälter werden auf den Cent genau an dieses Leistungspensum geknüpft: damit sich Arbeit lohnt und sich die Leute mal richtig anstrengen!

Weil Geld einer der wenigen Anreize ist, um überhaupt noch zu arbeiten, steht es stärker im Mittelpunkt denn je. Diese Gesellschaft ist hochgradig materialistisch, egozentrisch, ungleich und gespalten.

Zwei Verteilungsfragen

Welches Szenario wird eher unserer Zukunft entsprechen? In welche Richtung werden wir die Weichen stellen?

Auch wenn die beiden Welten zugespitzt dargestellt sind, lassen sie doch den großen realen Möglichkeitsraum erahnen, der sich in dieser Umbruchsphase vor uns auftut. Bestehende Strukturen werden herausgefordert und aufgebrochen, das Neue ist noch nicht geformt.

Wenn wir aus einer Vogelperspektive auf die Entwicklung schauen, besteht zunächst Grund zur Entwarnung: Erstens wird es genug Aufgaben in der Gesellschaft geben, um alle Menschen sinnvoll zu beschäftigen. Zweitens wird es genug Wohlstand und Produktion geben, um alle zu ernähren. Eine große Arbeitslosigkeit oder massenhafte Verarmung wirken aus dieser Gesamtperspektive wie weltfremde Befürchtungen. Doch leider werden sowohl die zu erledigenden Aufgaben als auch die erzielten Gewinne nicht unbedingt klug und gerecht verteilt. Wir stehen vor unglaublich drängenden Fragen: Wer tut was? Und wer bekommt was?

In der neoklassischen Theorie sollte eine Marktwirtschaft diese Fragen regeln, ohne dass es dafür irgendeine Form von Steuerung braucht. Aber eine durch KI geprägte Ökonomie könnte dieses Prinzip aus dem industriellen Zeitalter endgültig an seine Grenzen bringen.

Ein sehr wesentlicher Grund dafür ist die sogenannte Faktorsubstitution: Wenn ein Unternehmen bei gleichbleibender Produktion seine Prozesse automatisiert und dadurch weniger Menschen beschäftigt, dann werden weniger Gehälter gezahlt und es bleibt ein größerer Anteil des Umsatzes bei den Eigentümern hängen. Ökonomisch betrachtet ist die KI-Revolution also eine Verschiebung vom Produktionsfaktor *Arbeit* hin zum Faktor *Kapital.*

Als Ergebnis könnten sich soziale Ungleichheiten deutlich verschärfen. Bisher war es ein Versprechen des Kapitalismus, dass große umsatzstarke Unternehmen auch entsprechend viele Menschen beschäftigen und auf diese Weise den größten Teil ihrer Wertschöpfung über die Gehälter an die Bevölkerung verteilen. Dieser Deal wurde noch nie richtig eingelöst, könnte nun aber endgültig scheitern.

Ohne eine mutige Gestaltung könnten wir uns im zweiten Szenario wiederfinden und sowohl eine steigende Arbeitslosigkeit als auch eine hohe Unterbesetzung erleben. Das muss nicht bloß das Ergebnis unpassender Profile sein, sondern ist insgesamt vor allem eine Frage des Geldes: Wie viele Stellen werden geschaffen und wie werden sie entlohnt?

Im ersten Szenario hat es unsere Gesellschaft geschafft, sich in Teilen neu zu erfinden und die Menschen dort zu beschäftigen, wo sie wirklich gebraucht werden. Das heutige Problem grassierender Sinnkrisen wurde auf diese Weise ebenfalls eingehegt.

Arbeiten kann eine wunderschöne Sache sein, wenn es ein produktives Tätigsein ist und wir darin unsere Selbstwirksamkeit erleben. Arbeit kann eine Form von Teilhabe sein und bedeuten, dass wir gebraucht werden. Leider stehen diese positiven Dimensionen des Arbeitens in Spannung zu gegenwärtigen Verhältnissen, in denen Arbeit häufig so strukturiert ist, dass sie als belastend und sinnlos empfunden wird. Auch ohne KI gäbe es deshalb mehr als genug Anlass und Möglichkeiten, hier eine Transformation zu wagen. Aber KI könnte eine solche Entwicklung massiv beschleunigen. Festgefahrene Strukturen geraten noch stärker unter Druck – diese Chancen können wir nutzen.

In der Realität wird es mehr geben als nur zwei Extreme, zwischen denen wir die Wahl haben. Beiden Szenarien ist gemeinsam, dass die Erwerbsarbeit insgesamt gesunken ist, aber das muss nicht zwingend passieren.

Szenario III: Der große Burnout

In dieser Welt dreht sich das Hamsterrad schneller denn je – es ist kurz vorm Durchdrehen. Die neuen KI-Tools haben die Erwartungen in der Arbeitswelt massiv hochgeschraubt. An Universitäten ist der Publikationsdruck enorm, als Richtwert gilt eine Veröffentlichung pro Monat. Diese in großen Teilen von KI geschriebenen Studien werden kaum noch von Menschen gelesen – das Pensum ist einfach zu hoch. Allenfalls lässt man sich den Inhalt in wenigen Stichpunkten zusammenfassen. Bei vielen Forschenden ist es Jahre her, dass sie ein ganzes Buch gelesen haben.

In anderen Bereichen sieht es nicht gemütlicher aus. Von Illustratorinnen werden zehn druckfähige Entwürfe pro Tag erwartet, manche liefern dreißig. News-Portale rechnen nur noch eine Stunde Arbeitszeit je fertigem Artikel. Von Softwareentwicklerinnen wird gefordert, dass sie drei voll funktionsfähige Features pro Woche liefern. Vertriebsmitarbeiter haben Zielvorgaben von 50 bis 60 Kundengesprächen pro Tag, unterstützt durch KI-Systeme, die Echtzeitanalysen und Verkaufsstrategien liefern – der Erfolgsdruck bleibt jedoch beim Menschen.

Bei diesem Produktivitätsniveau fällt ein verplemperter Vormittag sofort ins Gewicht. Das ist ein Problem insbesondere für Freiberufler – und das sind die meisten Menschen in dieser Welt. Feste Anstellungen sind immer seltener geworden. Repetitive Tätigkeiten, für die man früher treue, langjährige Mitarbeitende brauchte, wurden weitestgehend automatisiert. Die verbleibende Arbeit ist fast vollständig in Projekten organisiert, für die jeweils unterschiedliche Personen und Kompetenzen gebraucht werden. Durch KI ist es ohne viel Aufwand möglich, solche Teams aus Freelancern zusammenzustellen.

Die Folge ist ein enormer Wettbewerbsdruck in sämtlichen Branchen. Anwältinnen müssen wöchentlich zehn Fälle bearbeiten, um sich finanziell über Wasser zu halten. Weil KI-Unterstützung die Norm ist, können sie viel weniger Stunden pro Fall als früher abrechnen – bei gleichzeitig geringeren Stundensätzen. Dieser Leistungsdruck betrifft nicht nur das Honorar und das schiere Auftragspensum; die Ergebnisse müssen auch qualitativ spitzenmäßig sein. Mit mittelmäßiger Leistung und standardisierten Ergebnissen kommt am Schreibtisch niemand mehr durch – dafür reicht Künstliche Intelligenz. Was früher nur Bereiche wie die Werbung betraf, gilt nun fast überall: Permanent müssen neue, kreative, unerwartete, besondere Ansätze her, die sich von der Masse abheben.

Viele Menschen brauchen mehrere Jobs und Standbeine. Es gibt Personen, die mal als Übersetzer arbeiten, mal als Eventmanager, mal als Babysitter, mal als Vertriebler – je nachdem, welcher Auftrag gerade reinkommt. Teilweise verkaufen sie zusätzlich eigene Daten oder den überschüssigen Solarstrom, betreiben parallel Online-Shops oder ziehen als Mikro-Influencer kleine Kooperationen an Land.

Die Folge sind starke soziale Ungleichheiten. Immer noch gibt es Menschen, die sich in ihrem Bereich an der Spitze platzieren konnten und ein sehr hohes Einkommen erzielen. Aber im Mittelfeld ist der Wettbewerb so hart, dass viele Mühe haben, sich hier dauerhaft zu positionieren und immer wieder prekäre Phasen durchstehen müssen. Noch stärker als noch vor zehn Jahren gilt: The winner takes it all.

Ungelernte und kaum ausgebildete Arbeitskräfte trifft diese Entwicklung sogar noch härter. Einfache Tätigkeiten in Produktion und Verwaltung wurden automatisiert, das hat die Nachfrage nach menschlicher Arbeit reduziert, was den Wettbewerb verschärft und die Löhne gesenkt hat. Auch hier ist die Situation von ständiger Unsicherheit geprägt und es müssen oft mehrere Jobs gleichzeitig angenommen werden. Die immer höheren Anforderungen stellen für manche eine geradezu unüberwindbare Hürde dar. Soziale Ungleichheiten werden verschärft und dauerhaft zementiert.

Insgesamt wird die Entwicklung sehr unterschiedlich bewertet. Vielen Menschen gefällt die neue abwechslungsreiche Arbeitswelt, sie können sich finanzielle Puffer aufbauen und mit den Schwankungen resilient umgehen. Aber die Zahlen sprechen für sich: Stress, Schlafstörungen, Burnout werden immer häufiger zum Problem. Darunter leiden auch familiäre Strukturen und das soziale Gefüge insgesamt. Kaum jemand hat noch Zeit für tiefe, stundenlange Begegnungen. Zudem wird eine Kultur des Wettbewerbs und der Selbstoptimierung immer spürbarer, was zu einer zwischenmenschlichen Entfremdung führt. Die Gesellschaft beginnt zu vereinzeln und ist weniger in der Lage, sich gemeinsam den Herausforderungen der Zukunft zu stellen.

Die rapide steigende Wirtschaftsleistung, die umfassende Technisierung, das hohe Leitungsniveau und das damit einhergehende insgesamt wachsende Konsumniveau belasten auch die Umwelt immer stärker. Wie so viele Menschen steht auch der Planet kurz vor dem Burnout.

Was Keynes nicht ahnte

Vor knapp hundert Jahren schrieb der einflussreiche Ökonom John Maynard Keynes seinen Aufsatz *Wirtschaftliche Möglichkeiten für unsere Enkelkinder.* Er warf darin einen Blick nach vorne, in unsere heutige Zeit, und prophezeite, dass wir 2024 nur noch drei Stunden am Tag arbeiten würden. So hätten wir mehr Zeit für Freunde, Familie und gesellschaftliches Engagement. Diese rosige Perspektive gründete auf seinen Überlegungen zum technischen Fortschritt: Wenn sämtliche Prozesse effizienter werden, brauchen die Menschen weniger zu arbeiten.

Keynes' Prognose war nicht deshalb falsch, weil die Grundlogik nicht stimmte. In der Tat wurden Abläufe in der Landwirtschaft und der Industrie immer effizienter. Sein Fehler lag vielmehr darin, dass er unterschätzte, wie stark die Wirtschaft und das Konsumniveau insgesamt noch wachsen würden. Im letzten Jahrhundert wurden Effizienzgewinne weniger für Entlastungen genutzt, sondern vor allem, um noch mehr zu produzieren und auf die Kette zu bekommen.

KI wird in den nächsten Jahren einen Effizienzsprung hervorbringen, dessen Ausmaße sich nur erahnen lassen. Mit Blick auf Beschäftigungsverhältnisse ist das eine Herausforderung, bietet aber auch Möglichkeiten für eine lebenswertere Arbeitswelt. Bei aller Besorgnis über die Zukunft sollten wir nicht vergessen, wie negativ viele Aspekte heute sind: Mehr als die Hälfte sieht keinen Sinn in ihrem Job, die psychischen Überbelastungen steigen kontinuierlich, 37 Prozent fühlen sich ausgebrannt.[18] Es besteht unglaublich viel Raum für Verbesserungen. Wenn gegenwärtige Arbeitsformen aufgebrochen werden, dann liegt darin auch sehr viel Potenzial. Der Roboterhersteller Agility Robotics wirbt damit, dass seine KI-gesteuerten Roboter in Lagerhallen und anderen Bereichen den »Menschen ermöglichen, menschlicher zu sein«.[19]

Dieses Versprechen wird nicht automatisch aufgehen, sondern nur im Rahmen eines bewusst gestalteten Strukturwandels. Wie Keynes richtig analysierte, könnten Menschen in vielen Bereichen durch technischen Fortschritt weniger arbeiten – bei gleichem Output. Aber das muss auch gewollt sein.

Wir könnten unsere Zukunft in Richtung des ersten Szenarios lenken und zwischenmenschliche Arbeitsformen stärken. Menschen, die in einem Büro sitzen und einen Computer bedienen, brauchen wir künftig weniger. Aber im Care-Sektor gibt es mehr als genug zu tun. In der Realität wird das eine noch viel komplexere Gestaltungsaufgabe. Alle drei Szenarien haben einen isolierten Fokus und blenden aus, dass wir in einer globalisierten Welt leben. Wie verändern sich globale Machtverhältnisse und Ungleichheiten durch die neuen Produktionsformen?

Wenn in der fertigenden Industrie viele Arbeitsschritte automatisiert werden, könnten Standorte zurück in Hochlohnländer verlegt werden. Ein paradigmatisches Beispiel dafür sind die sogenannten *Sweat Shops* in Bangladesch – riesige Fabriken, in denen arbeitsintensiv zu niedrigsten Löhnen und oftmals unwürdigen und gefährlichen Bedingungen die T-Shirts für den deutschen Markt hergestellt werden. Wenn diese Produktionen automatisiert werden, wird es attraktiver, wieder in Ländern wie Deutschland zu produzieren. Denn das Lohnniveau ungelernter Arbeitskräfte ist dann weniger entscheidend als vielmehr die technische Infrastruktur und das Knowhow. Außerdem werden auf diese Weise Lieferkettenrisiken reduziert und Shitstorms wegen schlechter Arbeitsbedingungen vermieden. Nach dem jahrzehntelangen *Offshoring* von Produktionsstätten könnte nun also ein großes *Reshoring* bevorstehen.

Isoliert betrachtet könnte das Vorteile etwa für die deutsche Wirtschaft haben. In Niedriglohnländern hingegen könnte die Rückverlagerung den wirtschaftlichen Druck erhöhen, was nicht nur globale Ungleichheiten und Ungerechtigkeiten verschärft, sondern über Umwege auch wieder zu einem Problem für wohlhabende Länder wird. Soziale Unruhen könnten zunehmen, Regionen destabilisiert werden, was als Katalysator für Entwurzelung, Migration oder sogar bewaffnete Konflikte wirken kann. Deutschland ist nicht das einzige Land auf diesem Planeten. Und eine gute Zukunft innerhalb dieses Landes wird langfristig nur möglich sein, wenn sie auf Strukturen fußt, die für alle Menschen positiv sind.

In der Realität sind die Verflechtungen und Auswirkungen von KI also noch komplexer. Es kann deshalb nicht der Anspruch unserer Szenarien sein, sämtliche Effekte zu beleuchten, sondern einen Möglichkeitsraum aufzuzeigen: Es gibt eine Vielzahl möglicher KI-Zukünfte und es liegt an uns – als Einzelpersonen, als Unternehmen und als Gesellschaft –, diese Transformation in eine wünschenswerte Richtung zu lenken.

Mit neuen Denkweisen in eine neue Arbeitswelt

Eine zentrale Frage wird sein, ob die neuen Technologien das Menschliche stärken oder schwächen. Beides ist möglich. Um hier einen positiven Wandel hinzubekommen, muss zuallererst anerkannt werden, wie wichtig die menschliche Ebene des Arbeitens überhaupt ist. Dazu gehört es auch, der sogenannten Sorgearbeit einen höheren Stellenwert beizumessen. In diese Kategorie fällt zum Beispiel die Pflege hilfsbedürftiger Menschen oder die

Erziehung von Kindern. Dass diese Jobs häufig unterbezahlt sind und wenig gesellschaftliche Anerkennung bekommen, liegt auch daran, dass Sorgearbeit traditionell als Frauensache galt. Sowohl diese Geschlechtszuschreibung als auch die – damit verbundene – finanzielle und soziale Geringschätzung sollten wir dringend hinter uns lassen. Gerade in diesen Bereichen schafft Arbeit einen hohen gesellschaftlichen Mehrwert und gerade diese Bereiche werden umso wichtiger für die Beschäftigung, wenn KI zunehmend kognitive und analytische Aufgaben übernimmt.

Es wird spannend zu sehen, wie sich die KI-Revolution in der Arbeitswelt auf Geschlechterrollen auswirkt. Denn nicht nur ist unsere Arbeitswelt durch Machtverhältnisse und Geschlechterverhältnisse strukturiert – umgekehrt ist die Arbeitswelt auch eine zentrale Sphäre, in der soziale Geschlechter konstruiert werden. Zum Beispiel sind Geschlechterrollen der Grund, warum wenige Frauen Ingenieurswissenschaften studieren – gleichzeitig ist das Bild des Ingenieurs ein Puzzleteil, um die gesellschaftliche Vorstellung zu formen, »was einen Mann ausmacht«. Hier besteht also ein Wechselverhältnis zwischen Geschlecht und Arbeit. Wie verändert KI diese Gleichung?

Die heutige Geringschätzung von Sorgearbeit ist volkswirtschaftlich und psychologisch problematisch. Betroffen davon sind nicht nur Care-Berufe im engeren Sinne, sondern fast alle Beschäftigungen. Mutmachende Gespräche, beruhigende Worte in einem Konflikt, Hilfe, wenn eine Person überfordert ist, ein auflockernder Scherz, gemeinsames Überlegen, das Aufbauen auf den Ideen anderer, Trost und Beistand – all das unterscheidet uns von Arbeitsrobotern und stellt einen Wert jenseits bloßer Produktion dar. Für viele Taxifahrerinnen und -fahrer gehört das Steuern eines Autos genauso zum Job wie als Kummerkasten ihren Kunden zuzuhören. Doch ausgerechnet diese »Care«-Aspekte werden im Verständnis von Arbeit häufig ausgeblendet. Ihre Produktivität lässt sich schwer messen, ja, oftmals stören sie geradezu im Ablauf. Längere Gespräche mit besorgten Patientinnen und Patienten lassen sich nicht bei der Krankenkasse abrechnen und halten den Betrieb auf. Wenn Fürsorge als kaum erwähnenswertes Nebenprodukt betrachtet wird, dann werden genau diejenigen Aspekte vernachlässigt, die besonders sinnstiftend sind.

Vielleicht wird das Bewusstsein für den Wert zwischenmenschlicher Arbeit zunehmen, wenn Diagnosen von KIs gestellt werden, Taxis autonom fahren und uns an der Rezeption ein Roboter begrüßt. Sinn entsteht, wenn wir *als Menschen* und *für Menschen* tätig sind. Diesen Grundsatz könnten wir wieder stärker in der Arbeitswelt verankern – auch ohne KI. Dass es nun aber technologiebedingt zu Umbrüchen kommt, bietet eine Chance, hier mutiger zu werden.

Es muss nicht alles besonders sein

Beim Wandel von Arbeit denken wir häufig zuerst an die harten Fakten: Wo fallen Arbeitsplätze weg? Wie verändern sich die Einkommen? Doch beim Arbeiten geht es um viel mehr als nur das Gehalt. Auch für Menschen, die nicht in Berufen arbeiten, die nach Selbstverwirklichung schreien, ist die eigene Arbeit häufig eine wichtige Quelle der eigenen Identität und Selbstwirksamkeit, ist eine Struktur im Alltag, die Orientierung gibt, ein sozialer Raum, in dem man sich austauscht und Bekanntschaften schließt – kurz: eine wichtige Sphäre gesellschaftlicher Einbettung und Teilhabe. Deshalb ist es so schmerzhaft, wenn all das nicht erfahren werden kann und man im Job das Gefühl hat, ausgeschlossen zu werden oder nur für die Papiertonne zu produzieren.

Künstliche Intelligenz wird nicht nur Beschäftigungsstrukturen verändern, sondern stark auch die Art und die Qualität des Arbeitens. In fast jeder Branche verschieben sich ganz zentrale Kompetenzen. Ärztinnen und Ärzte fragen sich, ob sie noch selbst die Diagnosen und Therapieempfehlungen formulieren werden. Ingenieurinnen und Ingenieure fragen sich, ob sie noch selbst Berechnungen durchführen werden. Und manche Menschen fragen sich, ob sie überhaupt noch gebraucht werden. Auch bei denen, die nicht arbeitslos werden, stehen berufliche Identitäten auf dem Spiel.

Persönliche Fähigkeiten sind nicht nur wichtig, um Geld zu verdienen. Wer die Statik einer Brücke berechnen kann, zieht daraus auch ein Selbstbewusstsein. Für den gesellschaftlichen Zusammenhalt sollten wir im Blick halten, dass bisherige Identitäten nicht nur wegbrechen, sondern auch attraktive neue, identitätsstiftende Angebote geschaffen werden. Es gibt gefährliche Gruppen und Parteien, die aus Transformationsschmerzen Kapital schlagen und versprechen, das Rad der Zeit zurückzudrehen. Wir brauchen positive und inklusive Visionen für eine Zukunft, die besser ist als die Vergangenheit und als die Gegenwart. So schwierig kann das eigentlich nicht sein.

Es ist eine große Hoffnung, dass wir dank Roboter nicht mehr selbst »roboten« müssen. Wenn wir uns stärker als Menschen mit einer individuellen Persönlichkeit, mit eigenen Überzeugungen, Bedürfnissen und Fähigkeiten einbringen können, wäre das ein großer Gewinn für unsere Gesellschaften.

Vielleicht haben wir ja den Mut zu einer echten Transformation und schaffen es, diesen Fokus auf das Menschliche aus einer Leistungslogik herauszulösen. Bisher ist dies nicht der Fall.

Der Soziologe Andreas Reckwitz analysiert in seiner eindrucksvollen Studie *Gesellschaft der Singularitäten*, dass Individualität in den letzten Jahrzehnten teilweise zum Kapital wurde. Mit der KI-Revolution der Arbeitswelten könnte sich dieser Trend intensivieren: Wenn KI alle Standardaufgaben übernimmt, könnte dies einen Wettbewerb befeuern um singuläre Leistungen, die aus dem Ozean der standardisierten Mittelmäßigkeit herausstechen. Die Überlegungen von Aleksander Mądry, Spitzenmanager bei OpenAI, gehen genau in diese Richtung: »Ich habe zwei Kinder in der Mittelstufe und überlege, wie ich sie auf eine KI-durchtränkte Zukunft vorbereiten soll. Wie bringen wir unseren Kindern bei, etwas Einzigartiges und Individuelles zu schaffen?«[20]

Diese Denkweise entspricht unserem dritten Szenario, sie ist nicht innovativ und betrachtet neue Technologien im alten Zusammenhang. Was machen Menschen, wenn KI standardisierte, kognitive Aufgaben übernimmt? Die Antwort muss kein Wettbewerb sein um spektakuläre, einzigartige Leistungen. Die Antwort könnte auch lauten: mehr Menschlichkeit.

KEIN ENDE IN SICHT

Ausgerechnet tiefgehende Veränderungen sind manchmal schwer greifbar. Denn sie verschieben die Koordinaten unseres Lebens so grundlegend, dass wir beginnen, von einem anderen Standpunkt aus zu denken. So ist es auch mit Künstlicher Intelligenz: Sie steht nicht wie ein neues, faszinierendes Objekt vor uns; sondern sie verändert die gesamte Struktur, in der wir uns befinden.

Mit anderen Worten: Künstliche Intelligenz wird unseren Alltag zutiefst prägen, nicht nur wenn wir aktiv damit interagieren, sondern auch indirekt, weil gesellschaftliche Diskurse, Weltbilder, politische Entscheidungen, Arbeitswelten, Einkommensverhältnisse, gesundheitliche Heilungschancen, wissenschaftliche Erkenntnisse, Folgetechnologien, militärische Konflikte und Beziehungskonstellationen durch KI mitstrukturiert werden.

Schon heute formen digitale Technologien, wie gearbeitet wird, welche Forschungserkenntnisse generiert werden und wer mit wem schläft. All das ist erst der Anfang. Eine neue Phase in der digitalen Entwicklung hat begonnen: Künstliche Intelligenz ist nicht bloß eine Verbesserung bisheriger Software, sondern eine neue Schlüsseltechnologie, die in sämtliche gesellschaftliche Teilbereiche hineinwirken wird – und dadurch auch in unsere Lebenssituationen, Wünsche und Identitäten.

Die Fragen, die sich daraus ergeben, sind geradezu unendlich. Nur ein Ausschnitt konnte in diesem Buch behandelt werden. Die

KI-Transformation wird uns auf Dauer beschäftigen und – angesichts der Dynamik der Entwicklung – immer wieder Neubewertungen erfordern. Viele Phänomene zeichnen sich derzeit erst zaghaft ab.

Von Algorithmen und Weizenkörnern

Exponentielle Entwicklungen zu begreifen, ist für uns Menschen enorm schwierig. Schon eine etwa tausend Jahre alte Legende macht das zum Thema: Es war einmal ein indischer Herrscher namens Shihram, der sein Volk unterdrückte und ins Elend stürzte. Um den König auf seine Fehler hinzuweisen, ohne ihn zu verärgern, erfand der weise Brahmane Sissa das Schachspiel. In diesem Spiel wurde der König schnell hilflos, wenn er nicht von anderen Figuren unterstützt wurde. Beeindruckt von der Botschaft, gewährte der König dem Brahmanen einen freien Wunsch. Dieser bat lediglich um Weizenkörner: ein Korn auf das erste Feld des Schachbretts, zwei auf das zweite Feld, vier auf das dritte, acht auf das vierte, und so weiter. Der König lachte über diese scheinbar bescheidene Bitte und stimmte zu. Doch war Sissa wirklich bescheiden?

Ein Schachbrett hat 64 Felder. Wenn auf jedem Feld die Menge der Weizenkörner verdoppelt wird, ergibt das insgesamt mehr als 18 Trillionen Körner. Das entspricht etwa 1,4 Milliarden Tonnen und ist mehr als das 2000fache der jährlichen, weltweiten Weizenproduktion. Ein einzelnes Korn ist auf eine schier unbegreifliche Menge angewachsen.

Dieses Beispiel zeigt, wie schwierig es ist, exponentielle Entwicklungen richtig einzuschätzen. In unserem Alltag benötigen wir diese Fähigkeit nur selten. Doch die Digitalisierung und Fortschritte im Bereich Künstlicher Intelligenz haben solche exponentiellen Strukturen.[1] Denken wir an die KI-generierten Bilder im Januar 2023, die kaum mehr waren als bunte Formen, und vergleichen sie mit den täuschend echten Darstellungen von heute – es wird schnell deutlich, dass wir in wenigen Jahren an einem ganz anderen Punkt stehen werden.

Vermutlich wird nicht die technologische Entwicklung der begrenzende Faktor sein, sondern deren Implementierung: Es werden zwar ständig neue KI-Modelle veröffentlicht, aber Menschen und Unternehmen kommen kaum hinterher, sie praktisch nutzbar zu machen. Schon heute könnte ein großer Teil der in Deutschland ausufernden Bürokratie automatisiert werden. Es hapert nicht an der Basistechnologie, sondern an der Umsetzung. Mit immer schnellerem technischem Fortschritt könnte diese Kluft weiter zunehmen.

Das führt nicht selten zu Panikmache: Andere Länder seien schneller in der Umsetzung, die deutsche Wirtschaft drohe, den Anschluss zu verlieren, was zu weniger Wachstum, Wohlstand und sozialer Stabilität führe … Wahr daran ist, dass in einer auf Wettbewerb basierenden Wirtschaftsordnung permanente Anpassungen notwendig sind. Aber mit überstürzten Umsetzungen werden wir kein positives Potenzial ausschöpfen, sondern laufen Gefahr, planlos in die Irre zu eilen. Insbesondere könnten die heutigen Ungleichheiten, sozialen und ökologischen Krisen noch verschärft werden. Gerade weil die Entwicklung so rasant verläuft, ist es wichtig, innezuhalten und sich Zeit zu nehmen, über all das nachzudenken. Die Fähigkeit unserer Gesellschaften, gemeinsame Themen konstruktiv und in der Tiefe zu diskutieren, wird entscheidender denn je sein. In den kommenden Jahren werden kontinuierlich neue Analysen notwendig sein, wir werden den Fahrplan immer wieder anpassen müssen – doch wir sollten uns über eine grundsätzliche Richtung verständigen, anstatt in hektischen Aktionismus zu verfallen. Die technikbegeisterte Frage, was möglich ist, darf nicht die Fragen übertönen, was wir mit diesen Möglichkeiten anfangen wollen und wie wir sie einsetzen möchten.

Zweifelhafte Versprechen

KI wirkt nicht als eine äußere Kraft auf unsere Gesellschaft, sondern ist selbst ein gesellschaftliches Phänomen – und insofern auch bedingt durch Machtstrukturen, Werte, unbewusste Annahmen und bestehende Infrastrukturen. Dass KI überhaupt entwickelt wird, ist ein Ergebnis gesellschaftlicher Formationen und liegt unter anderem an der verbreiteten Technikbegeisterung und an wirtschaftlichen Faktoren, die es lukrativ machen, Milliarden in das Training von Algorithmen zu investieren.

Für eine bewusste Zukunftsgestaltung ist es unter anderem wichtig, darüber nachzudenken, welche Hoffnungen wir mit den neuen Technologien verknüpfen, und ob sie tragfähig sind. Diese Überzeugung war ein Ausgangspunkt des Buchs. Durch die Kapitel hindurch wurde sichtbar, wie vielfältig die möglichen Auswirkungen von KI sind. Zum Beispiel könnte unser Leben durch die Effizienzsteigerungen sowohl entspannter wie auch stressiger werden. Ein weiterer Fokus war die Fähigkeitsentwicklung: Je mehr standardisierte Aufgaben von KIs übernommen werden, desto wichtiger werden soziale Kompetenzen sowie strategische und kreative Fähigkeiten. Allerdings könnten diese Kompetenzen durch KI auch geschwächt werden.

Eine große Gefahr besteht darin, dass wir Entscheidungen zunehmend an KIs auslagern und dadurch schrittweise unsere eigenen Fähigkeiten verlieren, selbständig Optionen zu erkennen, zu bewerten, auszuwählen und hierfür Verantwortung zu übernehmen. In der Forschung spricht man von einem »automation bias«, weil festgestellt wurde, dass Menschen oft der Einschätzung einer KI folgen, selbst wenn es widersprechende, korrekte Informationen gibt. – Nichtdenken ist bequem! Und gehorsam Aufgaben auszuführen, für die man keine Verantwortung trägt, kann reizvoll sein. Insgesamt wäre das jedoch fatal.

Umgekehrt existieren auch Möglichkeiten, dass KI – als ergänzender Coach und Beraterin – unsere Mündigkeit und Autonomie stärkt. Auch Sozialkompetenzen ließen sich auf diese Weise schulen. Doch es ist ebenso denkbar, dass KIs vor allem Bindungen an die Maschine erzeugen und nicht an andere Personen, was die heute bereits große soziale Entfremdung noch verstärken würde. Es könnte der Punkt kommen, an dem sich Menschen wohler damit fühlen, mit einer KI zu kommunizieren als mit ihren Mitmenschen. Wir dürfen es nicht so weit kommen lassen.

Es ist in vielen Fällen ein Problem, dass das digitale Technologiedesign von unternehmerischen Interessen gelenkt wird, die nicht zwingend deckungsgleich sind mit dem Wohlergehen der Nutzerinnen und Nutzer. Zum Beispiel erhöht es die Gewinne von Social Media-Plattformen, wenn die Nutzenden abhängig von ihren Diensten werden – doch das ist erwiesenermaßen schlecht für die Nutzenden, wie die Studien aus unserem zweiten Kapitel zeigen.

Ähnlich dazu sollten wir auch bei kommerziellen KI-Assistenten genau hinschauen: Es gibt Fälle, in denen kommerzielle Interessen mit dem Wohl einzelner Menschen und unserer Gesellschaft übereinstimmen, aber das ist nicht immer der Fall. Es gibt keine garantierte Deckungsgleichheit.

Weil KI nicht einfach nur ein neues Tool im Werkzeugkasten ist, sondern unsere Gesellschaften tiefgehend mitstrukturieren wird, sollte zumindest darüber nachgedacht werden, inwieweit KI-Modelle öffentlich reguliert oder sogar (mit-)bereitgestellt werden. Es ist bemerkenswert, dass eine Handvoll amerikanischer Konzerne über die Algorithmen entscheidet, die soziale und ökonomische Strukturen weltweit prägen. In ihrem Stellenwert haben KI-Modelle mehr Ähnlichkeiten mit Straßen oder Schulen als mit Sonnenbrillen. – KI ist nicht einfach nur irgendein Produkt, sondern entwickelt sich zu einer Infrastruktur des 21. Jahrhunderts.

Wie integrieren wir KI?

Wie neuartig und grundlegend die KI-Revolution ist, wird auch an dem einzigartigen Mensch-Technik-Verhältnis deutlich: Wir können mit Künstlichen Intelligenzen sprechen und umgehen, als wären es Lebewesen. Das ist viel weitreichender als die Einführung neuer Werkzeuge. KI ist kein weiterer Hammer für uns, sondern eine Assistenz, die selbst den Hammer schwingt.

Auf absehbare Zeit werden KIs keine vollwertigen Akteure sein, die sich eigene Ziele setzen, nachdenken, Gefühle haben und für ihre Handlungen verantwortlich sind. Doch im Umgang mit ihnen ist es, als wären dort denkende Wesen. Wie gestalten wir diesen Umgang? Wie integrieren wir die KI-Systeme in unser Leben, in unsere Familien, Unternehmen und Gesellschaften? Damit KIs auch wirklich unsere Assistenzen werden – und nicht umgekehrt –, ist es wichtig, unsere eigenen Kompetenzen zur Autonomie zu stärken. Außerdem muss die organisationale Integration sorgfältig und wohlüberlegt erfolgen. Unternehmen bekommen neue »Mitarbeitende«, die keine Menschen sind. Welche Rollen werden sie in den Abläufen und Strukturen einnehmen? Wenn der Handlungsspielraum von Menschen schrumpft und sie sich als fremdbestimmt und weniger selbstwirksam erleben, könnte dies heutige Sinnkrisen sogar noch verstärken. Umgekehrt jedoch existiert ein Potenzial für echte Verbesserungen. Das wäre die große Hoffnung: Durch Roboter selbst weniger roboten zu müssen.

Die Frage ist daher nicht so sehr: »Werden Menschen durch KI ersetzt?«, sondern vielmehr: »An welchen Stellen wollen wir, dass Menschen durch KI ersetzt werden, und wo wollen wir es nicht?« Hier gibt es große Spielräume, um unsere Autonomie und Sinnerfahrung zu stärken oder zu schwächen. Die Science-Fiction-Autorin Joanna Maciejewska hat ein aktuelles Missverhältnis in einem viralen Post auf den Punkt gebracht: »Weißt du, was das größte Problem daran ist, alles auf KI zu setzen? Die falsche Richtung. Ich möchte, dass KI meine Wäsche wäscht und mein Geschirr spült, damit ich Kunst schaffen und schreiben kann – und nicht, dass die KI meine Kunst macht und für mich schreibt, damit ich meine Wäsche waschen und mein Geschirr spülen kann.«

Bei Redaktionsschluss dieses Buches kann KI komplette künstlerische Projekte umsetzen, aber nicht die Steuererklärung automatisieren. Das ist verquer. Wir könnten diese neue Schlüsseltechnologie besser nutzen, um tatsächlich mehr Platz für das Wesentliche zu schaffen. Und wir könnten sie nutzen, um mehr Gleichheit zu ermöglichen.

Viele Menschen blicken mit Sorge auf KI – zu Recht. Wir stehen am Anfang eines Strukturwandels, der auch Verlierende erzeugen kann. Das müssen wir im Blick behalten und stattdessen Ungleichheiten reduzieren.

In vielen Bereichen wird das nur gelingen, wenn die neuen Technologien nicht an der alten Logik fortwährender Steigerung ausgerichtet werden. Es ist zum Beispiel ein großes Geschenk für die Chancengleichheit, dass quasi alle jungen Menschen durch KI eine kostenfreie, pädagogisch versierte, unendlich geduldige und rund um die Uhr verfügbare Nachhilfelehrerin erhalten. Allerdings ist es auch denkbar, dass dadurch der Leistungsdruck erhöht wird. Schließlich gibt es viel mehr Möglichkeiten als bisher, auch nach Schulschluss weiter zu lernen. Ein auf diese Weise verschärfter Wettbewerb könnte psychische Belastungen erhöhen und mehr Verlierende erzeugen.

Dieser Effekt kann am ehesten vermieden werden, wenn die Leistungslogik selbst auf den Prüfstand gestellt wird. Falls wir KI in allen Bereichen so einsetzen, dass sie den Output erhöht, wird das zwar ein unternehmerischer Gewinn für einige sein, aber kein Gewinn für unsere Gesellschaft. Wir erleben derzeit ein frappierendes Ausmaß psychosozialer Krisen: Stressniveau, Einsamkeit und Depressionen bewegen sich auf einem Allzeithoch.[2] Wir könnten die neuen Technologien nutzen, um teilweise Entlastung zu schaffen. Wenn wir hingegen in der alten Logik verharren und Effizienzsteigerungen vor allem nutzen, um *mehr* zu produzieren, zu verkaufen, zu konsumieren, zu schaffen, unterwegs zu sein, Informationen auf uns einprasseln zu lassen, zu texten und so weiter – dann könnten sich Krisen noch verschärfen.

Künstliche Intelligenz löst auch deshalb einen so großen Hype aus, weil sie mit den Versprechen und Hoffnungen eines besseren Lebens verbunden wird. Insbesondere wird ein sinnerfüllteres Dasein in Aussicht gestellt – auch wenn dies nicht immer explizit ausgesprochen wird. Wenn wir uns die Argumente und Geschichten derjenigen anhören, die sich positiv über KI äußern, dann geht es häufig um mehr Zeit für das Wesentliche, mehr Zwischenmenschlichkeit und Teilhabe.

Doch Technologie kann hier nur ein kleiner Baustein sein. Die eigentlich notwendigen Veränderungen liegen an ganz anderer – unbequemerer – Stelle: Sie betreffen einen mentalen und sozialen Wandel.

Erst im Zusammenspiel mit sozialen Innovationen haben KI-Assistenzen und das Internet der Dinge ein positives, transformatives Potenzial. Damit Menschen im Zentrum dieser Entwicklung stehen und nicht Werkzeuge, sollten wir ein pragmatisches Verhältnis zu den neuen Technologien einnehmen. Dies wird jedoch durch ein menschenähnliches Technologiedesign gezielt erschwert. Es liegt ein nachvollziehbarer Reiz darin, Gespräche mit KIs immer realistischer zu gestalten, aber genau das könnte problematische Folgen haben.

Ebenso wie bisher, so gilt auch für die nun einsetzende, neue Stufe digitaler Technologien: Ihre positiven Effekte entfalten sie vor allem dort, wo sie das Analoge stärken. Wenn wir das Smartphone nutzen, um uns zu verabreden, stärkt das unser Miteinander. Wenn wir das Smartphone während unserer Verabredung nutzen, dann ist das Gegenteil der Fall. Ähnlich dazu wird KI vor allem dann zu einer guten Zukunft beitragen, wenn sie die

Räume vergrößert, in denen nicht Technik dominiert, sondern Zwischenmenschlichkeit.

Mehr Menschlichkeit durch mehr Technik – das wird nur möglich sein, wenn die *Logik* des Technischen nicht in all unsere Weltbeziehungen einsickert. Der nachgewiesene Sinnverlust in Ländern des globalen Nordens lässt sich teilweise darauf zurückführen: Wir haben das Zusammenleben stark an technischen und ökonomischen Maßstäben ausgerichtet. Diese Grundstruktur des industriell geprägten Kapitalismus ist zudem verknüpft mit ökologischen Krisen und starken sozialen und wirtschaftlichen Ungleichheiten – innerhalb unserer Gesellschaften wie auch global. So etwas aufzubrechen, ist schwierig. Aber vielleicht war der Zeitpunkt nie besser. Künstliche Intelligenz ist Dynamit, das bestehende Strukturen aufsprengt wie kaum etwas zuvor. Eine derart breitflächige Explosion kann uns überrollen und ein Gefühl von Hilflosigkeit erzeugen – sie könnte aber auch das Gegenteil bewirken, wenn wir den Moment nutzen.

Es gibt gesellschaftliche Errungenschaften der letzten Jahrzehnte, die schützenswert sind; gleichzeitig haben wir viele strukturelle Probleme. Dass sich nun so viel verändert, ist deshalb eine große Chance. Aber es wird nicht funktionieren, stumpf auf neue Technologie zu setzen. So einfach ist es leider nicht. KI und andere Technologien sind keine Heilsbringer, die uns erlösen, während wir passiv auf das Ergebnis warten. Wir müssen den Wandel gestalten.

Es ist naiv, davon auszugehen, dass alles automatisch besser wird. Nur wenn Chancen aktiv genutzt und Risiken aktiv vermieden werden, wird KI zu einer guten Zukunft beitragen. Damit dies gelingt, müssen wir technische mit sozialen Innovationen verknüpfen. KI allein löst keine Probleme. Wir brauchen einen gesellschaftlichen Wandel, und das erfordert Mut.

Wie wollen wir morgen leben?

Wir können Visionen für eine sinnerfülltere und gerechtere Zukunft entwickeln, anstatt nur den technologischen Erzählungen aus dem Silicon Valley nachzueifern. Eine neue Normalität ist möglich. Fortschritt bedeutet nicht schnelleres Internet, sondern mehr Miteinander. Viel zu oft verharren wir in kleinteiligen Diskussionen um Sachzwänge und vernachlässigen substantielle Visionen für die Zukunft. Als demokratische Gesellschaft manövrieren wir uns auf diese Weise in eine Machtlosigkeit – Zukunft wird zu etwas, das uns passiert; anstatt von uns bewusst kreiert zu werden.

Veränderung kommt auf jeden Fall, das ist so ziemlich das einzige, was feststeht. Die Frage ist, ob wir diese Veränderung wie eine Welle über uns hereinbrechen lassen oder sie gestalten. Wie genau? In welche Richtung, und mit welcher Zielvorstellung?

Das können wir nur gemeinsam beantworten.

Dank

Für wertvolle Hinweise und Anmerkungen zu früheren Fassungen dieses Buchs danke ich insbesondere meiner Lektorin Ulrike Holler sowie Arno Simons, Philomena Schweizer, Maren Belinchón, Sassan Sangsari, Felix Beer, Anastasiia Sidorova, Johannes Winter, Alexander Simon, Gabi Uhle, Norbert Uhle, Tilman Santarius, Jaqueline Frank, Lei Lu und Guido Montúfar. Für Hinweise zur Covergestaltung danke ich neben mehreren der genannten Personen außerdem Ian Belinchón, Annika Onken und Lorena Onken.

Ich danke von ganzem Herzen allen Menschen, die in den letzten zwei Jahren für mich da waren und mir Kraft gegeben haben.

Berlin, Juli 2024

Quellen und Anmerkungen

Aufbruch in eine neue Welt

1 »Number of smartphones sold to end users worldwide from 2007 to 2023«, auf: Statista, Fassung vom 8.2.2024, https://www.statista.com/statistics/263437/global-smartphone-sales-to-end-users-since-2007/.

2 »Smartphone revenues worldwide from 2011 to 2023«, auf: Statista, Fassung vom 8.3.2024, https://www.statista.com/statistics/687476/global-smartphone-revenues/.

3 Walter Benjamin: »Kapitalismus als Religion«. Bd. VI, in: Gesammelte Schriften, von Walter Benjamin, Herausgeber: Rolf Tiedemann und Hermann Schweppenhäuser, S. 100–103. Frankfurt a. M.: Suhrkamp, 1985.

4 EU Artificial Intelligence Act. Siehe z. B. »EU-Parlament stimmt für umfassendes KI-Gesetz«, auf: Spiegel Online, 13.03.2024, https://www.spiegel.de/netzwelt/netzpolitik/eu-parlament-stimmt-fuer-umfassendes-ki-gesetz-a-1b91bf5e-4adf-4532-bafc-2fed2d068b20.

5 In diesem Buch werden wir immer wieder an Stellen kommen, wo wir über »die Zukunft« nachdenken. Dabei werden wir beides machen: einerseits überlegen, wie plausible oder auch wünschenswerte Zukünfte rund um KI aussehen könnten, andererseits kursierende Zukunftsvisionen unter die Lupe nehmen und hinterfragen, welche Werte in diesen Vorstellungen zum Ausdruck kommen. Denn Zukunftsvisionen sind immer auch ein Spiegel unserer Gegenwart, in dem sich Annahmen, Sehnsüchte, Ängste und Werte zeigen. Darüber hinaus sind diese Zukunftsvisionen nicht bloß deshalb interessant, weil wir etwas über gegenwärtige Vorstellungen lernen können. Diese Visionen haben auch eine konkrete Macht: Sie steuern die Erwartungen und koordinieren damit auch die Entwicklungen in Unternehmen, Politik und Gesellschaft (Dies ist im Forschungsgebiet der STS weithin anerkannt, siehe z. B. Armin Grunwald (2012): »Technikzukünfte als Medium von Zukunftsdebatten und Technikgestaltung«, in: Karlsruher Studien Technik und Kultur 6. Karlsruhe: KIT Scientific Publishing.).
Methodisch ist das vorliegende Buch damit an das Vision Assessment – also die kritische Analyse soziotechnischer Zukunftsvisionen – aus den Bereichen Science and Technology Studies/Technology Assessment angelehnt sowie an das Visioneering (siehe hierzu z. B. Martin Sand und Christoph Schneider (2017): »Visioneering Socio-Technical Innovations – a Missing Piece of the Puzzle«, in: NanoEthics 11 (1): 19–29).

1. Endlich mehr Zeit für dich!

1 Alle Zitate aus dem Automatenzeitalter sind hier ohne Angabe von Seitenzahlen, weil während des Verfassens keine Fassung des Buchs erhältlich war. Der Hirnkost Verlag plant eine Neuauflage und hat mir das Manuskript freundlicherweise im Vorfeld zur Verfügung gestellt – vielen Dank!

2 Dies ist zumindest der Anspruch des Autors und der Grundgedanke seines Buchs. Dennoch gibt es viele problematische Aspekte in seiner Vorstellung einer perfekten Welt, darunter Eugenik, die Tötung von Babys mit Behinderungen, ein Denken in Entwicklungsstufen inklusive Überheblichkeit gegenüber den »unzivilisierten Völkern Afrikas« sowie die Rede von einer globalen einheitlichen »Mischrasse mit prävalentem arischen Einschlag«. Außerdem schwingen trotz aller Behauptung noch Geschlechterstereotype mit. Zum Beispiel kümmern sich ausschließlich Ärztinnen um die Entbindung von Babys im Labor – und das, obwohl es keine gebärenden Mütter mehr gibt. Und es ist wahrscheinlich kein Zufall, dass der stundenlang dozierende Technikexperte Lu ein Mann ist. An vielen Stellen wird deutlich, dass der Autor auf einer bewussten Ebene das Projekt verfolgt, eine Welt komplett ohne Ungleichheit und Diskriminierung zu imaginieren, er aber verinnerlichte Bilder und Vorurteile hat, die dem entgegenstehen, und derer er sich selbst nicht bewusst ist.

3 An einer Stelle wird dies sogar explizit formuliert: »Frei und ungebunden ist der Mensch des Automatenzeitalters und jeder Tag für ihn ein Sonntag!«, schwärmt eine Person namens Rol.

4 Unter anderem wird der SMS-Service damit beworben, dass »alle Beteiligten auf ihrem täglichen Weg zur Arbeit Zeit und Benzin sparen können.« (https://www.waze.com/de/sms, abgerufen am 11.6.2024).

5 Eigene Übersetzung. Im Original heißt es: »Time is famous as the most precious resource because us mortals can never get it back. So it's rare when we get a chance to save huge amounts of it. That's what automation is all about, of course, and it's especially beneficial if you've got thousands of control loops to commission, check and maintain.« (https://www.controlglobal.com/events/honeywell-users-group-2022/news/11287980/honeywell-process-solutions-exxonmobil-saves-time-with-automated-device-commissioning)

6 Eigene Übersetzung. Im Original heißt es: »That's why the Samsung Galaxy Note9 is designed with mobile professionals' needs in mind. It's jam-packed not only with the best tech available, but also new productivity features that help you make the most of every minute, inside the office or out.« (https://insights.samsung.com/2018/11/12/be-a-productivity-superstar-with-the-samsung-galaxy-note9/)

7 Siehe hierzu zum Beispiel die Werbespots von Roomba oder Husqvarna: https://youtu.be/v8eY1SlNSB0 sowie https://youtu.be/Jl7NdZRCEts.

8 Slogan auf der Startseite von https://www.teleclinic.com/, abgerufen am 11.6.2024.

9 Es handelt sich um Schätzwerte. Insbesondere bei der Handwäsche ist die notwendige Zeit abhängig von der Menge der Wäsche, der Art der Kleidung,

dem Grad der Verschmutzung usw. Für meine Berechnung habe ich geschätzt, dass die waschende Person eineinviertel Stunden braucht, um die Menge eines maschinellen Waschgangs zu waschen, und dass ein Waschgang wöchentlich je Person nötig ist, was eher niedrig angesetzt ist. https://cleanerdigs.com/how-long-does-it-take-to-wash-clothes/#Hand_Washing

10 Eigene Übersetzung. Quelle: https://m.facebook.com/BoschHomeKE/posts/329299607771970/.

11 Eigene Übersetzung. Im Original heißt es: »La técnica es el esfuerzo para ahorrar esfuerzo.« Dieser Satz lässt sich besser ins Englische übersetzen als ins Deutsche: »Technology is the effort to save effort.«

12 Natürlich sind die genannten Versprechen nicht die einzigen, mit denen Technik verbunden wird. So versprechen uns beispielweise Fernseher und Netflix nicht unbedingt weniger Mühsal, sondern mehr Unterhaltung. Diese Geräte und Services haben mehr mit Büchern gemeinsam als mit Spülmaschinen. Aber wenn wir uns die Geschichte der Technik anschauen, dann wird klar, dass die Vereinfachung des (Über-)Lebens sowohl das häufigste als auch das mächtigste Versprechen ist.

13 Für einen schönen Überblick siehe: Lucas Introna: »Phenomenological Approaches to Ethics and Information Technology«, in: The Stanford Encyclopedia of Philosophy (Fall 2023 Edition), Edward N. Zalta und Uri Nodelman (Hg.), https://plato.stanford.edu/archives/fall2023/entries/ethics-it-phenomenology.

14 Das Begriffspaar Technik/Mythos hat also starke Ähnlichkeiten mit dem, was Erich Fromm als Haben/Sein bezeichnet, ist aber nicht damit identisch.

15 Das Konzept des poetischen Blicks habe ich entwickelt und intensiver ausgeführt in: Wozu das alles? Eine philosophische Reise zum Sinn des Lebens, S. Fischer Verlag, Frankfurt a. M. 2022, S. 318–324.

16 Ab einem Haushaltsnettoeinkommen von 3000 Euro und mehr sind die Menschen in Deutschland signifikant gestresster als diejenigen mit einem Haushaltsnettoeinkommen von unter 3000 Euro. Quelle: Entspann dich, Deutschland! TK-Stressstudie 2021, Hg. von Techniker Krankenkasse.

17 Es gibt keine statistisch bedeutsamen Unterschiede im Stress in der Altersspanne zwischen 18 und 59 Jahren. Im zeitlichen Verlauf lässt sich ein Trend erkennen: 2013 waren 57 Prozent mindestens manchmal gestresst, 2016 waren es 60 Prozent und 2021 64 Prozent. Quelle: TK-Stressstudie 2021.

18 American Psychological Association (2019): Stress in America: Stress and Current Events. Stress in America™ Survey. Die Zahlen lassen sich allerdings nur teilweise mit der TK-Stressstudie vergleichen, weil die APA stärker auf emotionale Stressoren abzielt. Diese haben in den letzten Jahren durch die Covid-19-Pandemie noch einmal massiv zugenommen. Aus psychologischer Sicht befindet sich die amerikanische Gesellschaft in einer Phase kollektiver posttraumatischer Belastung. American Psychological Association (2024): »Stress in America 2023. A nation recovering from collective trauma«, https://www.apa.org/news/press/releases/stress/2023/collective-trauma-recovery.

19 Yves Douma (2023): »Was wir in der Corona-Krise aus der Geschichte der Stressforschung lernen können«, auf: Barmer, https://www.barmer.de/gesundheit-verstehen/psyche/psychische-erkrankungen/geschichte-stressforschung-1054808.

20 »Quer durch alle Beschwerden, von Erschöpfung über Rückenleiden bis hin zu Erkältungskrankheiten, geht es den häufig Gestressten signifikant gesundheitlich schlechter als den selten Gestressten.« (TK-Stressstudie 2021, S. 4).

21 TK-Stressstudie 2021, S. 26.

22 »Anzahl der Personen in Deutschland, die das Gefühl haben in einer gehetzten Zeit zu leben, von 2019 bis 2023«, auf: Statista, Fassung vom 2.1.2024, https://de.statista.com/statistik/daten/studie/171247/umfrage/gefuehl-von-zeitnot/

23 Niklas Záboji: »Flugtaxihersteller Volocopter: ›Wir werden in Paris fliegen‹«, auf: FAZ.NET, 27.2.2024, https://www.faz.net/aktuell/wirtschaft/unternehmen/flugtaxi-pionier-volocopter-wir-werden-in-paris-fliegen-19549812.html.

24 Tilman Santarius (2014): »Der Rebound-Effekt: ein blinder Fleck der sozial-ökologischen Gesellschaftstransformation«, in: GAIA 23/2, S. 109–117.

25 Zu diesem Zusammenhang siehe z. B. Martin Randelhoff (2018): »[Grundlagenwissen] Das konstante Reisezeitbudget«, auf: Zukunft Mobilität, https://www.zukunft-mobilitaet.net/5299/analyse/konstantes-reisezeitbudget-marchetti-konstante-verkehrsgenese-yacov-zahavi/.

26 Siehe hierzu auch meine beiden Artikel »Momo in Zeiten der Digitalisierung«, auf: transform, 12.7.2017 sowie »Digitalisierung als Mittel, nicht als Ziel«, auf: Bundeszentrale für politische Bildung, 5.8.2019.

27 Andreas Reckwitz: Die Gesellschaft der Singularitäten. Zum Strukturwandel der Moderne, Suhrkamp Verlag, Berlin 2017.

28 Georg Simmel: »Zur Psychologie der Mode. Sociologische Studie«, in: Die Zeit. Wiener Wochenschrift für Politik, Volkswirtschaft, Wissenschaft und Kunst, 5. Band, Nr. 54 (12.10.1895), S. 22–24; und insbesondere dann fünf Jahre später seine Philosophie des Geldes.

29 Erich Fromm: Haben oder Sein. Die seelischen Grundlagen einer neuen Gesellschaft, 20. Aufl., Übersetzung: Brigitte Stein, Deutscher Taschenbuch Verlag, München 1991, S. 17.

30 »Hartmut Rosa über die Macht der Beschleunigung«, Interview, geführt von Lisa Ruhwinkel, Goethe-Institut Brüssel, Mai 2014, online: https://www.goethe.de/ins/be/de/kul/mag/20575009.html.

31 Vgl. Hartmut Rosa: Resonanz. Eine Soziologie der Weltbeziehung, Suhrkamp Verlag, Berlin 2016, insb. S. 517–522.

32 Siehe hierzu das eindrückliche Kapitel »Bildung: Veränderung ist die einzige Konstante«, aus Yuval Noah Harari (2019): 21 Lektionen für das 21. Jahrhundert, C. H. Beck, München.

33 Eigene Übersetzung. Die beiden Sätze habe ich des Leseflusses willen umgedreht. Im Original heißt es: »We'll be able to do more, to create more and to have more. As intelligence gets integrated everywhere, we will all have

superpowers on demand.« (Sam Altman am Ende seiner Keynote auf der Developers Conference, Min. 44:30, https://www.youtube.com/watch?v=U9mJuUkhUzk)

34 Eigene Übersetzung von: Tilman Santarius, Jens Bergener (2020): »Does the Use of ICT speed up the Pace of Life?«, in: 7th International Conference on ICT for Sustainability (ICT4S2020), June 21–26, 2020, Bristol, United Kingdom. ACM, New York https://doi.org/10.1145/3401335.3401642.

35 Dominik Reintjes: »Smart Parking: Wie Apps und Sensoren bei der Parkplatzsuche helfen«, in: WirtschaftsWoche, 6. 6. 2018, https://www.wiwo.de/technologie/mobilitaet/smart-parking-wie-apps-und-sensoren-bei-der-parkplatzsuche-helfen/22604550.html.

36 Armin Grunwald (2012): »Technikzukünfte als Medium von Zukunftsdebatten und Technikgestaltung«, in: Karlsruhe: KIT Scientific Publishing (Karlsruher Studien Technik und Kultur 6). DOI: https://doi.org/10.25969/mediarep/3020.

37 »Die besten IT-Sprüche 2015«, auf: Computerwoche, https://www.computerwoche.de/g/die-besten-it-sprueche-2015,106507,3.

38 Einen guten Überblick bietet zum Beispiel der Beitrag von Katrin Gillwald (2000): »Konzepte sozialer Innovation«, in: WZB papers: »Querschnittsgruppe ›Arbeit und Ökologie‹« (online: https://bibliothek.wzb.eu/pdf/2000/p00–519.pdf).

39 Diese Gedanken sind vor allem in »On Liberty« zu finden. Zur gemeinsamen Autorschaft siehe: »Über die Freiheit: Harriet Taylor Mill offenbar Mitautorin«, auf: Karlsruher Institut für Technologie, 16. 2. 2022, https://www.kit.edu/kit/pi_2022_013_ueber-die-freiheit-harriet-taylor-mill-offenbar-mitautorin.php.

2. Du bist nicht allein!

1 Die Nacherzählung enthält mehrere wörtliche Zitate, teils gekürzt oder mit geändertem Tempus oder Numerus aus E. M. Forster (2016): Die Maschine steht still, aus dem Englischen von Gregor Runge, Hoffmann und Campe, Hamburg; S. 5, 6, 27.

2 Für eine allgemeine Analyse von Netzwerkgesellschaften siehe Manuel Castells (2009): »The Rise of the Network Society: The Information Age: Economy, Society, and Culture«, Volume I., 2nd edition. Oxford, UK: Wiley-Blackwell. Konkret auf Wissenschaft bezogen ist: Michael Nielsen (2013): Reinventing Discovery: The New Era of Networked Science, Princeton, NJ: Princeton University Press, 2013.

3 Einsamkeit ist ein globales Phänomen, jedoch in unterschiedlicher Intensität. Skandinavische Länder beispielsweise haben eine deutlich geringere Prävalenz als osteuropäische Länder. Auch jenseits von Europa ist Einsamkeit verbreitet, jedoch gibt es insgesamt nicht genügend Daten, um ein umfassendes Bild, auch über die zeitliche Entwicklung, zu geben. Siehe: Daniel L. Surkalim, Mengyun Luo, Robert Eres et al. (2022) »The Prevalence of Loneliness Across

113 Countries: Systematic Review and Meta-Analysis«. BMJ 376. https://doi.org/10.1136/bmj-2021-067068.

4 Diese Zahlen beziehen sich auf das Jahr 2024 und basieren auf einer repräsentativen Umfrage des Branchenverbands Bitkom (https://www.bitkom.org/Presse/Presseinformation/Durchschnittliche-Smartphone-Nutzung-pro-Tag). Allerdings beruhen die Angaben auf Selbstauskunft. Persönlich vermute ich, dass die tatsächliche Nutzungsdauer noch höher liegt. Die zahlreichen, oft nur kurzen und fast schon automatisierten Interaktionen mit dem Smartphone summieren sich im Laufe des Tages auf eine beachtliche Gesamtzeit, die leicht unterschätzt wird. Darauf deuten auch Analysedaten hin: https://www.heise.de/news/Datenanalyse-Deutsche-ueber-drei-Stunden-taeglich-am-Smartphone-6369952.html.

5 Postbank Jugend-Digitalstudie 2023, online: https://www.postbank.de/themenwelten/wissen-leben/so-lange-sind-jugendliche-online.html.

6 Ich habe auf eine Zahlenangabe verzichtet, weil die kursierenden Angaben zu weit auseinanderliegen. Laut ARD-ZDF-Onlinestudie beträgt die tägliche Social-Media-Nutzung in Deutschland eine halbe Stunde, bei den unter Dreißigjährigen 69 Minuten (https://www.ard-zdf-onlinestudie.de/files/2023/MP_26_2023_Onlinestudie_2023_Social_Media.pdf). Laut dem Digital 2023 Report für Deutschland von Meltwater und We Are Social verbringen Internetnutzende täglich 1 Stunde und 41 Minuten auf sozialen Netzwerken. (Justin Pohl (2024): »Neue Daten: Statistiken zur Social-Media-Nutzung in Deutschland«, auf: HubSpot, 11.4.204, https://blog.hubspot.de/marketing/social-media-in-deutschland. Laut Social-Media-Atlas 2023 wiederum verbringen Nutzende durchschnittlich sogar knapp drei Stunden auf Social Media (Lena Langecker (2023): »Deutsche verbringen täglich drei Stunden auf Social Media«, auf: Meedia, 20.7.2023, https://meedia.de/medien/social-media-atlas-2023-deutsche-verbringen-taeglich-drei-stunden-auf-social-media-728318da45f46cb0f7829d92532da16d).

7 Siehe z.B. T. Bonsaksen, M. Ruffolo et al. (2021): »Loneliness and Its Association With Social Media Use During the COVID-19 Outbreak«, in: Social Media + Society, 7(3). https://doi.org/10.1177/20563051211033821.
T. Bonsaksen, M. Ruffolo et al. (2023): »Associations between social media use and loneliness in a cross-national population: do motives for social media use matter?«, in: Health Psychol Behav Med. Jan 1;11(1):2158089. doi: 10.1080/21642850.2022.2158089. PMID: 36618890; PMCID: PMC9817115.
Brian Primack, Ariel Shensa et al. (2017): »Social Media Use and Perceived Social Isolation Among Young Adults in the U.S.«, in: American Journal of Preventive Medicine Vol. 53(1), S.1–8.
Melissa G. Hunt, Rachel Marx et al. (2018): »No More FOMO: Limiting Social Media Decreases Loneliness and Depression«, in: Journal of Social and Clinical Psychology 37(10), S.751–768.
Allerdings scheint der Zusammenhang zweiseitig zu sein: Einsame Menschen nutzen Social Media häufiger auf eine Art und Weise, welche die Einsamkeit erhöht. Siehe: Emily B. O'Day, Richard G. Heimberg (2021): »Social media use,

social anxiety, and loneliness: A systematic review«, in: Computers in Human Behavior Reports, Vol. 3, 100070, https://doi.org/10.1016/j.chbr.2021.100070. Insgesamt ist sowohl die Entwicklung von Social Media als auch deren Auswirkungen auf die Gesellschaft hochdynamisch und entsprechende Studien sollten eher als Indikatoren verstanden werden.

8 Siehe hierzu ergänzend z. B. auch Romain Dillet (2018): »The Year Social Networks Were No Longer Social. Praise of Private Communities«, auf: TechCrunch+.techcrunch.com/2018/12/23/the-year-social-networks-were-no-longer-social/

9 Axel Honneth (2016): Das Ich im Wir: Studien zur Anerkennungstheorie, Suhrkamp, Berlin, S. 61.

10 S. Jiang und A. Ngien (2020): »The Effects of Instagram Use, Social Comparison, and Self-Esteem on Social Anxiety: A Survey Study in Singapore«, in: Social Media + Society, 6(2). https://doi.org/10.1177/2056305120912488.
S. Yoon, M. Kleinman et al. (2019): »Is Social Network Site Usage Related to Depression? A Meta-analysis of Facebook-Depression Relations«, in: Journal of Affective Disorders«. doi:10.1016/j.jad.2019.01.026.
Hemut Appel, Alexander L. Gerlach und Jan Crusius (2016): »The interplay between Facebook use, social comparison, envy, and depression«, in: Current Opinion in Psychology, Vol. 9, S. 44–49.

11 Zahlen bezogen auf das Jahr 2019. Quelle: https://www.psychiatry.org/newsroom/news-releases/americans-are-concerned-about-potential-negative-impacts-of-social-media-on-mental-health-and-well-being.

12 Siehe zum Beispiel die Hate Speech Forsa-Studie 2023, https://www.medienanstalt-nrw.de/fileadmin/user_upload/NeueWebsite_0120/Themen/Hass/forsa_LFMNRW_Hassrede2023_Praesentation.pdf.

13 Siehe z. B. J. Cho, S. Ahmed et al. (2018): »Influencing myself: Self-reinforcement through online political expression«, in: Communication Research, 45(1), S. 83–111. https://doi.org/https://doi.org/10.1177/0093650216644020.
Jay J. Van Bavel, Steve Rathje et al. (2021): »How social media shapes polarization«, in: Trends in Cognitive Sciences, Volume 25, S. 913–916. https://doi.org/10.1016/j.tics.2021.07.013.
Siehe auch den teilweise relativierenden, insgesamt aber die These stützenden Artikel: Emily Kubin und Christian von Sikorski (2021): »The Role of (Social) Media in Political Polarization: A Systematic Review«, in: Annals of the International Communication Association 45, no. 3, S. 188–206. doi:10.1080/23808985.2021.1976070.

14 Siehe insbesondere: Karen Hao (2021): »The Facebook whistleblower says its algorithms are dangerous. Here's why.«, auf: MIT Technology Review, 5. 10. 2021. https://www.technologyreview.com/2021/10/05/1036519/facebook-whistleblower-frances-haugen-algorithms/.
Siehe auch Morgan Meaker (2018): »Wie soziale Netzwerke zu Gewalt führen«, auf: Deutsche Welle, 12. 11. 2018, https://www.dw.com/de/wie-soziale-netzwerke-zu-gewalt-führen/a-46260784.

15 Jeremy B. Merrill, Will Oremus (2021): »Five points for anger, one for a ›like‹:

How Facebook's formula fostered rage and misinformation«, in: The Washington Post, 26.10.2021. https://www.washingtonpost.com/technology/2021/10/26/facebook-angry-emoji-algorithm/. Auch wenn es mittlerweile nicht mehr einen Gewichtungsunterschied um den Faktor fünf gibt, kann davon ausgegangen werden, dass der Faktor nach einem derart krassen Ungleichgewicht weiterhin größer als eins ist.

16 Aaron Smith (2018): »Algorithms in action: The content people see on social media«, auf: PEW Research Center, November 16, https://www.pewresearch.org/internet/2018/11/16/algorithms-in-action-the-content-people-see-on-social-media/.

17 Melissa G. Hunt, Rachel Marx et al. (2018): »No More FOMO: Limiting Social Media Decreases Loneliness and Depression«, in: Journal of Social and Clinical Psychology 37(10), S.751–768.
L. Y. Lin, J. E. Sidani et al. (2016): »Association Between Social Media Use And Depression Among U. S. Young Adults«, in: Depression and anxiety, 33(4), 323–331. https://doi.org/10.1002/da.22466
E. Kross, P. Verduyn et al. (2013): »Facebook Use Predicts Declines in Subjective Well-Being in Young Adults«, in: PLoS ONE 8(8): e69841. https://doi.org/10.1371/journal.pone.0069841.
Siehe auch die in diesen Studien wiederum zitierten Studien, die hier aus Platzgründen nicht aufgelistet werden.

18 »Social Media als Verhaltenssucht: Wie Algorithmen abhängig machen und auf die Gehirnentwicklung junger Menschen wirken«, Hg. vom Rat für Digitale Ökologie, Positionspapier vom 29. 2. 2024.

19 Cade Diehm, Jaz Hee-jeong Choi (2021): »Aesthetic Flattering«, auf: The New Design Congress, https://newdesigncongress.org/en/pub/aesthetic-flattening/.

20 Geert Lovink (2022): Stuck on the Platform, Kapitel 1: »Zoom Fatigue«, S. 27–50. Siehe auch Manyu Jiang (2020): »The Reason Zoom Calls Drain Your Energy«, auf: Remote Control, https://www.bbc.com/worklife/article/20200421-why-zoom-video-chats-are-so-exhausting.

21 S. Stieger, D. Lewetz und D. Willinger (2023): »Face-to-face more important than digital communication for mental health during the pandemic«, in: Sci Rep 13, 8022, https://doi.org/10.1038/s41598–023–34957–4.
Marco Marinucci, Luca Pancani, Nicolas Aureli, Paolo Riva (2022): »Online social connections as surrogates of face-to-face interactions: A longitudinal study under Covid-19 isolation«, in: Computers in Human Behavior, Vol. 128, 107102. https://doi.org/10.1016/j.chb.2021.107102.
Jonathan Gruber, Eszter Hargittai und Minh Hao Nguyen (2022): »The Value of Face-to-Face Communication in the Digital World: What People Miss about in-Person Interactions When Those Are Limited«, in: Studies in Communication Sciences 22 (3), S. 417–435. https://doi.org/10.24434/j.scoms.2022.03.3340.

22 Claude S. Fischer (1994): America Calling: A Social History of the Telephone to 1940, University of California Press, S. 223–227.

23 Donald W. Winnicott (1965): »The capacity to be alone. In The maturational processes and the facilitating environment«, in: Hogarth/Institute of Psycho-Analysis. (Reprinted from International Journal of Psycho-Analysis, 39 (1958) S. 416–420.
M. J. Hannush (2021): »Relating: The Capacity for Healthy Relating«, in: Markers of Psychosocial Maturation, Palgrave Macmillan, Cham. https://doi.org/10.1007/978-3-030-74315-4_24.
M. J. Hannush (2021): »Aloneness: The Capacity to Be at Home with Aloneness, Silence, and Solitude«, in: Markers of Psychosocial Maturation, Palgrave Macmillan, Cham. https://doi.org/10.1007/978-3-030-74315-4_13.

24 S. Marty: »Wir schauen täglich 88-mal aufs Handy«, auf: 20 Minuten, 13. 10. 2015. https://www.20min.ch/story/wir-schauen-taeglich-88-mal-aufs-handy-856530197290

25 C. Stothart, A. Mitchum und C. Yehnert (2015): »The attentional cost of receiving a cell phone notification«, in: J. Exp. Psychol. Hum. Percept. Perform. 41, S. 893–897.
A. Roye, T. Jacobsen und E. Schröge (2017): »Personal significance is encoded automatically by the human brain: An event-related potential study with ringtones«, in: Eur. J. Neurosci. 26, S. 784–790.
Mehrere Schulbehörden aus Ontario, USA, haben 2024 eine Klage gegen vier der größten Social-Media-Unternehmen eingereicht, weil ihre Apps die Kinder erwiesenermaßen abhängig machen, der Aufmerksamkeit und den Lernfortschritten nachhaltig schaden und die mentale Gesundheit beeinträchtigen (https://theconversation.com/why-ontario-school-boards-are-suing-social-media-platforms-for-causing-an-attention-crisis-226887).

26 J. S. Mendoza, B. C. Pody et al. (2018): »The effect of cellphones on attention and learning: The influences of time, distraction, and nomophobia«, in: Comput. Hum. Behav. 86, S. 52–60.

27 A. K. Przybylski und N. Weinstein (2013): »Can you connect with me now? How the presence of mobile communication technology influences face-to-face conversation quality«, in: J. Soc. Pers. Relat. 30, S. 237–246.

28 J. Skowronek, A. Seifert und S. Lindberg (2023): »The mere presence of a smartphone reduces basal attentional performance«, in: Sci Rep 13, S. 9363. https://doi.org/10.1038/s41598-023-36256-4.

29 Das deckt sich auch mit der psychologischen Studienlage. Social Media kann dann Einsamkeit verringern und Verbundenheit stärken, wenn es existierende, analoge Kontakte stärkt. Und es erhöht die Einsamkeit, wenn es Substitutionseffekte gibt. Siehe: Roger Patulny: »Does social media make us more or less lonely? Depends on how you use it«, auf: The Conversation, 22. 1. 2020, https://theconversation.com/does-social-media-make-us-more-or-less-lonely-depends-on-how-you-use-it-128468.
Rebecca Nowland, Elizabeth A. Necka, John T. Cacioppo (2017): »Loneliness and Social Internet Use: Pathways to Reconnection in a Digital World?«, in: Perspectives on Psychological Science, Vol. 13(1), https://doi.org/10.1177/1745691617713052.

30 Die Geschichte vom Turmbau zu Babel, frei erzählt nach Genesis 11:1–9. Ich habe z. T. wörtliche Zitate verwendet, gemischt aus der Einheitsübersetzung 2016 (https://www.bibleserver.com/EU/1.Mose11 %2C1–9) und aus der Zürcher Bibel (https://www.die-bibel.de/bibeln/online-bibeln/lesen/ZB/GEN.11/Genesis-11).

31 Die Pfingstgeschichte wurde frei erzählt nach der Apostelgeschichte, Acts 2:7–11. Es wurden wörtliche Zitate verwendet, gemischt aus der Einheitsübersetzung 2016 (https://www.bibleserver.com/EU/Apostelgeschichte2 %2C7–11) und aus der Zürcher Bibel (https://www.die-bibel.de/bibeln/online-bibeln/lesen/ZB/ACT.2/Apostelgeschichte-2).

32 »Introducing Real-Time Translations with Your Personal Voice!«, auf: Skype Blogs, 14.12.2022, https://www.skype.com/en/blogs/2022–12-skype-truvoice/. Die Funktion wurde zunächst nur für das Skype-Insider-Programm ausgerollt und wirkte beim Release noch etwas hölzern. Aber mit jedem Jahr wird die Technologie nun überzeugender.

33 Gemeint ist hier insbesondere das Georgetown-IBM-Experiment von 1954. Das Projekt war die erste öffentliche Demonstration einer computerbasierten maschinellen Übersetzung. Dabei wurde eine sorgfältig ausgewählte Stichprobe von 49 russischen Sätzen mit einem sehr begrenzten Wortschatz von 250 Wörtern und nur sechs Grammatikregeln ins Englische übersetzt. Die Grundidee einer maschinellen Übersetzung sowie erste Konzepte dazu wurden schon früher entwickelt. Siehe z. B. John Hutchnis (2001): »Machine translation over fifty years«, in: Histoire, Epistemologie, Langage, Vol. XXII (1), S. 7–31.

34 Prognose zur Anzahl der Nutzer von Online-Singlebörsen weltweit für das Jahr 2024: 276,9 Millionen (Quelle: Statista: »Prognose zur Anzahl der Online-Nutzer für Dating-Services weltweit für die Jahre 2021 bis 2028«, 09. 02. 2024, https://de.statista.com/prognosen/654240/dating-services-anzahl-der-online-nutzer-weltweit, abgerufen am 26. 3. 2024).

35 »Online-Dating: Daten und Fakten zur Partnersuche über das Internet«, auf: Statista, Fassung vom 14. 5. 2024, https://de.statista.com/themen/885/online-dating/#topicOverview.

36 https://de.statista.com/statistik/daten/studie/1025036/umfrage/umfrage-in-deutschland-zum-ort-des-kennenlernens-des-partners/
In den USA war Online-Dating bereits 2017 die häufigste Art, wie sich Paare kennengelernt haben (Michael J. Rosenfeld, Reuben J. Thomas und Sonia Hausen (2019): »Disintermediating your friends: How online dating in the United States displaces other ways of meeting«, in: PNAS, vol. 116, no. 36, S. 17753–17758).

37 Diesen Gedanken habe ich näher ausgeführt und begründet in Wozu das alles?, a.a.O., S. 363–367.

38 Das Panorama soziologischer Fragestellungen reicht natürlich viel weiter, zum Beispiel: Haben Menschen im Zeitalter von Online-Dating mehr oder weniger (erfüllenden) Sex? Wie verändern sich Lebensentwürfe – man denke an das Bild des ewigen Junggesellen? Welche sozialen Praktiken bilden sich

um das Dating heraus, wie schnell kommt es zu Dates, wie oft wird gedatet, wann und in welchen sozialen Räumen, was wird dabei konsumiert? Etc.

39 In den USA haben 2019 insgesamt 43 Prozent die Online-Dating-Erfahrung als tendenziell negativ bewertet (https://www.pewresearch.org/short-reads/2020/02/06/10-facts-about-americans-and-online-dating/ und https://www.psychologytoday.com/us/blog/dating-toxic-or-tender/202211/the-mindset-could-doom-your-dating-life).

40 Marina F. Thomas, Alice Binder, Jörg Matthes (2022): »The agony of partner choice: The effect of excessive partner availability on fear of being single, self-esteem, and partner choice overload«, in: Computers in Human Behavior, Vol. 126, 106977, https://doi.org/10.1016/j.chb.2021.106977.
Tila M. Pronk, Jaap J. A. Denissen (2020): »A Rejection Mind-Set: Choice Overload in Online Dating«, in: Social Psychological and Personality Science, 11(3), S. 388–396. https://doi.org/10.1177/1948550619866189.
Marina F. Thomas, Alice Binder, Anja Stevic, Jörg Matthes (2023): »99 + matches but a spark ain't one: Adverse psychological effects of excessive swiping on dating apps«, in: Telematics and Informatics, Vol. 78, 101949. https://doi.org/10.1016/j.tele.2023.101949.
M. F. Thomas, A. Binde und J. Matthes (2023): »The psychological influence of dating app matches: The more matches the merrier?«, in: New Media & Society, 0(0). https://doi.org/10.1177/14614448231161598.

41 Tila Pronk und Jaap Denissen (2019): »A Rejection Mind-Set: Choice Overload in Online Dating«, in: Social Psychological and Personality Science 11 (3), 194855061986618. DOI:10.1177/1948550619866189.

42 https://www.technologyreview.com/s/601909/how-tinder-feedback-loop-forces-men-and-women-into-extreme-strategies/

43 Laut einem Artikel der New York Times von 2014. Die genaue Quelle der Zahl ist mir aber unklar – https://www.nytimes.com/2014/10/30/fashion/tinder-the-fast-growing-dating-app-taps-an-age-old-truth.html.

44 https://economictimes.indiatimes.com/magazines/panache/the-math-behind-dating-apps-women-like-only-4-out-of-100-profiles-men-more-likely-to-swipe-right/articleshow/75736043.cms?from=mdr

45 In Deutschland waren 2021 fast doppelt so viele Männer auf Dating-Apps aktiv wie Frauen (63 Prozent versus 37 Prozent), wobei die Nutzer häufiger zwischen 25 und 34 Jahre alt sind. Quelle: YouGov, siehe Philipp Schneider (2021): »Dating-App-Nutzer: Eine Zielgruppe zum Verlieben«, in: Wirtschafts-Woche, 27. 10. 2021, https://www.wiwo.de/unternehmen/dienstleister/brandindex-dating-app-nutzer-eine-zielgruppe-zum-verlieben-/27742994.html. Dieses starke Ungleichgewicht relativiert sich, wenn man erstens nicht nur Apps berücksichtigt, sondern sämtliche Plattformen und zweitens nicht die derzeit aktiven Nutzer betrachtet, sondern die Gruppe aller Menschen, die sich irgendwann in ihrem Leben bei einer Plattform angemeldet haben. Siehe https://www.statista.com/statistics/1356293/online-dating-users-gender-germany/ und https://de.statista.com/statistik/daten/studie/1130073/umfrage/aktivitaet-auf-einer-online-dating-plattform-nach-geschlecht/. In den USA

hat insbesondere Tinder ein starkes Ungleichgewicht mit einem Männeranteil von 76 Prozent unter den aktiven Usern: https://www.statista.com/statistics/975925/us-tinder-user-ratio-gender/. Weltweit waren 2019 knapp zwei Drittel (64 Prozent) der Nutzenden von Online-Dating-Diensten männlich (https://de.statista.com/statistik/daten/studie/1059284/umfrage/verteilung-der-nutzer-von-online-dating-diensten-nach-geschlecht-weltweit/).

46 Barbara Engels (2023): »Viele Matches, wenig Erfolg: So viel kostet die Suche nach der Liebe beim Onlinedating per App«, in:IW-Kurzbericht Nr. 10, https://www.iwkoeln.de/studien/barbara-engels-so-viel-kostet-die-suche-nach-der-liebe-beim-onlinedating-per-app.html.
Bei Frauen mündet ein Like mehr als 18-mal so häufig in ein Match wie bei Männern (In einer Studie von 2016 mündeten 10,5 Prozent aller Likes für Frauen in Matches, bei den Männern waren es nur 0,6 Prozent. Gareth Tyson, Vasile C. Perta, Hamed Haddadi, Michael C. Seto (2016): »A First Look at User Activity on Tinder«, in: arXiv, 1607.01952. https://doi.org/10.48550/arXiv.1607.01952.). Es gibt neuere, aber methodologisch weniger gut nachvollziehbare Zahlen der Plattform roast.dating, laut der für Männer 2024 auf Tinder etwa 2,5 Prozent aller Likes in Matches mündeten und für Frauen etwa 50 Prozent. Diese Angaben sind deutlich höher – und insofern positiver – als diejenigen der 2016er Studie. Das Missverhältnis zwischen Männern und Frauen ist jedoch ähnlich.

47 Siehe die, mit Vorsicht zu genießenden, quantitativen Berechnungen auf diesem Blog: https://medium.com/@worstonlinedater/tinder-experiments-ii-guys-unless-you-are-really-hot-you-are-probably-better-off-not-wasting-your-2ddf370a6e9a. Ob die Zahlen und Deutungen im Detail stimmen, ist hier nicht entscheidend. Wichtiger ist die grundsätzliche Tendenz: Wenn wir Tinder als einen ökonomischen Marktplatz betrachten – und dies ist aufgrund der ausgeprägten Objektivierung und Kommodifizierung sicher eine wichtige Perspektive –, dann handelt es sich um einen Markt, der sehr starke Ungleichheiten hervorbringt.

48 Tila M. Pronk, Jaap J. A. Denissen (2020): »A Rejection Mind-Set: Choice Overload in Online Dating«, in: Social Psychological and Personality Science, 11(3), 388–396. https://doi.org/10.1177/1948550619866189.

49 J. D. D'Angelo, C. L. Toma (2017): »There are plenty of fish in the sea: The effects of choice overload and reversibility on online daters' satisfaction with selected partners«, in: Media Psychology, 20(1), 1–27. https://doi.org/10.1080/15213269.2015.1121827.

50 J. T. Cacioppo, S. Cacioppo et al. (2013): »Marital satisfaction and break-ups differ across on-line and off-line meeting venues«, in: Proceedings of the National Academy of Sciences, 110(25), S. 10135–10140.
M. J. Rosenfeld und R. J. Thomas (2012): »Searching for a Mate: The Rise of the Internet as a Social Intermediary«, in: American Sociological Review, 77(4), S. 523–547. https://doi.org/10.1177/0003122412448050.

51 Gina Potarca (2020): »The demography of swiping right. An overview of

couples who met through dating apps in Switzerland«, in: PLoS One, Vol. 15 (12):e0243733. doi: 10.1371/journal.pone.0243733. PMID: 33378386; PMCID: PMC7773176.

52 Michael J. Rosenfeld (2017): »Marriage, Choice, and Couplehood in the Age of the Internet«, in: Sociological Science 4, S:490–510. http://dx.doi.org/10.15195/v4.a20.

53 Ebd. Siehe auch Gina Potarca (2020): »The demography of swiping right. An overview of couples who met through dating apps in Switzerland«, in: PLoS One, Vol. 15 (12):e0243733. doi: 10.1371/journal.pone.0243733. PMID: 33378386; PMCID: PMC7773176.

54 Gina Potarca (ebd.)

55 Siehe den Artikel sowie insbesondere die Datencharts: »Online daters are less open-minded than their filters suggest«, in: The Economist, 22. 3. 2023, https://www.economist.com/graphic-detail/2023/03/22/online-daters-are-less-open-minded-than-their-filters-suggest.
Siehe Celeste Vaughan Curington, Jennifer H. Lundquist, Ken-Hou Lin (2021): The Dating Divide: race and desire in the era of online romance, University of California Press, Oakland, California.
Siehe G. Kao, K. S. Balistreri und K. Joyner (2018): »Asian American Men in Romantic Dating Markets«, in: Contexts, 17(4), S. 48–53, https://doi.org/10.1177/1536504218812869.

56 M J. Rosenfeld und J. T. Reuben (2015): »How couples meet and stay together«, in: Wave 3 version 3. 04. Machine Readable Data File. Stanford University Libraries.
Siehe auch M. J. Rosenfeld, R. J. Thomas und S. Hausen (2019): »Disintermediating your friends: How online dating in the United States displaces other ways of meeting«, a. a. O.

57 Gina Potarca (2017): »Does the internet affect assortative mating? Evidence from the U.S. and Germany«, in: Social Science Research, Vol. 61, S. 278–297, https://doi.org/10.1016/j.ssresearch.2016.06.019.

58 Gina Potarca (2020): »The demography of swiping right. An overview of couples who met through dating apps in Switzerland«, in: PLoS One, Vol. 15 (12):e0243733. doi: 10.1371/journal.pone.0243733. PMID: 33378386; PMCID: PMC7773176.

59 Hergovich, Philipp and Ortega, Josue (2018): »The Strength of Absent Ties: Social Integration via Online Dating«, auf: SSRN. http://dx.doi.org/10.2139/ssrn.3044766.

60 Marina F. Thomas, Alice Binder, Jörg Matthes (2022): »The agony of partner choice: The effect of excessive partner availability on fear of being single, self-esteem, and partner choice overload«, in: Computers in Human Behavior, Vol. 126, 106977, https://doi.org/10.1016/j.chb.2021.106977.

61 J. Holt-Lunstad, T. B. Smith, J. B. Layton (2010): »Social Relationships and Mortality Risk: A Meta-analytic Review«, in: PLoS Med 7(7): e1000316, https://doi.org/10.1371/journal.pmed.1000316.
E. Diener, C. L. Gohm, E. Suh und S. Oishi (2000): »Similarity of the relations

between marital status and subjective well-being across cultures«, in: Journal of Cross-cultural Psychology, 31, S. 419–436.
Y. U. Girme, N. C. Overall, S. Faingataa und C. G. Sibley (2016): »Happily Single: The Link Between Relationship Status and Well-Being Depends on Avoidance and Approach Social Goals«, in: Social Psychological and Personality Science, 7(2), S. 122–130.
Jenna Grundström, Hanna Konttinen, Noora Berg, Olli Kiviruusu (2021): »Associations between relationship status and mental well-being in different life phases from young to middle adulthood«, in: SSM – Population Health, Volume 14, 100774, https://doi.org/10.1016/j.ssmph.2021.100774.

62 Katarzyna Adamczyk (2017): »Direct and indirect effects of relationship status through satisfaction with relationship status and fear of being single on Polish young adults‹ well-being«, in: Personality and Individual Differences 111, S. 51–57.
V. Lehmann, M. A. Tuinman, J. Braeken et al. (2015): »Satisfaction with Relationship Status: Development of a New Scale and the Role in Predicting Well-Being«, in: J Happiness Stud 16, S. 169–184, https://doi.org/10.1007/s10902-014-9503-x.

63 Neben den bereits zitierten Studien siehe zusätzlich auch: D. N. M. Bleize, A. van Stekelenburg und S. L. Tamboer (2023): »The association between mobile dating app use and relationship status satisfaction: A survey study«, in: Mobile Media & Communication, 0(0), https://doi.org/10.1177/20501579231221069. Hier wird gezeigt, dass die wahrgenommenen Alternativen bei Singles deutlich niedriger sind, wenn sie auf Dating-Plattformen unterwegs sind. Außerdem sehen wir in dieser Gruppe eine höhere Unzufriedenheit damit, Single zu sein (allerdings kann der Kausalzusammenhang auch andersherum bestehen: Wer unzufriedener damit ist, Single zu sein, nutzt wahrscheinlicher Dating-Apps). Die in der Studie behaupteten negativen Effekte von Online-Dating auf die Beziehungszufriedenheit werden durch die Daten übrigens nicht wirklich gestützt, wenn man die Breite der Konfidenzintervalle berücksichtigt.

64 Obarska K, Szymczak K, Lewczuk K, Gola M. (2020): »Threats to Mental Health Facilitated by Dating Applications Use Among Men Having Sex With Men«, in: Front Psychiatry, Nov 13;11:584548. doi: 10.3389/fpsyt.2020.584548. PMID: 33281645; PMCID: PMC7691247.
Molly Grace Smith (2022): »Queer enough to swipe right? Dating app experiences of sexual minority women: A cross-disciplinary review«, in: Computers in Human Behavior Reports, Vol. 8, 100238, https://doi.org/10.1016/j.chbr.2022.100238.
Laut einer Umfrage aus den USA bewerten homosexuelle und bisexuelle Nutzende ihre Erfahrungen auf Dating-Apps aber positiver als heterosexuelle Nutzende. Insgesamt scheinen die Vorteile, auf diesen Plattformen jemand kennenzulernen, schwerer zu wiegen. Siehe Anna Brown (2020): »Lesbian, gay and bisexual online daters report positive experiences – but also harassment«, in: Pew Research Center, https://www.pewresearch.org/short-reads/

2020/04/09/lesbian-gay-and-bisexual-online-daters-report-positive-experiences-but-also-harassment/.

65 Marina F. Thomas, Alice Binder, Anja Stevic, Jörg Matthes (2023): »99 + matches but a spark ain't one: Adverse psychological effects of excessive swiping on dating apps«, in: Telematics and Informatics, Vol. 78, 101949, https://doi.org/10.1016/j.tele.2023.101949.
Yu-Chin Her und Elisabeth Timmermans (2021): »Tinder blue, mental flu? Exploring the associations between Tinder use and well-being«, in: Information, Communication & Society, 24:9, 1303–1319, DOI: 10.1080/1369118X.2020.1764606.

66 Siehe z. B. Markus Antonius Wirtz: »double-bind hypothesis«, in: Dorsch. Lexikon der Psychologie, online: https://dorsch.hogrefe.com/stichwort/double-bind-hypothesis.

67 Siehe zum Beispiel Brittany Levine Beckman (2019): »What will online dating be like in 2030?«, auf: Mashable, February 14, https://mashable.com/article/future-online-dating.
Igor Khalatian (2023): »Matchmaking 2.0: How AI Is Revolutionizing Online Dating«, auf: Forbes Technology Council, https://www.forbes.com/sites/forbestechcouncil/2023/03/17/matchmaking-20-how-ai-is-revolutionizing-online-dating/.

68 Gosia Szaniawska-Schiavo (2024): »Love in the Age of AI Dating Apps [2024 Statistics]«, Updated Mar 7, https://www.tidio.com/blog/ai-dating-apps/. Die Umfrage ist allerdings nicht repräsentativ. Aber auch wenn nicht wie in der Umfrage die überwältigende Mehrheit der Nutzenden bereit wäre, persönliche Daten wie ihre Finanzen, sexuellen Vorlieben oder religiösen Überzeugungen zu teilen, so ist sie doch ein erster empirischer Indikator um die Vermutung zu stützen: Es werden sehr viele Nutzende sein.

69 Eigene Übersetzung. Quelle: Brittany Levine Beckman (2019): »What will online dating be like in 2030?«, auf: Mashable, February 14, https://mashable.com/article/future-online-dating.

70 »Wo haben Sie Ihren Partner/Ihre Partnerin kennengelernt?«, auf: Statista, Fassung vom 10.6.2024, https://de.statista.com/statistik/daten/studie/1025036/umfrage/umfrage-in-deutschland-zum-ort-des-kennenlernens-des-partners/

3. Ein neuer Freund und Helfer!

1 Adrienne Mayor (2020): Götter und Maschinen. Wie die Antike das 21. Jahrhundert erfand, wbg, Darmstadt.

2 »Versucht« im Sinne von: darüber diskutiert, wie es gehen könnte. Siehe z. B. Selmer Bringsjord und Naveen Sundar Govindarajulu (2024): »Artificial Intelligence«, in: The Stanford Encyclopedia of Philosophy (Summer 2024 Edition), Edward N. Zalta und Uri Nodelman (Hg.), https://plato.stanford.edu/archives/sum2024/entries/artificial-intelligence;
Rockwell Anyoha (2017): »The History of Artificial Intelligence«, auf: HAR-

VARD Kenneth C. Griffin Graduate School of Arts and Sciences, 28.8.2017, https://plato.stanford.edu/entries/artificial-intelligence/, https://sitn.hms.harvard.edu/flash/2017/history-artificial-intelligence/.

3 Es gab zwar schon frühere LLMs, aber diese waren nicht für eine breite Öffentlichkeit zugänglich und bedienbar.

4 Pallavi Rao (2023): »How Long it Took for Popular Apps to Reach 100 Million Users«, auf: Visual Capitalist, 13.7.2023, https://www.visualcapitalist.com/threads-100-million-users/.

5 Auch wenn mir nicht bekannt ist, dass OpenAI bezahlte Werbung über klassische Kanäle ausgespielt hat, stand hinter der Verbreitung natürlich eine gut orchestrierte Marketingstrategie durch Publikationen, Teilnahme an Konferenzen, eindrucksvolle Reels, die entsprechend viral gingen, etc. Insgesamt aber bestand der Ansatz primär darin, das Produkt für sich selbst sprechen zu lassen. – Es hat funktioniert.

6 Anna Tong (2023): »Exclusive: ChatGPT traffic slips again for third month in a row«, auf: Reuters, 07.09.2023, https://www.reuters.com/technology/chatgpt-traffic-slips-again-third-month-row-2023-09-07/.

7 Zur Geschwindigkeit und zu den Ausmaßen gibt es verschiedene Schätzungen, siehe z.B. Alexandra Garfinkle (2023): »90% of online content could be ›generated by AI by 2025,‹ expert says«, auf: yahoo! finance, 13.1.2023, https://finance.yahoo.com/news/90-of-online-content-could-be-generated-by-ai-by-2025-expert-says-201023872.html.

8 Die fast verlustfreie Speicherung von Energie in einem supraleitenden Material beruht auf einem Konzept, das als supraleitender magnetischer Energiespeicher (SMES) bekannt ist. Ein SMES speichert Energie in Form eines magnetischen Feldes, das durch einen stromdurchflossenen supraleitenden Ring erzeugt wird. Da es keinen elektrischen Widerstand gibt, kann der Strom theoretisch unbegrenzt im Ring zirkulieren, ohne Energie zu verlieren, bis die Energie entnommen wird.

9 Die Zahl bezieht sich auf April 2024. Siehe: Aisha Malik (2024): »Snapchat's ›My AI‹ chatbot can now set in-app reminders and countdowns«, auf: techcrunch, 1.5.2024, https://techcrunch.com/2024/05/01/snapchats-my-ai-chatbot-can-now-set-in-app-reminders-and-countdowns/.

10 Wörtliche Zitate gemäß der Übersetzung von https://www.projekt-gutenberg.org/ovid/metamor/meta104.html – von mir gekürzt und ins Präteritum übertragen.

11 Diese sogenannten Übergangsobjekte, die in der Vorstellung des Kindes lebendig werden, erfüllen eine wichtige Funktion, um sich aufgehoben zu fühlen in der Welt. Siehe Donald Winnicott (2010): Reifungsprozesse und fördernde Umwelt. Studien zur Theorie der emotionalen Entwicklung, Gießen: Psychosozial-Verlag, 3. Aufl. Siehe auch Axel Honneth (2000): »Objektbeziehungstheorie und postmoderne Identität. Über das vermeintliche Veralten der Psychoanalyse«, in: Psyche, Vol. 54(11), S. 1087–1109.

12 Adrienne Mayor (2020): Götter und Maschinen. Wie die Antike das 21. Jahrhundert erfand, wbg, Darmstadt, S. 229.

13 Der Film Her veranschaulicht ein realistischeres Szenario. Darin entwickelt der introvertierte und einsame Protagonist Theodore Twombly eine Beziehung zu einer KI, die auf seinen bestehenden Geräten läuft und den ganzen Film hindurch nicht verkörpert wird.

14 Quelle der relativen Angabe ist das 7. Deutschland-Barometer Depression der Stiftung Deutsche Depressionshilfe und Suizidprävention, siehe: https://www.deutsche-depressionshilfe.de/forschungszentrum/deutschland-barometer-depression/einsamkeit. Die absolute Angabe habe ich konservativ geschätzt auf Grundlage der Angabe des Deutschlandatlas, dass im Jahr 2021 in Deutschland 50,9 Millionen Menschen zwischen 18 und 65 Jahren lebten, siehe: https://www.deutschlandatlas.bund.de/DE/Karten/Wer-wir-sind/030-Altersgruppen-der-Bevoelkerung.html.

15 Staffel 26, Episode 4. Auf southpark.de ist diese Folge öffentlich.

16 H. Diemerling, L. Stresemann, T. Braun und T. von Oertzen, T. (2024): »Implementing machine learning techniques for continuous emotion prediction from uniformly segmented voice recordings«, in: Frontiers in Psychology, 15, 1300996. https://www.it-daily.net/shortnews/ki-erkennt-gefuehle-in-stimmen-von-menschen.

17 https://www.mdr.de/wissen/news/psychotherapie-ki-erkennt-emotionen-besser-als-mensch-100.html. Auch Microsoft Azure AI Face arbeitet an gesichtsbildbasierter Emotionserkennung.

18 Deshalb ist es so wichtig, gute Trainingsdaten zu haben. Die Bilder sollten in hoher Auflösung vorliegen und möglichst viele Winkel, Situationen und Körperhaltungen umfassen. Außerdem müssen sie korrekt annotiert sein, d.h. Tigerbilder müssen auch als solche gekennzeichnet und nicht aus Versehen als Löwe ausgewiesen sein.

19 Neben dem überwachten Lernen gibt es noch andere Lernmethoden, etwa das unüberwachte Lernen und das Reinforcement Learning. Ebenso gibt es sehr unterschiedliche Arten von neuronalen Netzarchitekturen, die bei verschiedenen Aufgaben eingesetzt werden. Eine KI für Bildverarbeitung hat eine andere Architektur als eine KI für den Aktienhandel. Es gibt also keine KI-Einheitslösung, sondern spezifische Ansätze.

20 Emily M Bender, Timnit Gebru, Angelina McMillan-Major, Shmargaret Shmitchell (2021): »On the Dangers of Stochastic Parrots: Can Language Models Be Too Big?«, in: Proceedings of the 2021 ACM Conference on Fairness, Accountability, and Transparency, S. 610–623.

21 Der Philosoph John Searle hat das schöne Gedankenexperiment vom »chinesischen Zimmer« entwickelt. Hier gibt eine Person schriftliche Antworten in chinesischer Sprache, obwohl die Person gar kein Chinesisch versteht. Möglich ist dies, weil die Person ein umfangreiches Regelwerk zur Verfügung hat, auf welche Schriftzeichen sie mit welchen Zeichen zu reagieren hat. Natürlich hinkt dieser Vergleich auf einigen Ebenen, insbesondere repräsentiert das Regelbuch ja einen traditionellen, regelbasierten Algorithmus und gerade kein neuronales Netz. Aber dieses Gedankenspiel kann dennoch grundsätzlich verdeutlichen, wie es überhaupt sein kann, dass ein Eingabe-Ausgabe-System

sinnvolle Sätze erzeugt, ohne dass das System diese Sätze inhaltlich verstehen kann.

22 Jeremy Kahn (2023): »Stigma of dating a chatbot will fade, Replika CEO predicts«, auf: FORTUNE, 12.7.2023, https://fortune.com/2023/07/12/brainstorm-tech-chatbot-dating/

23 https://www.similarweb.com/de/website/replika.ai/ – abgerufen am 2.5.2024.

24 Chris Westfall(2023): »As AI Usage Increases At Work, Searches For ›AI Girlfriend‹ Up 2400 %«, auf: Forbes, 29.9.2023, https://www.forbes.com/sites/chriswestfall/2023/09/29/as-ai-usage-increases-at-work-searches-for-ai-girlfriend-up-2400

25 Quelle: Deutsche Depressionshilfe. Siehe oben.

26 Das Forschungsprojekt The Autism Glass Project an der Stanford University arbeitet bereits heute mit konkreten Prototypen an diesem Ziel (siehe: https://autismglass.stanford.edu/).

27 Siehe hierzu unter anderem die im zweiten Kapitel zitierte Studie des Rates für Digitale Ökologie.

28 Zudem kann der Content verwendet werden, um kommerzielle KIs zu trainieren. Mit Aktualisierung der Datenschutzlinie von Meta am 26. Juni 2024 können alle Posts, Bilder, Bildunterschriften, Kommentare und Storys, die von Nutzern über 18 Jahren öffentlich geteilt werden, für das Training von KIs verwendet werden. Siehe: Liv McMahon (2024): »Plans to use Facebook and Instagram posts to train AI criticised«, auf: BBC, 6.6.2024, https://www.bbc.com/news/articles/cw99n3qjeyjo.

29 Stand: April 2024.

30 Stand: April 2024.

31 Malik: »Snapchat's ›My AI‹ chatbot can now set in-app reminders and countdowns«, a.a.O.

32 Eric Hal Schwartz (2022): »GPT-3 AI Successfully Mimics Philosopher Daniel Dennett«, auf: voicebot.ai, 2.8.2022, https://voicebot.ai/2022/08/02/gpt-3-ai-successfully-mimics-philosopher-daniel-dennett/

33 Sehenswert hierzu ist auch die Black Mirror-Episode »Be Right Back« (Staffel 2, Episode 1).

34 »Futurist Ray Kurzweil Says He Can Bring His Dead Father Back to Life Through a Computer Avatar«, auf: ABC News, 9.8.2011, https://abcnews.go.com/Technology/futurist-ray-kurzweil-bring-dead-father-back-life/story?id=14267712. Siehe auch die bemerkenswerten dokumentarischen Filmbeiträge über Kurzweil.

35 Solche KI-Anwendungen werden bereits entwickelt, ein Beispiel dafür ist Character.ai.

36 Mark A. Andor, Andreas Gerster, Kenneth T. Gillingham und Marco Horvath (2020): »Running a car costs much more than people think – stalling the uptake of green travel«, in: Nature, Vol. 580, S. 453–455, doi: https://doi.org/10.1038/d41586–020–01118-w.

37 Ein Beispiel, das in diese Richtung geht, ist Seeing AI von Microsoft.

38 Ein frühes und prominentes Beispiel hierfür war ein Recruiting-Experiment von Amazon im Jahr 2015, bei dem ein KI-System männliche Bewerber systematisch bevorzugte. Dieses Muster entstand, weil der Algorithmus mit den Lebensläufen von Bewerbern der letzten zehn Jahre trainiert worden war – und diese überwiegend männlich waren. Siehe: »AI Incident Database. Female Applicants Down-Ranked by Amazon Recruiting Tool«, online: https://incidentdatabase.ai/cite/37/.

39 Siehe dazu den Ansatz des Collective Alignment Teams (Kyle Wiggers [2024]: »OpenAI announces team to build ›crowdsourced‹ governance ideas into its models«, auf: techcrunch, 16.1.2024, (https://techcrunch.com/2024/01/16/openai-announces-team-to-build-crowdsourced-governance-ideas-into-its-models/?guccounter=1) sowie:
Tyna Eloundou, Teddy Lee (2024): »Democratic inputs to AI grant program: lessons learned and implementation plans«, 16.1.2024, https://openai.com/index/democratic-inputs-to-ai-grant-program-update/ und Meaning Alignment Institute, https://www.meaningalignment.org/, zuletzt abgerufen am 13.6.2024).

40 KI entzieht sich vielen bisherigen binären Logiken. KI ist nicht rein reaktiv wie eine Kaffeemaschine oder eine klassische, rein regelbasierte Software, aber kann auch nicht selbstbestimmt agieren wie ein Mensch. KI hat in vielerlei Hinsichten mehr Ähnlichkeiten mit Lebewesen als mit Dingen, ist aber kein Lebewesen. Ein Gespräch mit einer KI ist kein Monolog im strengeren Sinne, weil gemeinsam Ideen entstehen können, auf die weder der Mensch noch die KI gekommen wäre, aber es ist auch kein Dialog im klassischen Sinne, weil KI keine Entität ist, die die Bedeutung der gesprochenen Sprache versteht. Für sehr viele mit KI verbundene Phänomene bräuchten wir ein neues Vokabular, um sie zu beschreiben. Deshalb spreche ich hier von einer re_agierenden Entität, um auszudrücken, dass unser dualistisches Verständnis an Grenzen stößt.

41 Siehe z.B. Myths from Mesopotamia. Creation, the Flood, Gilgamesh, and Others, übers. und hg. von Stephanie Dalley, Oxford: Oxford University Press, 2000, S.1–38.

42 Aristoteles (1991): Politik: Buch I: Über die Hausverwaltung und die Herrschaft des Herrn über Sklaven, 1253b35, in der Übersetzung von Eckart Schütrumpf, Akademie-Verlag, Berlin, S.15.

43 »The Next Generation Of Digit – Enabling Humans To Be More Human«, auf: YouTube, 20.3.2023, https://youtu.be/rnFZAB9ogEE

44 Rob Brooks (2023): »I tried the Replika AI companion and can see why users are falling hard. The app raises serious ethical questions«, auf: The Conversation, 21.2.2023, https://theconversation.com/i-tried-the-replika-ai-companion-and-can-see-why-users-are-falling-hard-the-app-raises-serious-ethical-questions-200257, Anna Tong: »What happens when your AI chatbot stops loving you back?«, auf: Reuters, 21.3.2023,https://www.reuters.com/technology/what-happens-when-your-ai-chatbot-stops-loving-you-back-2023-03-18/

45 »Geschätzte Anzahl der im Mittelmeer ertrunkenen Flüchtlinge in den Jahren von 2014 bis 2024«, auf: Statista, Stand: 24. 6. 2024, https://de.statista.com/statistik/daten/studie/892249/umfrage/im-mittelmeer-ertrunkenen-fluechtlinge/. »Unnötig« ist das Sterben in diesen Größenordnungen, weil die Seenotrettung von Seiten des EU-Grenzschutzes systematisch erschwert oder sogar unterbunden wurde und wird.

4. Die Welt ist dir zu Diensten!

1 »Number of Internet of Things (IoT) connected devices worldwide from 2019 to 2023, with forecasts from 2022 to 2030«, auf: Statista, 27. 07. 2023, https://www.statista.com/statistics/1183457/iot-connected-devices-worldwide/, zuletzt abgerufen am 9. 5. 2024.

2 Fabio Duarte (2024): »Number of IoT Devices (2024)«, auf: Exploding Topics, 19. 02. 2024, https://explodingtopics.com/blog/number-of-iot-devices, zuletzt abgerufen am 9. 5. 2024.

3 In diese Richtung geht das sogar schon 2017 vorgestellte Bett Sleep Number 360, siehe Martin Heller (2017): »Sleep Number 360: Das klügste Bett der Welt«, auf: Computer Bild, 4. 1. 2017: https://www.computerbild.de/artikel/cb-News-Handy-Sleep-Number-360-Das-kluegste-Bett-der-Welt-17104761.html.

4 Bettina Wurche (2021): »Smarte Toiletten machen den Gesundheitscheck – per Kotprobe und Analscan«, auf: heise online, 7. 10. 2021, https://www.heise.de/hintergrund/Smarte-Toiletten-machen-den-Gesundheitscheck-per-Kotprobe-und-Analscan-6211457.html, zuletzt abgerufen am 9. 5. 2024. Der erste Prototyp für eine solche Toilette wurde bereits 2017 vom Hersteller Duravit vorgestellt, siehe: »Duravit: Die Toilette der Zukunft«, auf: IKZ, 30. 06. 2017, https://www.ikz.de/sanitaertechnik/news/detail/duravit-die-toilette-der-zukunft/, zuletzt abgerufen am 9. 5. 2024.

5 »Internet of Things (IoT): The rise of the connected world«, Hg. von Deloitte Touche Tohmatsu India LL/Confederation of Indian Industry (CII), 2020.

6 Sanjay Radhakrishnan (2021): »How Walmart Leverages IoT to Keep Your Ice Cream Frozen«, auf: corporate.walmart.com, 14. 01. 2021, https://corporate.walmart.com/news/2021/01/14/how-walmart-leverages-iot-to-keep-your-ice-cream-frozen.

7 Josh Howarth (2024): »7 Top Cloud Computing Trends in 2024«, auf: Exploding Topics, 18. 01. 2024, https://explodingtopics.com/blog/iot-trends.

8 Alle Zitate wurden selbst übersetzt aus Mark Weiser: »The Computer for the 21st Century«, in: Scientific American, 94–104 (September 1991).

9 Mayor: Götter und Maschinen, a. a. O., S. 140.

10 Ebd., S. 187.

11 Ebd., S. 187 f.

12 Ebd. S. 195 f.

13 Ebd., S. 194

14 Ebd., S. 188.

15 Eigene Übersetzung. Im Original heißt es: »Fascinating! Ingenious, really, how

many ways Muggles have found of getting along without magic.« (»Chamber of Secrets«, Kapitel 4, »At Flourish and Blotts«).

16 Max Weber (1930): Wissenschaft als Beruf (3. Auflage) (Wissenschaftliche Abhandlungen und Reden zur Philosophie, Politik und Geistesgeschichte, 8), Duncker & Humblot, München, online: https://www.ssoar.info/ssoar/handle/document/59862.
Laut Weber ist die Entzauberung der Welt eine Entwicklung mit verschiedenen Stufen und hat bereits vor der Verbreitung des Positivismus eingesetzt. Die gesellschaftliche Moderne stellt aber eine ganz entscheidende Stufe dar.

17 Die Größenangaben habe ich entnommen aus: »Bagger 288«, auf: Wikipedia, Fassung vom 23. 2. 2024,
https://de.wikipedia.org/wiki/Bagger_288, zuletzt abgerufen am 9. 5. 2024.

18 Die Angabe des Stromverbrauchs bezieht sich auf das Jahr 2022 und basiert auf Angaben der Internationalen Energieagentur (IEA). Sie schätzt den Verbrauch auf 240 bis 340 Terawattstunden für Datenzentren (herausgerechnet ist das Mining von Kryptowährungen). Hinzu kommen circa 110 Terawattstunden für das Kryptomining, welches selbstverständlich eine reale Umweltbelastung darstellt, aber in diesem Buch nicht im Fokus steht. Daher habe ich den Mittelwert der Schätzspanne angeben. (»Data Centres and Data Transmission Networks«, auf: IEA, Fassung vom 11. 7. 2023, https://www.iea.org/energy-system/buildings/data-centres-and-data-transmission-networks, zuletzt abgerufen am 9. 5. 2024).

19 Jörg Schieb (2022): »Streaming, Google, Mails: So geht Energie sparen auch online«, auf: WDR, Fassung vom 07. 08. 2022, https://www1.wdr.de/nachrichten/energie-sparen-auch-ans-netz-denken-100.html, zuletzt abgerufen am 9. 5. 2024.
Ähnlich auch: »Wie stark der Stromverbrauch durch KI steigt«, auf: tagesschau.de, 23. 10. 2023, https://www.tagesschau.de/wirtschaft/digitales/ki-energie-strom-verbrauch-klimaschutz-100.html, zuletzt abgerufen am 9. 5. 2024.

20 Laut einer Metastudie beträgt der Anteil 2,1 bis 3,9 Prozent, ich habe im Haupttext den Mittelwert angegeben (Charlotte Freitag, Mike Berners-Lee, Kelly Widdicks et al. (2021): »The Real Climate and Transformative Impact of ICT: A Critique of Estimates, Trends, and Regulations«, in: Patterns Vol. 2 (9), 100340). Für den Vergleich mit der Luftfahrt habe ich mich auf Zahlen der IEA gestützt (zwei Prozent weltweiter GHG-Emissionen) (»Aviation«, auf: IEA, Fassung vom 11. 7. 2023, https://www.iea.org/energy-system/transport/aviation).
Es gibt immer auch abweichende Zahlen – allein schon deshalb, weil sich globale Stromverbräuche und Treibhausgasemissionen nicht präzise bestimmen, sondern nur schätzen lassen. So kommt beispielsweise eine Studie zu dem Schluss, dass der IKT-Sektor im Jahr 2020 etwa vier Prozent des weltweiten Stromverbrauchs ausgemacht hat, aber nur 1,4 Prozent der globalen Treibhausgasemissionen (Jens Malmodin, Nina Lövehagen, Pernilla Bergmark, und Dag Lundén (2024): »ICT Sector Electricity Consumption and Greenhouse

Gas Emissions – 2020 Outcome«, in: Telecommunications Policy, Vol. 48 (3), 102701.). Doch auch wenn Schätzungen nicht präzise sein können, wird deutlich, dass wir es mit einer relevanten Größenordnung zu tun haben.

21 Anna Parrisius (2019): »Stromfresser Internet: Was unser Digitalkonsum an Energie kostet«, auf: Tagesspiegel, 6. 11. 2019, https://www.tagesspiegel.de/wirtschaft/was-unser-digitalkonsum-an-energie-kostet-6868006.html.

22 Die Angabe bezieht sich auf 2021. (Coco Zhang, Jan Frederik Slijkerman, Diederik Stadig (2023): »Growth in water consumption of data centres needs more attention«, auf: ING THINK, 24. 10. 2023, https://think.ing.com/articles/data-centres-growth-in-water-consumption-needs-more-attention. Siehe auch Paul Brown (2023): »The Environmental Impact of Digitalisation: What's Your Take on Sustainable Technology?«, auf: FDM GROUP UK, 21. 4. 2023, https://www.fdmgroup.com/news-insights/environmental-impact-of-digitalisation/.

23 Die Angabe bezieht sich auf 2022. (»Cobalt Market Report 2022«, hg. von Cobalt Institute, Mai 2023).

24 »This is what we die for: Human rights abuses in the Democratic Republic of the Congo power the global trade in cobalt«, hg. von Amnesty International, 2016.

25 Cornelis P. Baldé, Rüdiger Kühr et al. (2024): Global E-waste Monitor 2024, International Telecommunication Union (ITU) and United Nations Institute for Training and Research (UNITAR). Geneva/Bonn.

26 Es gibt verschiedene Datierungsvorschläge. Dieser soziologische Zeitabschnitt hat nicht an einem konkreten Datum begonnen, sondern ist ein Prozess, der durch vielfältige, miteinander verknüpfte Entwicklungen gekennzeichnet. Zu diesen Entwicklungen gehören die Aufklärung, Technisierung, Ökonomisierung, Aufstieg der Wissenschaften, die Industrielle Revolution, politische Umwälzungen wie die Französische Revolution und die Entstehung moderner Nationalstaaten.

27 Einzelne grüne Technologien können einen positiven Beitrag leisten, sofern sie weniger effiziente Technologien ersetzen. Aber im Gesamtsystem lautet die Grundlogik derzeit eben nicht ersetzen und verbessern, sondern vor allem steigern und erhöhen. Deshalb ist der Bedarf an Ressourcen und Energie heute auch viel höher als vor fünfzig Jahren, obwohl die heutigen Technologien sehr viel effizienter sind als damals. Effizienz allein wird uns also nicht retten.

5. Sinn statt Hamsterrad!

1 Yuval Noah Harari (2021): 21 Lektionen für das 21. Jahrhundert, C. H. Beck, München, Kap. 2.

2 Siehe hierzu z. B. Elyakim Kislev (2022): Relationships 5.0. How AI, VR, and Robots Will Reshape Our Emotional Lives, Oxford University Press, New York, PART ONE oder Yuval Noah Harari (2013): Eine kurze Geschichte der Menschheit, DVA, München.

3 Seit wann genau es Homo sapiens gibt, ist nicht abschließend geklärt. Zu aktuellen Funden siehe: Ewen Callaway (2017): »Homo sapiens fossil claim rewrites our species' history«, in: Nature, online: https://doi.org/10.1038/nature.2017.22114

4 Komplexere Formen des Jagens mit Waffen haben sich erst später entwickelt. Aber vermutlich wurden von Anfang an auch Insekten gegessen und insofern »gejagt«.

5 David Graeber (2018): Bullshit-Jobs. Vom wahren Sinn der Arbeit, Klett-Cotta, Stuttgart, S. 141–151.

6 Ebd., S. 146. Mein Zitat im Haupttext ist ein gekürztes.

7 Natürlich haben sich diese vier Epochen nicht trennscharf abgelöst, insbesondere waren und sind sie global unterschiedlich ausgeprägt. Aber in vielen Ländern des globalen Nordens sind sie bei allen Überlagerungen doch erstaunlich prononciert. Nur noch sehr wenige Menschen arbeiten in Deutschland hauptberuflich als Jägerinnen und Jäger und nur noch etwa 2 Prozent der Erwerbstätigen arbeiten in der Landwirtschaft. Zu Anfang des 20. Jahrhunderts waren es rund 38 Prozent (Quelle: Umweltbundesamt, https://www.umweltbundesamt.de/umweltatlas/umwelt-landwirtschaft/einfuehrung/landwirtschaft-in-deutschland/wie-viele-menschen-arbeiten-in-der-landwirtschaft).

8 55 Prozent aller Erwerbstätigen arbeitet hauptsächlich an einem Büroarbeitsplatz. (Andrea Hammermann, Oliver Stettes (2023): Büroarbeit im Wandel, Hg. vom Institut der deutschen Wirtschaft Köln). Schon vermutlich um 2018/2019 herum wurde die 50-Prozent-Marke überschritten (»Jeder zweite Mitarbeiter sitzt am Computer«, auf: Bitkom, 24. 7. 2018, online: https://www.bitkom.org/Presse/Presseinformation/Jeder-zweite-Mitarbeiter-sitzt-am-Computer.html).

9 Harari: 21 Lektionen für das 21. Jahrhundert, a. a. O., Kap. 19.

10 21 Prozent geht gern zur Arbeit, siehe: Christina Petrick-Löhr (2023): »Die meisten Deutschen sind unzufrieden mit dem Job«, auf: Personalwirtschaft, 16. 11. 2023, https://www.personalwirtschaft.de/news/hr-organisation/die-meisten-deutschen-sind-unzufrieden-mit-dem-job-166126/.
29 Prozent geht gern zur Arbeit, siehe Carina Blumenroth: »Studie zeigt: Rund 40 Prozent der Beschäftigten denkt mehrmals im Monat an den Jobwechsel – was man tun kann«, auf: Merkur, 26. 5. 2023, https://www.merkur.de/leben/karriere/zufriedenheit-wertschaetzung-studie-40-prozent-arbeitnehmer-jobwechsel-job-motivation-zr-92296237.html.
Alle weiteren Angaben siehe Gallup Engagement Index Germany 2023, https://www.gallup.com/de/472028/bericht-zum-engagement-index-deutschland-2023.aspx.

11 Josephine Y. Chau, Anne C. Grunseit et al. (2013): »Daily sitting time and all-cause mortality: a meta-analysis«, in: PLoS One, Vol. 8(11). Michelle Kilpatrick, Kristy Sanderson et al. (2013): »Cross-sectional associations between sitting at work and psychological distress: Reducing sitting time may benefit mental health«, in: Mental Health and Physical Activity, Vol. 6 (2), S. 103–109. Meng-

Ting Tsou (2022): »Influence of Prolonged Visual Display Terminal Use on Physical and Mental Conditions among Health Care Workers at Tertiary Hospitals, Taiwan«, in: International Journal of Environmental Research and Public Health, Vol. 19(7), S. 3770.

12 Siehe z. B. Statistisches Bundesamt: Pressemitteilung Nr. 330 vom 4. August 2022, https://www.destatis.de/DE/Presse/Pressemitteilungen/2022/08/PD22_330_13.html.

13 »Lkw-Verkehr: Ein Drittel aller Berufskraftfahrer und -fahrerinnen ist 55 und älter«, auf: Statistisches Bundesamt, https://www.destatis.de/DE/Presse/Pressemitteilungen/2022/05/PD22_N023_13.html. Von dieser Quelle stammt auch die Angabe der 480 000 Beschäftigten. Zum Fahrermangel siehe: Andreas Wolter (2023): »Deutsche Speditionen ausgebremst«, auf: tagesschau.de, 30. 5. 2023, https://www.tagesschau.de/wirtschaft/unternehmen/speditionen-lkw-fachkraeftemangel-100.html.

14 David S. Landes (2003): The Unbound Prometheus: Technological Change and Industrial Development in Western Europe from 1750 to the Present, 2nd edition, Cambridge University Press.

15 Great Place to Work: Global Employee Engagement Study 2022

16 Hedda Nier (2018): »Sinnlose Arbeit macht krank«, auf: Statista, 5. 9. 2018, https://de.statista.com/infografik/15327/sinnlose-arbeit-macht-krank/

17 Dass dies tatsächlich Nebeneffekte sind, zeigt unter anderem der bereits zitierte Global Engagement Index von Gallup.

18 Empfundene Sinnlosigkeit, siehe Quelle oben. Psychische Belastungen, siehe »Psychische Gesundheit in der Arbeitswelt: Eine Bestandsaufnahme«, Bundesministerium für Arbeit und Soziales, https://www.arbeit-sicher-und-gesund.de/psychische-gesundheit/hintergruende/zahlen-daten-fakten, zuletzt abgerufen am 12. 6. 2024. Ausgebrannt, siehe »Beschäftigte in Deutschland sind zunehmend unzufriedener«, auf: ZEIT ONLINE, 12. 6. 2024, https://www.zeit.de/arbeit/2024-06/gallup-studie-unzufriedenheit-arbeitnehmer-deutschland.

19 »Let Digit take on the repetitive tasks, freeing up your workforce to tackle the higher value add work« (https://www.youtube.com/watch?v=6HHdpQNN4Xg, Min. 56). Für den Slogan siehe: https://agilityrobotics.com/news/2023/expanded-partnership-amazon.

20 »Schlaue neue Welt – Das KI-Wettrennen«, Arte-Doku, das Zitat ist zu finden bei circa 1:27.

Kein Ende in Sicht

1 Die Generierung, Speicherung, Verarbeitung und Verbreitung von Informationen werden immer schneller. In der Informatik wird diese exponentielle Steigerung bezogen auf die Zahl der Transistoren integrierter Schaltkreise als Mooresches Gesetz bezeichnet.

2 Siehe z. B. den Mental-Health-Surveillance-Bericht 2/2023 des Robert Koch Instituts sowie die Quellen zum Thema Einsamkeit in den Kapiteln 2 und 3.